위험한 위험

위험학으로의 초대

위험한 위험

위험학으로의 초대

초판 1쇄 발행 2020년 4월 5일

지은이 석승훈
펴낸이 오세정
편집 정미경
디자인 최선아
일러스트 Kevin Seog
인쇄 네오프린텍(주)

펴낸곳 서울대학교출판문화원
주소 08826 서울 관악구 관악로 1
도서주문 02-889-4424, 02-880-7995
홈페이지 www.snupress.com
페이스북 @snupress1947
인스타그램 @snupress
출판등록 제15-3호

ISBN 978-89-521-2936-9 93320

위 험 학 으 로 의 초 대

위험한 위험

Risk at Risk

석승훈 지음

서울대학교출판문화원

머리말

이 책은 위험과 보험의 다양한 측면을 논의한 글이다. 심각한 내용을 다루긴 하지만 가능한 한 무겁지 않게 쓴 글이다.

사실 이미 위험과 보험에 대한 교양 서적이나 교과서가 많이 나와 있다. 여러분이 서점의 경영이나 경제 분야에 가보면 위험이나 보험에 대한 많은 책을 접할 수 있을 것이다. 필자 역시 그러한 책들을 읽고 도움을 받아왔다.

그러나 아쉬운 점도 있다. 많은 경제 경영 서적은 위험을 보험시장이나 금융의 눈으로 바라보며, 보험시장이 보험의 전부인 듯 바라본다. 경영대학이나 대학원에서 개설되는 강의는 더욱 좁은 시야로 위험과 보험을 바라본다. 이 책은 위험과 보험에 대한 일반적인 주제들을 다루는 것이기도 하면서, 다른 한편으로는 위험과 보험의 본질에 대한 갈증과 오해를 해소하기 위한 것이기도 하다.

이 책이 다루는 주제의 구성은 위험과 보험 자체에 대한 논의와 다른 제도와 기제와의 관계에 대한 논의로 구분해볼 수 있다. 위험과 보험 자체에 대한 논의로 제일 먼저 위험에 대한 개념과 위험의 관리 방안을 논의한다. 그 이후 위험관리 방안의 가장 중요한 기제인 보험과 보험시장 그리고 그 역사를 살펴보고, 보험의 부작용이라고 할 수 있는 도덕적 위태(해이)와 역선택의 정보 문제도 살펴본다. 위험과 보험의 다른 제도와 기제와의 관계에 대한 논의는, 자본주의와 기업과의 상호 작용과 관계에 대한 논의와 더불어 종교 그리고 사회와의 관계에 대한 논의로 이어진다.

위의 주제들에 대한 논의와 더불어 필자가 강조하고자 하는 것들은 다음과 같다.

위험을 수학적 확률분포와 동일시하는 것은 경계해야 한다. 위험은 수학적 표현뿐 아니라 심리적 · 사회적 · 문화적인 다양한 요소가 혼재되어 있는 개념이기 때문이다. 아울러 종전의 위험관리의 개념을 위험치리의 개념으로 확장한다. 위험치리는 다양한 요소가 중요시되는 위험관리의 체계라고 볼 수 있다. 학자들은 수학적 계산 이외에는 비합리적인 것으로 간주하는 습관이 있다. 이 책은 이러한 습관의 위험성을 경고한다.

보험은 위험에 대한 인류의 대응으로 발명된 기제다. 필자가 종종 부딪치는 오해는 보험이 보험시장과 동일시되고, 보험은 금융이라는 인식이다. 보험시장이 중요한 역할을 하는 것은 사실이지만 보험시장은 상호연대와 상부상조라는 보험의 근본 정신과 종종 갈등한다. 또한 보험은 보험시장뿐 아니라 다양한 형태와 기제로 존재한다. 예를 들어 사회보험은 보험시장이 아니다. 또한 보험이라는 이름이 없어도 보험인 것은 너무도 많다. 국가 안보, 사회안전망, 담보, 안심, 신뢰 등은 보험의 다른 이름이다. 그리고 보험은 숨어 있어서 얼핏 보면 안 보이기도 한다. 기업은 다양한 보험 기제의 복합체이며, 토지, 노동, 자본의 생산 요소 시장 역시 사업가에게는 보험 기제다. 더 나아가 자본주의 자체가 보험적 요소가 없이는 탄생할 수 없었다. 그래서 보험은 금융의 일부로 환원될 수 없다. 심지어 보험시장도 본질상 금융시장이 아니다. 비록 금융과 밀접한 관계를 맺고 있기는 하지만. 보험의 본질은 실제의 피해와 아픔을 어루만지는 손길이어야 한다. 그래서 보험은 그 자체가 실질적인 것이지 허구적인 것이거나 금융이 될 수 없다. 금융은 저축이나 투자의 형태를 띠는 반면 보험은 소비되는 실물이다. 보험을 금융으로 환원시키는 것은 편리할 수는 있지만 보험의 본질에 대한 오해를 내포한다.

수많은 경제 경영 서적은 보험의 부작용인 정보의 문제를 해결하기 위한 방안을 제시한다. 그러나 과도하거나 편향적인 해결 방안에 대해서는 경계해야 한다. 경영학의 주인-대리인 관계에서 정보 문제는 언제나 대리인에게서만 발생한다는 믿음을 경계해야 한다. 정보 문제를 해결하는 것보다 포용하는 것이 더 중요할 때가 있다. 특히 사회보험이나 사회안전망의 경우에 더욱 그렇다. 과도한 해결책은 또 다른 부작용인 갑질을 만들어내거나, 강자가 약자에게 고통과 비용을 전가하는 결과를 초래할 수 있다.

인류 역사의 많은 부분에서 보험과의 연관성이 발견된다. 인류 문명의 초기에서부터 현재에 이르기까지 빈부의 갈등과 그 해결책의 모색은 사적보험과 공적보험의 대립으로 해석될 수 있다. 자본주의는 보험과의 지속적이고 다양한 상호작용을 통해 시작되고 발전되어왔다. 자본주의는 위험과 보험을 고려하지 않고서는 제대로 이해될 수 없다. 또한 자본주의의 꽃이라고 할 수 있는 기업, 특히 주식회사는 위험과 보험 기제의 복합체로서 이해될 수 있다. 이러한 시각은 경제학적 거래비용 접근법과 비교된다.

위험과 보험은 종교와 밀접한 관계가 있다. 특히 서구에서 보험은 종교의 이름으로 배척되기도 했고 허용되기도 했다. 종교야말로 인류 최고의 보험상품임을 생각하면 그리 놀라운 일은 아니다. 종교와 보험의 상호작용은 보험시장뿐 아니라 자본주의와 기업에 이르기까지 중요한 영향을 끼쳤다.

보험은 단순한 위험 전가의 기제를 넘어서 국가 통치의 기제이기도 하다. 위험은 사회적으로 구성되기도 하고 국가 권력이 위험과 보험을 통치 수단으로 활용한다. 보험 기제와 과학적 지식은 근대 들어 국민의 생명과 건강을 관리하는 체제로서 국가의 도구가 되었다. 국가의 보험 기제는 시대에 따라 변화한다. 현대의 위험사회 속에서 그리고 신자유주의의 흐름 속에서 개개인은 각자의 위험에 스스로 대처해야 한다.

필자는 이 책이 위험과 보험에 대한 오해를 줄이고 이해의 폭을 넓히는 데 일조하기를 희망한다. 이 책은 일반인을 위한 교양서이기도 하지만, 한편으로는 토론을 위한 대학 수업의 교재로 사용되어도 좋을 것이다.

이 책이 마무리되기까지 여러분의 도움이 있었다. 제일 먼저, 이 글을 쓸 수 있는 여유를 향유하게 해준 가족들에게 고마움을 느낀다. 또한 글을 읽고 토론해 줬던 가톨릭대학교 홍지민 교수와 박사과정 김경선 씨에게 고마움을 표한다. 수업 중 토론을 통해 이 글의 내용에 조언을 해주었던 학생들에게도 고마움을 표한다. 아울러, 내용에 대해 비판과 논의를 해주신 서울대학교 배종훈 교수, 김영식 교수, 카이스트 백윤석 교수께 특별히 감사의 말씀을 드린다.

석승훈

2020년 3월 20일

차례

위험과 자본주의

위험과 사회

위험

제1장

위험

위험의 개념을 정확히 아는 것은 우리가 이 책에서 다루게 될 위험관리와 보험, 그리고 기업과 자본주의를 이해하기 위한 디딤돌이 될 것이다. 그런데 기초적인 개념일수록 정확히 정의하기 어려운 경우가 많다는 점이 문제다. 그 이유는 기초적인 개념일수록 논증하기 어렵고 상식에 기초하기 때문이다. 위험 역시 일반적으로 많이 쓰이는 단어이면서, 동시에 여러 의미로 사용되는 단어다. 그러나 통일된 정의를 할 수 없다는 것이 반드시 나쁜 것만은 아니다. 다양한 접근법이 존재한다는 것은 그만큼 위험이 다면적 성격을 갖고 있음을 보여주는 것이기 때문이다. 다양한 모습을 가진 개념을 하나로만 정의한다면 오히려 의미의 풍부함을 잃어버리게 될 것이다. 이 장에서는 위험의 개념에 대한 여러 시각을 살펴봄으로써 위험의 다채로운 색깔을 감상해보고자 한다.

위험의 개념

위험이란 무엇인가? 위험은 일반적으로 '앞으로 안 좋은 일이 일어날 수 있는 가능성'을 일컫는 말로 쓰인다. 예를 들어 건물이 무너질 위험이 있다고 말할 때에 그 의미는 건물이 무너질 가능성이 있다는 뜻이다. 표준국어대사전에 따르면 위험은 '해로움이나 손실이 생길 우려가 있음 또는 그런 상태'를 의미한다. 메리엄-웹스터(Merriam-Webster) 사전에 따르면 위험(risk)은 '나쁜 일이 일어날 가능성(possibility that something bad or unpleasant will happen)'을 의미한다.

여기서 위험을 구성하는 세 가지 중요한 요소를 생각해볼 수 있다. 첫째, 미래의 일이라는 것이고, 둘째, 안 좋은 일이며, 셋째, 가능성이다. 미래의 일이라는 것은 그 일이 미래에 일어난다는 것을 의미한다. 좀 더 의미를 확대해서 생각해보면, 이미 일어난 일이라도 의사결정자의 입장에서 현재는 알지 못하고 미래에 알게 되는 일도 포함될 수 있다.

영어 'risk'의 어원을 살펴보면 이는 고대 그리스어 rihza(ριξα) 혹은 rhizikon(ριξικον)에서 유래되었다고 한다(Wiktionary, Online Etymology Dictionary). 이 단어들은 원래 뿌리(root)나 돌(rock) 등을 나타내는 말이었는데, 배가 바다를 항해할 때에 피해야 하는 역경이라는 의미로 사용되었다고 한다. 호메로스(Homeros)의 서사시 「오디세이(Odyssey)」에서는 절벽의 의미로도 사용되었다고 한다. 이 말은 로마시대에 risicum, riscus 등으로 변형되었다. 근대에 들어 riscare, risco, riscio 등을 거쳐 현재에 이르렀다고 한다. riscare는 위험이나 역경에 처하다(run into danger)는 의미를 담고 있었다고 한다. 한편 고대 그리스의 rihza는 중세 이슬람 시대에 아랍어 rizq(رزق)로 변형되었고 이 말이 근대의 risk의 원형이라는 주장도 있다. 아랍어 rizq는 원래 신에 의해 주어진 삶이나 하사품(음식, 배우자, 직업 등을 포함한)이라는 뜻이었다고 한다. 이로부터 사람들이 이익을 얻을 수 있는 어떤 것이라는 의미로도 사용되었다고 한다. 즉, 피해나 손실뿐 아니라 이익을 얻을 수도 있는 것을 포함한다.

위험의 한자어인 危險은 위태롭고 험하다는 의미를 담고 있다. 즉, 뭔가 안 좋은 일이나 역경이 예상될 때 사용되는 말이다. 동서양을 막론하고 위험이란 다가올 역경이나 어려움을 나타내는 말로 사용되었다. 중국어권에서는 나쁜 일이 생기는 위험은 위험(危險, 웨이시앤)으로 쓰고, 불확실성을 나타내는 말로는 풍험(風險, 펑시앤)을 사용한다.

위험한 고비나 때를 나타내는 말로 위기(危機, crisis)가 있다. 호사가들은 때로는 위기를 '위'와 '기'로 분리하여 위는 위험으로, 기는 기회(機會)로 해석하기도 한다. 이는 흥미로운 해석이긴 하나, 기는 기회의 의미보다는 나쁜 일이 일어날 낌새나 조짐을 의미한다. 즉, 위와 기 모두 나쁜 일과 관련이 있는 말이다. 물론 나쁜 낌새를 미리 알아차리면 도움이 될 수는 있겠지만. 일상적으로 위기는 위험과 기회란 의미보다는 상대적으로 큰 손실의 위험이라는 의미로 받아들이는 것 같다.

확률(確率, probability)은 수학적으로 표현된 가능성을 의미한다. 위험이 미래의 가능성을 나타내는 말인 반면, 확률은 그 가능성 혹은 위험을 측정하는 수단으로 사용된다. 영어 probability는 라틴어 probabilis에서 기원한다고 한다. 고대 로마의 철학자 키케로(Cicero)는 "확률은 인생의 길잡이다(Probability [probabilis] is the very guide of life.)"라고 말했다고 한다. 이때 probabilis는 수학적 확률 개념이 아니라, 보편적으로 받아들여지는 것이라는 의미였다. 유럽에서 probability를 수학적 개념으로 사용하게 된 것은 수학자들이 확률을 수학적으로 접근하게 된 17세기 이후에서야 가능하게 된다. 그 이전에는 믿을 수 있는 정도(degree of belief)나 의견의 증명 가능성(provability of an opinion)과 같은 심리적 혹은 인식론적인 의미로 사용되었다고 한다(Bernstein, 1998). 중국에서는 확률이라는 용어 대신 기율(機率, 지뤼)이 사용된다.

그런데 아래에서 좀 더 살펴보겠지만, 학문적으로 위험의 의미가 통일되어 사용되고 있지는 않다. 이는 위험의 다양한 측면을 반영하는 것이기도 하지만, 혼란을 야기할 수도 있다. 대표적으로 경제학에서의 위험 개념을 살펴보면, 일상적인 상식과는 다르게 정의된다. 경제학에서의 위험은 주로 단순한 변동성이나 불확실성을 나타내는 말로 이해된다. 불확실성이라 함은, 안 좋은 경우뿐 아니라 좋은 경우도 발생할 수 있음을 의미한다. 경제학에서의 위험은 그저 미래의 결과가 불확실하다는 의미이지, 나쁜 방향의 결과가 나올 가능성만을 일컫는 것은 아니다. 이러한 위험의 정의는 일반 상식과는 다르게 사용되므로, 나쁜 일이 일어날 가능성의 의미로는 하방위험(downside risk, danger)으로 표현하기도 한다.

보험학에서도 위험은 혼용되어 사용된다. 다만 보험학에서의 주된 관심은 대부분 하방위험에 있기 때문에 보험학에서 위험이라 할 때에는 주로 하방위험을 일컫는다. 일반적인 경제학적 정의보다는 상식에 더 가까운 것이라 할 수 있다. 우리나라에서도 위험의 의미가 혼용되어 쓰인다. 위험을 하방위험의 의미로 국한해서 사용할 경우에는 변동성을 나타내는 말로는 영어 발음을 한글로 표기한 '리스크'라는 표현을 쓰는 경우도 있다.

위험 개념에 대한 접근법

앞에서 언급한 일상적이고 상식적인 개념과는 별도로 다양한 학문 분과에서 위험에 대한 다양한 개념 정의를 내리고 있다. 이들은 서로 관련이 있기도 하지만 관점에 따라 위험의 다양한 측면이 강조된다. 이러한 점은 위험이라는 것이 우리 사회에서 얼마나 중요한지를 방증하는 것이기도 하다. 위험 개념의 분류 역시 다양한 방법으로 할 수 있으나, 여기서는 렌(Renn, 1992)의 분류를 중심으로 정리한다.

위험의 개념에 대한 접근법을 크게 다음과 같이 나눠볼 수 있다. 이 분류는 편의에 따른 것이며 상호배타적인 것은 아니다.

(1) 기술적 접근법(Technical Approach of Risk)
(2) 경제학 접근법(Economics of Risk)
(3) 심리학 접근법(Psychology of Risk)
(4) 사회학/인류학 접근법(Sociology/Anthropology of Risk)

기술적 접근법

이는 수학적이거나 기술적인 접근법이라 할 수 있다. 위험을 학문적으로 다룰 때는 종종 위험에 대한 확률분포를 중심으로 얘기하게 된다. 위험을 수학적으로 표현하기 위해서 무엇이 필요한가 생각해보자. 위에서 위험은 미래에 일어날 수 있는 일들에 대한 가능성에 대한 것으로 언급했다. 바로 이러한 요소들을 수학적으로 표현해볼 수 있다. 17세기 중반 이후에 발전한 확률론과 통계학의 수학이 그 기초가 된다. 미래에 일어날 수 있는 일들은 사건(event) 혹은 결과(outcome) 등으로 표현하고, 가능성은 수학적으로 확률(probability)로 나타낸다. 이러한 사건과 확률의 조합을 수학적으로는 확률분포라고 부른다. 그리고 그 확률분포는 종종 결과의 기댓값(평균)으로 요약된다. 예를 들면 사고에 따른 기대손실액, 사망률, 감염률 등이 있다.

기술적 접근법 중 확률론과 통계학이 태동하면서 바로 적용되는 계리적 접근법(actuarial approach)이 있다. 위험의 사건과 가능성을 확률분포로 표현하고 위험의 확률분포를 추정하고 통제하고자 한다. 이러한 수학적 지식은 보험산업에 적용되어 보험료를 결정하고, 보험금 지급에 대한 예상과 추론을 하는 데 적용된다. 가히 보험산업은 계리를 바탕으로 번성하는 산업이라 할 만하다. 보험산업은 손실 발생의 분포를 계리적으로 추정하고, 이를 바탕으로 손실을 전가하고 분담하는 기제(메커니즘)를 갖고 있다.

계리적 방법은 보험산업뿐 아니라 다양한 경우에 적용될 수 있다. 특히 건강 관련 질병 위험이나 공학적 위험의 관리에도 주요하게 적용된다. 질병위험의 경우에는 단순한 위험의 분포 자체보다는 위험의 인과관계 파악이 중요하다. 메르스, 지카 바이러스, 에볼라, 조류독감, 신종독감, 코로나 바이러스 등 우리의 기억에도 생생한 질병들에 대처하기 위해서는 어떤 매개체를 통해 어떤 경로로 질병이 전파되는지 전염경로를 아는 것이 중요하다. 위험의 지표로는 감염률과 사망률 등이 중요해진다. 비교적 정보가 충분한 위험의 경우와는 달리 질병의 변이와 전염은 그 위험의 확률분포를 정확히 계산하기 어려운 측면 또한 일반적인 보험계리와 다른 점이라 할 수 있다.

공학적 위험 또한 일반적인 보험계리와는 다른 접근법이 필요하다. 과학과 기술의 발전은 인류사회를 풍요롭게도 했지만 새롭고 거대한 위험을 동시에 가져다주었다. 즉, 과학기술의 발전은 성장과 위험이라는 두 얼굴을 지니고 있다. 더욱이 기술이 발전하면서 위험의 크기 또한 거대해지고 있다. 미래의 과학기술로 일컬어지는 것들을 생각해보자. 정보기술(IT), 생명/유전자공학(BT), 나노기술(NT), 환경공학(ET) 등이 그 예가 될 것이다.

이러한 새로운 과학기술은 한편으로는 밝은 미래를 약속해주는 것 같지만 다른 한편으로는 새로운 위험 역시 동시에 내포하고 있다. 원자력발전소를 지으면 환경오염을 줄인다고 얘기하지만, 1986년 구소련(현 우크라이나) 체르노빌(Chernobyl)이나 2011년 일본 후쿠시마의 원자력발전소 사고 경험은 과연 그러한지에 대한 의구심을 떨칠 수 없게 한다. 인터넷이나 이동통신 등의 정보기술의 발전은 인류를 편리하게 해준다고 하지만, 해킹과 개인정보 보안의 문제점은 줄어들지 않고 있다. 생명공학의 발전은 질병의 조기 발견과 치료 효과 상승 혹은 저렴한 식량 공급 등의 혜택이 있지만, 윤리적인 문제나 건강에의 악영향의 문제점 또한 심각하게 대두되고 있다. 나노기술 역시 섬유, 화장품, 의료 등에 다양하게 적용되고 있으나, 그 미세입자의 잠재적 위험은 정확히 알려지지 않고 있다.

새롭고 거대한 위험들은 위험 자체에 대한 정보가 부족할 뿐 아니라 그 영향이 심각하기 때문에 전통적인 계리적 접근법으로는 한계가 있다. 위험 발생의 인과관계 파악과 손실 발생의 방지가 가장 중요한 관심사가 된다.

경제학 접근법

경제학이 위험을 대하는 방법 역시 수학적 접근을 한다. 아마도 기술적 접근법과의 중요 차별점은 위험 자체를 줄이거나 직접적인 인과관계에 관심이 있기보다는, 여러 대안 중 하나를 선택해야 하는 의사결정(decision making)에 초점을 맞춘다는 점이다. 이때 선택의 기준은 의사결정자의 효용을 최대로 하는 대안을 선택한다는 것이다. 위험에 대한 정보는 효용을 결정하는 데에 간접적으로 들어갈 뿐 위험 그 자체가 선택의 기준이 되지는 않는다. 위험의 정보가 들어간 효용의 대표적인 예는 소위 기대효용(expected utility)이다. 기대효용이란 발생 가능한 각 경우에 얻을 수 있는 효용값과 해당 확률을 곱한 후 합산해서 구한 값, 즉 효용의 기댓값을 말한다.

경제학 접근법은 위험에 직면한 의사결정자의 다양한 상황에 적용

가능하기 때문에 활용도가 다양하다고 할 수 있다. 물론 경제학 접근법은 위험 자체를 줄이는 의사결정에 활용될 수 있다. 이때 종종 사용되는 방법으로 비용편익분석(Cost Benefit Analysis, CBA)이 있다. 이는 위험에 따른 비용과 경제적 편익을 비교하여 적절한 위험의 수준을 결정하는 방법으로 정책적 의사결정에 이용된다.

경제학 접근법은 결과의 기댓값이 아니라 기대효용을 기준으로 삼는다는 점에서 장점이 있긴 하나, 이에 대한 과신은 종종 중요한 것을 간과하는 오류로 이어진다. 예를 들어 효용은 원칙적으로 합산할 수 없는데 경제학에서는 종종 합산할 수 있는 것처럼 다루곤 한다. 이렇게 합산한 결과는 사회를 대표하는 사회후생효용(social welfare utility)으로 간주되어 정책적 의사결정에 이용될 수 있는데, 합산에 오류가 있다면 사회적 효용을 사용하는 것에도 오류가 따를 수밖에 없다.

더욱이 효용을 기준으로 삼는다 해도 효용에 영향을 끼치는 것은 화폐액으로만 표시된다. 화폐액이 모든 것을 측정할 수는 없음은 잘 알려져 있다. 도덕성, 형평성, 정의 등의 윤리적 개념이나 인명과 같은 개념은 화폐액으로 측정되기 어려울 뿐만 아니라, 때로는 화폐액으로 측정하려는 시도 자체가 갈등의 원인이 되기도 한다. 예를 들어 위험 관련 정책의사결정에 종종 이용되는 개념인 지불의사금액(willingness-to-pay)을 생각해보자. 이는 위험을 없애기 위해 얼마까지 지불할 의사가 있는지를 측정하는 것인데, 이 가격이 높을수록 위험을 더 싫어하는 것으로 판단하게 된다. 만약 지불의사금액으로만 위험 시설의 설치를 결정하게 된다면, 항상 그 시설은 빈민가나 저소득 지역에 설치될 것이다. 이러한 결과는 윤리적인 관점에서 받아들이기 어려울 수 있다.

심리학 접근법

심리학 접근법이 위험 관련 의사결정에 각광을 받게 된 것은 상대적으로 최근의 일이지만, 사실 위험에 대한 사람들의 대응에 심리적인 것이 빠질 수는 없다. 확률의 영어 표현인 probability가 지금과 같이 수학적 개념으로 쓰이기 이전에는 '믿을 수 있는 정도'나 '의견의 증명 가능성'과 같은 주관적이고 심리적인 의미로 사용되었음을 앞에서 언급한 바 있다. 확률은 원래 심리적인 개념이었다.

수학적인 확률의 개념에 대해서도 오래된 논쟁이 있는데, 확률을 객관적으로 알 수 있느냐 하는 것이다. 동전이나 주사위를 던질 때와 같이 확률을 객관적으로 알 수 있는 경우(객관적 확률, objective probability)도 있지만, 주관적으로 인식되는 경우(주관적 확률, subjective probability)가 더 많다. 또한 객관적인 확률이 얻어질 수 있는 때조차도 사람들은 각자의 환경에 따라 주관적으로 받아들이는 경우도 많다. 대표적인 예로 자동차 사고로 인한 사망의 경우보다 항공사고로 인한 사망의 확률이 낮음에도 불구하고 일반적으로 사람들은 후자의 경우를 더 위험한 것으로 여긴다.

최근에 주목받는 심리학 접근법은 경제학 접근법에 대한 대안으로서다. 경제학 분석의 기본 전제는 합리적이고 이기적인 개인이다. 그러나 현실적으로 사람들은 다양한 편견과 감정에 영향을 받는다. 특히 위험과 불확실성에 직면한 사람들은 냉철하게 판단하기 힘든 경우도 많을 것이다.

경제학적 분석으로는 설명되지 않는 다양한 분야에서 심리학의 설명력이 중요해지곤 한다. 예를 들어 태풍이나 지진 같은 대재해 위험은 발생 확률(빈도)은 낮지만 발생했을 때의 피해액(심도)은 크다. 이러한 위험을 특별히 저빈도-고심도 위험(low-frequency high-severity risk)이라고 부르는데, 이 경우 사람들의 대응 방식(예를 들어 보험을 너무 많이 혹은 너무 적게 산다)은 전통적인 경제학 분석으로는 설명이 잘 안 된다. 또한 사람들은 최근에 일어난 사고에 더 민감하게 영향을 받는다든가(최신효과, recency effect), 동일한 위험이라도 어떻게 표현하거나 어떤 상황으로 받아들이느냐에 따라 행동이 달라지기도 한다(구조화 효과, framing effect).

심리학은 그 자체로도 사람들의 위험에 대한 인식과 행동을 이해하는 데 도움이 되지만, 경제학과의 결합을 통해 좀 더 풍부한 설명력을 지니게 된다. 이런 분야를 소위 행동경제학(behavioral economics)이라 부른다. 행동경제학은 사람의 행위나 의사결정에 심리적인 측면을 고려하여 해석함으로써 기존의 경제학적 해석의 부족한 점을 보완한다. 특히 트버스키(Amos Tversky)와 카네만(Daniel Kahneman)이 주장한 전망이론(prospect theory)으로 불리는 이론은 전통 경제학의 기대효용이론의 심리학적 대안이라 할 수 있다.

사회학/인류학 접근법

경제학 접근법이나 심리학 접근법이 개인 수준에서의 의사결정이나 심리적인 측면을 강조한 것이라면, 사회학/인류학 접근법은 사회와 문화적인 측면을 강조한다. 따라서 이 접근법은 사회문화적 접근법이라고 해도 무방할 것이다. 물론 사회와 문화는 개인의 심리나 합리적 행동에 영향을 미치고 그 반대도 성립하므로 이들 접근법이 상호 배타적인 것은 아니다.

사회학/인류학 접근법은 분석의 주요 대상이 개인 차원이라기보다는 사회나 집단 혹은 계층 등의 큰 단위다. 이 접근법 내에서도 다양한 세부 접근법이 존재하고 분석방법 역시 다양하지만, 공통점은 개인이 위험을 볼 때 수학적인 잣대로만 보는 게 아니라 사회와 문화적 영향을 받는다는 것이다. 즉, 가족, 친구, 또래집단, 소속 조직이나 네트워크 등의 다양한 사회문화적 관계를 통해 위험을 받아들이고 해석한다는 점이다. 위험에 대한 인식과 대응 역시 사회의 유지에 기여하는 맥락에서 결정된다. 위험과 사건은 외부에서 주어진 수학적 구조물이라기보다는 사회적으로 만들어진 것들이다. 다양한 세부 접근법 중 개인과 합리성을 강조하게 되면 경제학적 접근법에 유사해질 수도 있다. 이와는 대조적으로 소위 위험의 문화이론(cultural theory of risk)은 집단의 문화와 비합리적일 수도 있는 측면을 강조한다.

사회학/인류학 접근법은 사회, 조직, 제도, 시스템의 역할을 강조한다는 점에서 중요하다. 또한 사회 내 여러 집단(계층, 인종 등) 간의 갈등과 불평등을 이해하는 데에도 도움을 준다. 건강위험, 대재난 위험이나 경제적·사회적 불평등은 모두 개인의 위험관리 수준을 뛰어넘는 사회적 갈등 요소다. 어떠한 위험이 중요한 것이며 위험으로 인지될 것인지도 그 사회의 문화적·사회적 구성물로서 선택되는 것일 수도 있다. 또한 이러한 점을 이해해야 제대로 된 위험 의사소통(risk communication)이 가능하다. 우리는 광우병과 메르스 사태의 경우, 정부와 국민 사이의 의사소통에 문제가 있음을 보았다. 발병 확률이 극도로 낮다든가 걱정할 필요 없다는 정부의 일방적인 발표는 부족한 신뢰를 회복할 수 없었다. 국민이 느끼는 위험은 단순한 수학적 숫자로 나타낼 수 없다는 점을 확인시켜주었다.

또한 위험을 일으키는 가해자와 그 피해를 입게 되는 피해자가 위험을 보는 시각이 같을 수 없음을 지적하고 있다. 루만(Luhmann)에 따르면, 개인이나 조직의 입장에서 자신이 관리할 수 있는 불확실성은 위험(risk)으로, 외부에서 부과되는 불확실성은 위해(danger)로 명명한다. 즉 불확실성을 만들어내는 가해자의 입장에서는 위험이고 피해자의 입장에서의 불확실성은 위해가 된다. 가해자와 피해자는 서로 대치되는 집단에 소속되어 있고 각 집단은 위험을 해석하고 대응하는 방법에 첨예하게 대립한다. 가해자는 객관적 확률이 낮으며 편익이 크다는 점을 부각시킨다. 피해자는 자신들에게 피해가 올 수 있는 의사결정을 가해자가 일방적으로 결정했음을 비난한다. 아울러 가해자가 제시하는 위험에 대한 정보는 거짓이거나 왜곡될 가능성에 주목한다. 이 갈등에서 위험에 대한 전문가 집단은 별로 도움이 되지 않는다. 그 이유는 전문가들 사이의 견해 역시 나뉘어 있으며 자신들의 이해관계에 따라 입장이 다르기 때문에 가해자나 피해자의 신뢰를 얻지 못하기 때문이다. 위험과 위해의 구분은 위험이라는 것이 그저 수학으로 표시될 수 있는 것이 아니라 사회, 문화와 독립되어서는 이해될 수 없음을 보여준다.

위험의 문화이론

앞에서 사회학/인류학 접근법 중 하나로 위험의 문화이론을 언급했다. 문화이론은 더글러스와 윌다브스키(Douglas와 Wildavsky)가 개발했다(Douglas, 1984; Douglas and Wildavsky, 1983). 여기서는 좀 더 자세히 알아보도록 하자(Kahan, 2012; Lidskog and Sundqvist, 2012; Rayner, 1992을 주로 참조했다).

문화이론의 위험에 대한 기본적인 시각은, 위험은 집단에 의해 선택된다는 것이다. 위험은 도처에 존재하지만, 한 집단이 그중에서 위험으로 여기는 것을 선택한다는 것이다. 예를 들어 원자력발전소 건설이 환경오염이라는 재난을 해결하는 해결책으로 여겨질지 아니면, 대재난을 일으킬 위험의 요소로 여겨질지는 사회의 구성원이 선택하는 것이다. 위험의 선택은 미래에 대한 지식의 불완전성과 대처 방안, 그리고 그에 대한 구성원의 인식 등에 영향을 받을 것이다. 이러한 요소들은 구성원의 가치판단과 믿음, 사고와 행동 양식에 영향을 받는다. 즉, 문화적 편향성(cultural biases)이 생긴다.

문화이론에서 제시하는 격자-그룹(grid-group)의 틀은 집단이나 사회가 그 문화에 따라 위험을 받아들이고 해석하는 데 영향을 받을 수 있음을 보여준다. 이 틀에서는 '격자'와 '그룹'이라는 두 가지 잣대를 가지고 집단의 문화를 규정한다.

격자는 집단 구성원의 역할에 대한 제약이나 규율화의 강도를 측정하는 잣대다. 예를 들어 혈연, 지연, 나이나 성 등의 범주에 따라 구성원의 역할에 어느 정도의 제약이 있는지를 측정한다. 제약의 강도가 높으면 '강(强)격자(strong[high] grid)', 강도가 낮으면 '약(弱)격자(weak[low] grid)'로 부른다. 강격자는 구성원이 집단 내 사회적 역할에 참여할 때 제약이 많은 경우를 일컬으며, 약격자는 그러한 제약이 적은 경우를 말한다.

그룹은 집단의 구성원이 집단에 대한 소속감의 정도와 집단 정체성을 측정한다. 정체성이 강하면 '강(强)그룹(strong[high] group)', 정체성이 약하면 '약(弱)그룹(weak[low] group)'이라고 부른다. 강그룹에서는 구성원이 집단의 연대성과 소속감을 강조하고, 서로에게 강하게 의지한다. 집단은 폐쇄적이다. 약그룹에서는 구성원이 집단에의 소속감이 낮고 집단은 개방적이다.

격자의 강약과 그룹의 강약을 결합하면 크게 네 가지 타입이 나올 수 있다. 각 타입의 특징과 위험에 대한 태도를 살펴보자. 물론 다음의 구분은 개략적인 것이며 사회를 이해하는 하나의 방편인 것이지, 한 사회나 단체가 하나의 타입에 묶여 있다고 단정지어서는 안 될 것이다.

강격자-강그룹: 위계주의(hierarchy)

격자와 그룹이 모두 강한 집단은 상하관계의 위계질서가 잡혀 있고 상급자의 권위(authority)에 의해 통제된다. 통제력을 지닌 권위는 소수에 집중된다. 위계주의의 예를 들면 국가, 종교, 관료제, 가부장 등을 들 수 있다. 권위는 제도화되고, 질서는 권위를 수용한 구성원 간의 역할 분화에 의해 유지된다. 위험에 대한 태도는 집단 보호와 질서 유지의 측면에서 수용되거나 혹은 거부된다. 위험은 적극적으로 통제와 관리가 가능할 경우에 수용되고 조정되지만, 그렇지 못할 경우에는 부정되고 거부된다(위험 적응, adapting to risk).

약격자-약그룹: 개인주의(individualism)

위계주의의 대척점에 개인주의가 있다. 격자와 그룹이 모두 약한 경우에는 구성원의 집단에 대한 소속감이 약하고 역할 참여와 행동이 자유롭다. 행위에 타인으로부터의 통제나 규율이 약하다. 따라서 규율은 자율 규제를 강조한다. 구성원은 자신의 이익을 적극적으로 추구한다. 역할이 자유로우므로 경쟁이 심하고 자유 의지에 의한 거래와 협상을 통한 계약 등이 중시된다. 집단에의 소속감이 약하므로 다른 집단과의 교류가 왕성하다. 개인주의의 예를 들면 시장(market)과 사업가 등을 들 수 있다. 결과의 형평성보다 기회의 형평성이 강조된다. 실패나 손실은 제도나 사회의 탓이라기보다는 개인의 능력 탓으로 여긴다. 위험은 적극적으로 인지되고 받아들인다(위험 수용, embracing risk). 위험은 단순히 피해를 주는 것이 아니라 잘 이용하면 성공의 기회를 줄 수 있는 것으로 간주된다.

약격자–강그룹: 평등주의(egalitarianism)

격자는 약하나 그룹은 강한 경우에는 구성원의 집단에 대한 소속감은 강한 반면 집단 내에서는 자유롭게 행동한다. 구성원 간의 관계는 자발적으로 이뤄지며 서로 동등하게 대우한다. 집단의 의사결정은 협의를 통해 이뤄지고, 결과의 형평성을 중시한다. 평등주의의 예는 시민, 사회단체, 생태공동체, 동성애자 등을 포함한다. 위험은 그 본질상 결과의 불평등을 낳으므로, 안전을 위해 가능한 한 위험을 회피하거나 없애려 한다(위험 거부, rejecting risk).

강격자–약그룹: 숙명주의(fatalism)

격자는 강하고 그룹은 약한 경우, 구성원은 집단의 정체성은 약하지만 집단 내의 권위를 수용한다. 집단의 정체성이 약한 이유는 집단에서 소외되었다고 느끼기 때문일 수 있다. 스스로의 이익을 적극적으로 추구하기보다는 수동적으로 타인의 통제를 받는다. 인생관은 회의적이고 소극적인 삶을 산다. 이 집단의 예로 마약중독자나 매춘부 등을 든다. 위험은 외부에서 주어진 운명으로 받아들이고, 적극적으로 관리하려는 의지 없이 소극적으로 수용하거나 존재하지 않는 듯 무시한다(위험 무시, ignoring risk).

인간은 위험을 싫어하는가

대체로 위험을 나쁜 일이 일어날 가능성으로 해석한다면, 사람들은 위험을 싫어한다는 의미이기도 하다. 한편 경제학에서는 보통 위험을 나쁜 일뿐만 아니라 좋은 일도 일어날 수 있음을 포함하여 생각하긴 하지만, 여전히 사람들은 위험을 좋아하지 않는다고 간주한다. 과연 인간은 위험을 싫어하는가?

경제적 인간(homo economicus)은 이기적이고 합리적으로 계산하고 행동하는 사람을 말한다. 경제학에서 바라보는 인간상이다. 경제학적 시각에 따르면, 자본주의 시장에서 사람들은 이기적이고 합리적으로 의사결정을 한다. 때로는 일관되게 이기적으로 행동하는 것을 합리적이라고 생각하기도 한다. 경제학에서 이러한 인간상을 갖게 된 것은 기본적으로는 인간의 이기심에 기인하기도 하지만, 이기적인 행동이 사회에 도움이 된다는 애덤 스미스적 견해와 더불어 신고전학파의 수학 분석의 편의성이 결합된 결과로 보인다. 자본주의는 인간의 이기심에 기초한 경제체제라 해도 과언이 아니다.

위험에 대처하는 경제적 인간은 위험을 싫어하는 위험회피형(risk aversion) 인간 혹은 신중한 인간(homo prudens)으로 묘사된다(Adams, 1995). 신중한 인간은 가능한 한 위험을 줄이려고 한다. 물론 경제학에서 위험을 싫어한다고 해서 모든 위험을 회피하는 것을 의미하는 것은 아니다. 경제적 인간은 합리적인 계산을 통해 위험이 수는 고통보나 이익이 더 크다면 기꺼이 그 위험을 감수할 수 있다. 위험하에서 사람이나 시장의 움직임을 설명하는 경제학적 결과는 경제적이면서 신중한 인간관을 바탕으로 도출된 것이다.

그런데 사람은 반드시 경제학이 가정하는 것처럼 이기적이고 합리적으로 계산해서 행동하지는 않는다. 더욱이, 경제학적 합리성은 물질적이고 금전적인 것만을 고려하는데, 이 또한 사실과 다른 경우가 많다. 위험과 관련해서도 마찬가지다. 인간은 다른 측면에서는 유희적 인간(homo ludens)으로서 유희와 흥미를 위해 게임과 놀이를 한다(Huizinga, 1938). 게임이나 놀이는 자발적으로 위험을 선택하는 것이다. 게임을 하는 이유는 승리의 기쁨이나 혹은 게임 과정에서 얻는 즐거움 때문이지, 금전적인 보상 때문은 아니다. 유희적 인간이 의미하는 바는 위험을 회피하려는 것이 인간의 본성이 아닐 수 있다는 것이다. 위험을 보상할 수 있는 혜택이 있지 않아도 때로는 위험 자체를 즐기는 사람들이 모험을 찾아 떠날 수 있다. 유희적 인간은 위험을 자발적으로 추구하는 도박적 인간(homo aleator[ius])의 모습도 있다(Adams, 1995; Reith, 2005). 도박적 인간이 위험을 추구하는 것은 그 자체에서 즐거움을 느끼기 때문이다. 위험을 싫어하는 경제적이고 신중한 인간이 금전적인 이익을 위해 위험을 추구하는 것과는 다르다. 도박적 인간은 위험의 선택에 따른 금전적 기대 이익이 지불된 비용보다 적어도 위험을 기꺼이 추구할 용의가 있다.

사람은 때로는 경제적 인간이며 때로는 유희적 인간이다. 또한 어떤 때는 신중한 인간이면서 다른 때는 도박적 인간이기도 하다. 사람들은 위험을 싫어해서 보험을 사기도 하지만, 다른 한편으로는 유희를 위해 위험한 행동을 추구하기도 한다. 기대수익이 복권 구입가격보다 낮아도 사람들은 복권을 구입하고, 극도로 위험한 스포츠나 운동을 하기도 한다.

이 글에서 우리는 사람들이 위험을 싫어하는지 혹은 좋아하는지를 논하려는 것은 아니다. 다만, 사람들은 위험을 줄이려는 노력과 위험을 추구하려는 행동을 끊임없이 반복한다는 점을 강조하고자 한다. 이러한 위험에 대한 이중적인 행동을 이해하는 것은 우리가 사는 사회, 경제, 그리고 기업을 이해하는 중요한 잣대가 될 것이다.

맺음말

일반적으로 우리가 위험하다고 할 때에는 나쁜 일이 일어날 가능성이 있을 때를 말한다. 한편 경제학에서 말하는 위험은 나쁜 것만을 의미하는 것은 아니고 변동성의 의미로 사용된다. 그런데 일반인은 물론이고 경제학을 공부하는 사람들도 대부분 변동성으로서의 위험이 일상적인 위험과 다르다는 점을 잘 느끼지 못한다. 통계학적 평균의 개념과 그로부터의 변동성 측정에 너무 익숙해져 있는 것일까?

위험을 어떤 개념으로 보느냐에 따라 사람의 행동이 다르게 영향을 받는다. 나쁜 일이 일어날 가능성으로 위험을 보면 위험에 감정과 도덕성이 강하게 개입된다. 무엇이 나쁜 일인지, 누구의 책임인지, 내가 그런 일을 겪어야 하는지에 대한 도덕적 판단과 감정의 동요가 일어난다. 그에 비해 변동성으로 위험을 보면 도덕과 감정에 대해 상대적으로 중립적이다. 좋고 나쁜 게 무엇이든 간에 서로 상쇄될 수 있기 때문에 도덕과 감정이 개입될 여지가 줄어든다. 또한 좋은 것과 나쁜 것을 계산하고 비교함으로써 순이익 또는 순손실을 계산하게 된다. 그 결과 이익을 얻을 수 있다면, 위험은 회피의 대상이 아니라 추구의 대상으로 바뀔 수 있다. 바로 이런 점에서 변동성으로서 위험을 보는 시각은 사업가가 이윤을 위해 위험을 추구하는 자본주의 체제에 적합한 시각이라 할 수 있다. 문화이론의 분류에 따르면 경제학적 접근법은 약격자-약그룹인 개인주의적 접근법의 전형적인 예에 해당한다.

그러나 사회에는 사업가의 이윤 추구의 범위를 벗어난 큰 위험들이 존재하고 또 새롭게 생성된다. 그러한 위험들은 계산하고 비교하기 어려울 뿐 아니라, 무엇이 위험인지 인지하기도 어려울 수 있다. 이러한 의미에서 사회문화적 접근법이 어느 때보다 더 큰 의미가 있다. 위험은 계산할 수 있는 것도 있고 계산할 수 없는 것도 있다. 때로는 사회적·문화적·정치적 관계가 수학적 계산보다 더 중요할 수 있다. 이러한 점을 망각할 때 갈등은 심화된다.

제2장

위험의 분류

위험의 개념이 다양한 만큼 위험의 분류에 대한 견해 역시 다양하다. 여기서는 그중 일부를 소개하고자 한다. 위험을 앎이라는 것에서 파생되는 철학적 분류나, 위험의 수준에 따른 분류, 그리고 위험의 성격에 따른 분류를 중심으로 살펴보고, 보험학과 보험시장에서 분류하는 위험도 설명한다.

모른다는 것과 위험

바머 등(Bammer et al., 2008)에 따르면, 철학적으로 위험이란 근본적으로 사람들이 미래에 일어날 일에 대해 모른다는 것, 즉 무지(無知, ignorance)에서 시작된다. 무지는 오류(error)와 비관련성(irrelevance)으로 구분되며, 비관련성은 무관심(untopicality), 금기(taboo), 결정불가(undecidability)로 세분된다. 한편 오류는 왜곡(distortion)과 불완전성(incompleteness)으로 세분된다. 왜곡은 혼동(confusion)이나 부정확성(inaccuracy)을 포함한다.

우리의 관심사인 불확실성(uncertainty)은 부재(absence)와 함께 이 불완전성의 세부 부류에 포함된다. 이 불확실성은 또 다시 확률위험(probability), 애매함(vagueness), 모호함(ambiguity) 등으로 재분류된다. 논리적으로 애매함은 내용이나 결과가 명확하지 않고 경계가 흐릿한 경우(흐릿함fuzziness. 예: 예쁘다 = 예쁘다의 기준은 사람마다 다르다)나 구체적이지 않고 불분명한 경우(불분명non-specificity. 예: 유럽에 갔다 = 유럽 어디?)를 일컫는다. 모호함은 여러 가지로 결과가 나오거나 해석될 수 있는 경우(예: 눈 = 얼굴의 눈 혹은 내리는 눈?)를 말한다. 확률 위험은 확률로 측정 가능한 위험을 말한다. 이 글의 목적상, 애매함과 모호함 사이의 구분 자체는 큰 의미는 없고, 수학적으로 확률분포로 표현하기 어려운 경우를 포함하는 것으로 이해하면 충분할 듯하다. 위험에 대한 철학적 분류를 통해서 위험이라는 것이 '모른다'는 인식 중에서 어떠한 위치를 차지하는 것인지 생각해보면 좋을 듯하다.

위험의 수준: 모르는 정도에 따라

위험은 그 불확실성의 정도(程度, level)에 따라 위험의 인식이나 측정에 많은 차이가 있다. 이에 따라 불확실성의 정도에 따라 위험의 수준을 구분하는 것이 의미가 있을 수 있다. 일찍이 경제학자 나이트(Frank Knight)는 이러한 점에 착안하여 위험(risk)과 불확실성(uncertainty)을 구분했다. 이때 위험이란 확률분포를 알 수 있는 경우와 같이 측정 가능한(measurable) 경우를 일컬으며, 불확실성이란 측정이 불가능한(unmeasurable) 경우를 일컫는다. 나이트는 이러한 위험의 분류법을 통해 기업의 존재 이유를 설명한다. 나이트에 따르면, 위험은 단순하기 때문에 기업이 전문성에 우위를 갖고 이익을 얻기 어렵지만, 불확실성은 복잡하기 때문에 전문성을 통해 적절히 대처하면 이익을 얻을 수 있다. 즉 불확실성이야말로 기업 이익의 원천이라는 것이다.

일반적으로 전통적인 경제학에서는 위험을 불확실성과 개념적으로 구분 짓지 않는다. 그럼에도 경제학에서 다루고 있는 위험은 사실상 나이트가 정의한 위험의 범주를 벗어나지 못한다. 그 이유는 경제학에서의 위험은 일반적으로 위험의 확률분포를 가지고 논의를 진행하기 때문이다. 경제학에서는 모든 위험은 그 확률분포를 갖고 있으며 의사결정자는 그것을 알고 있다고 가정한다. 애초에 불확실성의 정도라는 것은 고려의 대상이 아니다. 즉 나이트의 불확실성이란 존재하지 않는 것처럼 간주한다.

한편 위험의 복잡성을 인식하기 시작하면서 최근에는 나이트의 불확실성을 세분하여 분류하기도 한다. 불확실성 중에서도 좀 더 단순한 불확실성과 더 복잡한 불확실성을 구분하는 것이다. 이때 일반적으로 쓰이는 방법은 다음과 같다. 위험의 확률분포를 알지는 못하지만 그래도 가능한 분포를 어느 정도 알 수 있는 경우와, 가능한 분포 자체를 전혀 모르고 있는 경우를 구분하는 것이다. 후자의 경우의 불확실성이 전자의 경우보다 심하다고 볼 수 있을 것이다. 이 경우에 불확실성이란 용어 대신 위험을 사용하여 전자를 '모르는 위험(unknown risk)', 후자를 '알 수 없는 위험(unknowable risk)'이라고 부른다. 이때 확률분포를 알 수 있는 위험은 '아는 위험(known risk)'이라고 부른다. 불확실성의 정도는 아는 위험 < 모르는 위험 < 알 수 없는 위험의 순으로 증가한다.

모르는 위험은 이를테면 다음과 같은 경우를 말한다. 확률분포가 A 아니면 B인 것은 알 수 있는데, 정확히 어떤 것인지는 불확실한 경우가 이에 해당한다. 각 분포가 될 확률이 1/2씩이면, 이는 마치 위험(확률분포)에 위험(확률분포의 확률분포)이 있는 경우라고 볼 수 있으므로, 모르는 위험은 종종 위험에 위험이 있는 경우라고 일컬어진다. 모르는 위험은 모호성(ambiguity)이라는 용어로도 표현된다.

이에 비해 알 수 없는 위험은 불확실성의 정도가 더욱 심한 경우를 말한다. 아예 확률분포를 알 수 없거나, 심지어는 어떤 상태가 일어날지 정확히 가늠하기 어려운 경우가 이에 해당한다. 예를 들어 일반인의 입장에서 새로운 혜성이 관측될 확률이나 금융위기가 일어날 확률 등은 알 수 없는 위험이 될 것이다.

모르는 위험과 알 수 없는 위험은 종종 구분이 명확하지 않을 수 있어서 그 둘의 영문 첫 자를 합쳐서 UU위험(UU risk)이라는 표현을 쓴다. UU위험은 나이트가 불확실성이라고 분류한 것과 다르지 않다. UU위험은 전통적인 경제학의 접근법에 경종을 울려준다. 즉, 경제학에서는 마치 모든 위험이 아는 위험인 것처럼 간주하기 때문에 고도의 불확실성인 UU위험하에서의 사람들의 행동이나 현상을 설명하기에는 부족하기 때문이다. 예를 들어 새로운 질병의 확산, 환경오염의 영향, 금융위기는 종전의 아는 위험의 접근법으로는 충분히 설명하기 어렵다.

위험의 수준: 예측 모형을 중심으로

불확실성을 야기하는 요소를 중심으로 위험의 수준을 정할 수도 있다. 예를 들어 리슈(Riesch, 2012)는 불확실성을 가장 낮은 수준1부터 가장 높은 수준5까지 총 5단계로 나누고 있다. 여기서 고려하는 것은 위험에 대한 예측인데, 위험과 그의 결과를 일정한 모형(model)을 통해 예측하는 것을 생각해보자. 이 모형은 모수(parameter)가 내재되어 있어 모수에 따라 예측 결과가 달라질 수 있다. 예를 들어 y = ax라는 식이 있어서 x를 알면 y는 ax로 예측된다고 해보자. 식 y = ax가 모형이며, a값이 모수가 된다. 동일한 x라도 a값에 따라 예측값이 달라질 것이다. 예측 모형을 중심으로 다음과 같이 위험의 수준을 구분해볼 수 있다.

수준1: 결과의 불확실성(uncertainty about the outcome)
모형의 식이 알려져 있고, 모형에 필요한 모수(parameter)가 알려져 있어서 이 모형을 통해 결과를 그에 해당하는 확률로 예측할 수 있다.

수준2: 모형의 모수에 대한 불확실성(uncertainty about the parameters)
모형은 알려져 있으나, 모수는 알지 못하는 경우에 해당한다.

수준3: 모형 자체에 대한 불확실성(uncertainty about the model)
예측 모형 자체를 모르는 경우에 해당한다.

수준4: 인지할 수 있는 부적합성이나 암묵적인 가정에 대한 불확실성(uncertainty about acknowledged inadequacies and implicit assumptions)
모형이 알려져 있다 해도 모든 경우에 적합한 것은 아니다. 모형이 유효하게 작동하기 위한 기본 가정이 성립하지 않을 수 있는 경우에 해당한다. 기본 가정이 성립하지 않는다면, 모형이 아무리 정교해 보여도 무용지물이 될 것이다.

수준5: 인지하지 못하는 부적합성에 대한 불확실성(uncertainty about unknown inadequacies)
이 경우에는 우리가 알지 못한다는 것조차 알 수 없는 경우를 말한다. 이 경우 역시 모형이 작동하기 위한 기본 가정이 성립하지 않는다. 모형의 기본 가정이 성립하지 않는다는 점에서는 수준4와 마찬가지지만, 수준4에서는 그런 상황의 존재 자체는 인지될 수 있는 것인 데 비해, 수준5의 불확실성에서는 그러한 상황이 존재한다고 인지되지도 못할 정도의 고도의 불확실성을 의미한다.

주사위 던지기 도박이나 복권 등의 위험은 수준1에 해당할 것이다. 한편 위험의 기제에 대해서는 알려져 있지만, 자료의 부족으로 모수 추정에 어려움이 있다면 수준2에 해당할 것이다. 수준3부터는 불확실성의 정도가 고도화된다. 예를 들어 새로운 질병의 발생이나 변형의 경우 과거의 모형을 적용할 수 있는지 확신할 수 없을 것이다. 지구온난화에 따른 폐해나 화석 에너지 고갈이 경제에 주는 장기적 영향 등은 수준4나 수준5에 해당할 것이다. 2008년 금융위기도 발생하기 전까지는 그 가능성이나 여파를 가늠하기 불가능한 경우였으며, 위기 전에 사용하던 모형이 무용지물이었음을 사후적으로 확인할 수밖에 없었다.

위험의 성격에 따른 분류

순수위험과 투기적 위험

순수위험(pure risk)은 현재의 시점에서 나쁜 방향의 일이 일어날 위험, 즉 하방위험을 일컫는다. 상식적으로 생각하는 위험에 해당한다. 이에 비해 투기적 위험(speculative risk)은 나쁜 방향뿐만 아니라 좋은 방향으로도 변동할 수 있는 위험을 일컫는다. 경제학에서 일반적으로 정의되는 위험이다. 전통적으로 보험에서는 순수위험을 대상으로 한다. 사망 위험, 질병 위험, 화재 위험, 상해 위험 등 보험의 대상이 되는 위험은 손실(loss), 피해(damage), 고통(suffering)이나 보상책임(liability) 등을 포함한다.

한편 재무학(finance)에서는 주로 투기적 위험에 관심을 갖는다. 대표적인 연구 대상인 주가, 이자율, 환율과 관련된 위험은 그 가격이 내리기도 하고 오르기도 하는 변동성을 의미한다. 일반적으로 금융 투자는 투기적 위험을 감수한다.

순수위험과 투기적 위험은 현재 시점에서 위험의 방향성을 기준으로 분류한 것이다. 수학적으로 보면, 순수위험의 경우에도 결과의 평균, 즉 기댓값을 기준으로 생각할 경우, 기댓값을 중심으로 위와 아래 양방향의 변동성을 가지고 있다. 이렇게 보면 순수위험과 투기적 위험의 차이는 수학적으로는 그리 큰 의미가 있는 것은 아닐 수 있다.

그러나 행동적 측면에서 두 위험은 중요한 차이를 나타낼 수 있다. 사람들은 종종 현재의 상태를 기준으로 생각하고 행동하는 경향이 있다. 순수위험은 현재의 상태에서 우연한 피해가 일어나는 경우에 해당한다. 이때에는 주위의 도움이 필요하거나 동정심을 얻게 되는 경우가 많다. 특히 현재의 상태가 가난하거나 어려움에 처해 있거나 혹은 피해가 큰 경우라면 더욱 그럴 것이다. 이에 비해 투기적 위험은 대부분 이익을 위해 자발적이거나 적극적으로 위험을 감수하는 경우가 많다. 이 경우에는 비록 피해를 입는 결과를 맞이했다 해도 주위에서 기꺼이 도움을 주고자 하지는 않을 것이다. 이런 관점에서 보면 순수위험과 투기적 위험의 구분은 수학적이거나 기술적인 차이라기보다는 사람의 도덕이나 가치 평가적인 차원에서 차이를 가져오는 것일 수 있다.

체계적 위험과 비체계적 위험

재무학을 공부한 사람들은 위험의 분류 중 체계적 위험(systematic risk)과 비체계적 위험(non-systematic risk)의 구분에 익숙할 것이다. 이 구분은 금융시장의 투자자의 입장에서 출발한 것으로서, 근본적인 위험의 분류에는 적합한 것은 아니나 금융 투자의 상황에서는 그 나름 의미가 있는 구분이라 볼 수 있다. 이 구분법을 이해하기 위해서는 여러 자산에 투자하는 투자자의 포트폴리오(portfolio)를 고려할 필요가 있다. 포트폴리오에 포함되는 투자자산(더 정확히는 투자자산의 수익률)은 각자의 위험(즉 수익률의 변동성)을 갖고 있다. 포트폴리오란 이들 자산의 집합체이므로 포트폴리오(수익률) 역시 위험에 노출되어 있다. 우리의 관심은 포트폴리오 안에 포함되는 투자자산의 숫자와 포트폴리오 위험의 관계에 있다. 뒤에서 설명하게 될 보험계리적 원리 중 하나인 대수의 법칙(law of large numbers)에 따르면 포트폴리오를 구성하는 자산의 종류가 늘어날수록 포트폴리오 자체의 위험은 점차 줄어들게 된다. 그 이유는 개별 투자자산의 위험이 어느 정도는 상쇄되기 때문이다. 투자자산의 수가 늘어날수록 상쇄되는 부분도 증가하게 된다. 궁극적으로 투자자산의 수를 무한히 늘리는 경우를 생각해보면, 포트폴리오의 위험 역시 점차 감소하여 일정한 수준의 위험에 수렴하여 더는 감소하지 않게 된다. 이때 궁극적으로 남아 있는 위험 부분을 체계적 위험이라 부르고, 상쇄되어 결국은 사라지는 위험을 비체계적 위험이라 부른다.

한 자산의 위험이 다른 자산의 위험과는 상관없이 정해질 때 위험이 독립적이라고 부르는데, 이 경우에는 자산의 수가 늘어남에 따라 자산의 위험들이 궁극적으로 전부 상쇄되어 포트폴리오의 위험은 완전히 사라지게 된다. 이 경우에는 체계적 위험은 사라지게 된다. 그에 비해, 자산 위험들이 서로 완전히 독립적이지 못하고 어떤 공통의 요소에 의해 같은 방향으로 움직이는 부분이 있을 경우에는 자산의 수를 증가시켜도 위험이 완전히 상쇄되지 못하여 체계적 위험이 존재할 수 있다.

체계적 위험의 존재 여부가 전통적인 보험시장과 투자시장을 구분하는 기준이 되기도 한다. 전통적인 보험상품은 이를테면 화재보험, 자동차보험, 생명보험, 상해보험 등을 들 수 있는데, 이들 위험은 대체로 독립적이라는 것이 알려져 있다. 예를 들어 자동차 사고가 한 곳에서 일어났다고 해서 다른 곳에서 사고가 일어나는 것과는 거의 연관성이 없기 때문이다. 이러한 경우, 보험 포트폴리오에 포함되는 보험 대상의 수를 증가시키면 궁극적으로 보험 포트폴리오의 (단위당) 위험은 0으로 줄어들게 된다. 즉 이들 보험 위험은 비체계적이라고 할 수 있다.

이에 비해 금융시장의 경우에는 투자자산 수익률의 경우, 시장 전체가 경제·정치 상황이나 인플레이션 등에 의해 어느 정도는 동일한 방향으로 영향을 받을 수 있기 때문에, 체계적 위험이 0이 되지 않고 양수(+)가 되는 경우가 일반적이라고 할 수 있다. 이런 관점에서 체계적 위험은 시장 위험(market risk)이라고도 부른다. 일반적으로 금융시장 투자자산의 경우 체계적 위험이 존재한다.

물론 체계적 위험/비체계적 위험에 따른 보험과 투자의 구분은 편의상 하는 것이지 절대적인 것은 아니다. 예를 들어 홍수나 태풍 등의 위험의 경우, 동일한 사건에 따라 여러 피해자가 발생하게 된다. 이 경우에는 위험이 독립적이지 못하므로 이 보험 포트폴리오의 체계적 위험은 양수가 될 것이다. 그렇다고 이들 위험이 보험의 대상이 될 수 없는 것은 아니다. 또한 투자상품이나 기업들의 위험관리의 대상으로 비체계적 위험은 여전히 중요하다.

한편 체계적 위험/비체계적 위험의 분류와는 별도로 시스템 위험(systemic risk)이라는 것도 종종 회자된다. 시스템 위험이란 일부 기업이 어려움에 처할 경우에 시장 전체에 그 여파를 주게 되는 위험을 일컫는 말로 일종의 전염 위험(contagion risk)이라고 볼 수 있다. 특히 시스템 위험은 금융시장에서 거대 은행들이 어려움에 처하게 되면 그 여파가 전 금융시장과 더 나아가 전체 경제에까지 악영향을 끼치는 경우를 일컫는 말로 사용된다. 20세기 후반 이후로 세계화와 자유화의 물결로 전 세계의 금융시장이 점점 더 통합되어가는 추세로 인해 거대 금융회사들의 영향력이 막강해짐에 따라 그 영향력 또한 커지고 있다. 이러한 추세는 시스템 위험의 증가로 이어지고 있기에, 건전한 금융의 발전과 관련하여 시스템 위험에 대한 조절이 중요한 이슈가 되고 있다.

객관적 위험과 주관적 위험

우리는 앞에서 위험은 심리적인 영향을 받을 수 있음을 언급했다. 이와 관련하여 위험을 객관적 위험과 주관적 위험으로 구분하는 게 가능하다. 객관적 위험(objective risk)이란 객관적인 값으로 표현될 수 있는 위험을 일컫는다. 예를 들면 주사위를 던질 때 나오는 눈의 확률은 각각 1/6로 나타낼 수 있다. 이 확률은 사람들이 동의할 수 있는 객관적인 측정값이라 할 수 있다. 객관적 위험은 일반적으로 경험이나 이성적 판단에 의해 얻은 자료를 근거로 위험의 결과에 대한 확률과 그 결과에 따른 손해/이익의 규모를 계산한 확률분포로 요약된다. 따라서 객관적 위험은 수학과 과학의 발전에 따라 정의되는 것이라고 할 수 있다.

이에 비해 주관적 위험(subjective risk)이란 평가자에 따라 다르게 부여되는 위험을 일컫는다. 주관적 위험은 근본적으로 사람들이 위험에 대해 어떻게 느끼는지와 무관하지 않다. 때로는 객관적인 확률을 구할 수 있는 경우라도 사람에 따라서는 다르게 느낄 수 있기 때문이다. 주관적인 위험은 사람의 감정이나 경험 혹은 지식의 영향을 받는다. 또한 주관적 위험은 사람들이 자주 접하지 못하는 위험의 경우에 중요성이 더 커지게 될 것이다. 사람들이 객관적인 위험을 평가할 정보가 부족하기 때문이다.

일반적으로 객관적 위험은 합리적인 것으로, 주관적 위험은 비합리적인 것으로 여긴다. 이를테면 도박사가 주사위를 던지면서 이번에는 1이 나올 것이라고 확신한다면 우리는 아마도 그를 비합리적이라고 생각할 것이다. 그러나 때로는 그 경계가 애매할 때가 있다. 객관적 위험은 위험과 관련된 정보가 충분할 때에나 제대로 된 위험을 측정할 수 있는 것이다. 모든 사람이 그런 것을 제대로 알기는 불가능하다. 예를 들어 새로운 혜성이 발견될 확률은 얼마인가? 지구온난화가 내가 투자

하는 기업의 이익에 미치는 영향은 무엇인가? 우리 동네가 10년 후 폭우로 인해 피해를 입을 위험은 얼마인가? 2008년 금융위기와 같은 위기가 다시 올 가능성은 어떻게 될까? 이러한 질문들은 전문가 역시 정확한 답을 주지 못한다. 이런 질문을 맞이했을 때 일반인은 비록 정확한 정보는 모른다 해도 경험이나 느낌으로 위험을 표시할 수 있다. 이럴 경우 주관적 위험이 반드시 비합리적이라고 단정 짓기는 어렵다. 그보다는 오히려 정보가 부족한 경우라고 생각하는 편이 옳을 수 있다.

또한 사람들이 의사결정을 하는 경우에 반드시 객관적인 위험(혹은 그 확률)에 따라 불안함이나 기쁨을 느껴야 하는 것도 아닐 것이다. 사람들은 각자의 기질, 성격이나 경험에 따라 위험을 대하는 태도가 다르다. 이때 사람들의 행동은 주관적 위험이라는 렌즈를 통해 살펴볼 수도 있을 것이다. 이러한 접근법은 소위 행동주의 경제학(behavioral economics)이나 행동주의 보험학(behavioral insurance)에서 이용하는 방법이기도 하다.

자연적 위험과 인적 위험

위험을 일으키는 주요 요인이 자연에 있는지 혹은 인간에게 있는지에 따라 위험을 분류해볼 수 있다. 전통적으로 위험은 자연적인 것 혹은 외부에서 주어진 것이었다. 이러한 위험은 자연적 위험(natural risk)이라 부를 수 있을 것이다. 이러한 자연적 위험이 보험산업에서 일차적으로 고려하는 위험이라고 할 수 있다. 우연한 사고나 질병과 같은 인간에 대한 직접적인 위험이나 혹은 인간이 제어하지 못하는 사고 위험 등이 자연적 위험에 속한다고 할 수 있다. 태풍, 지진, 홍수와 같은 자연 재해는 물론 이에 포함된다.

이에 비해 인적 위험(man-made risk)은 인간이 만든 위험이다. 인류가 사회생활을 하고 문명이 발전하면서 서로간의 관계가 더욱 긴밀해지면서 인적 위험의 중요성도 커져왔다. 이 위험에는 우선 건물이나 건축물의 부실 공사로 인한 사고, 부주의에 의한 사고 등이 포함된다. 또한 건축물 사고의 경우처럼 명확해 보이지는 않지만, 사람과의 관계에서 서로의 기대에 못 미치는 결과가 발생할 위험을 생각해볼 수 있다. 현대 자본주의 사회에서 사람들 간의 계약관계가 중요한 삶의 일부분을 차지하기 때문에 이러한 위험은 특히 중요하다. 계약에서의 중요한 위험은 상대방에 대한 정보 문제다. 상대방이 나와 계약한 대로 행동할 것인가, 또 나에게 거짓말을 하는 것은 아닐까 하는 것이 바로 주된 정보 문제라 할 수 있다. 보험학에서는 이 정보 문제를 도덕적 위태(moral hazard)와 역선택(adverse selection)의 문제로 구분해 부른다.

한편 인간의 행동이 자연과 서로 영향을 줌으로써 위험을 유발할 수 있다. 이는 인적 위험과 자연적 위험이 혼합된 경우지만, 표면상으로는 자연 재해의 형태로 나타나기 쉽다. 인간이 자연과 환경에 끼치는 영향력이 점점 커지면서 인간이 유발하는 자연 재해에 대한 우려와 관심이 커져가고 있다. 이렇게 인류의 활동이 지구의 환경에 미치는 영향에 주목해서, 혹자는 20세기 후반 이후를 지질학적 시대 구분으로 인류세(Anthropocene)라고 부르기도 한다.

보험학에서의 위험

보험은 위험을 직접적으로 다루는 기제이며, 보험에 관한 학문인 보험학은 위험에 관한 학문이다. 전통적으로 보험학에서 위험 관련 개념들이 논의되어왔기 때문에 보험학에서의 위험 관련 개념들을 좀 더 살펴보는 것이 의미가 있을 것이다.

앞 장에서 살펴본 다양한 위험의 개념 중 보험학에서 사용되는 개념은 무엇일까? 보험학은 큰 줄기로 기술적 접근법(보험계리적 방법)과 경제학 접근법을 사용하고 있다. 그리하여 위험은 그 확률분포로 측정하고 논의되는 게 일반적이다. 또한 위에서도 언급한 바와 같이 위험의 유형 중 순수위험에 주로 관심을 갖고 있다. 특별한 언급이 없을 경우에는 손실이나 피해를 입거나 부담을 갖게 되는 경우만을 대상으로 논의한다. 물론 투기적 위험이 논의의 대상에서 제외되어야 함을 의미하는 것은 아니며, 때로는 연구 대상에 포함된다. 수학적으로는 순수위험과 투기적 위험의 차이가 큰 것은 아니므로 순수위험을 대상으로 한다고 해서 분석적 논의의 일반성이 감소하는 것은 아니다.

한편 위험은 다양한 관점에서 정의될 수 있기에 일반적인 보험학의 접근법 역시 비판에서 자유롭지 않다. 예를 들어 UU 위험은 전통적인 보험학에서 제대로 논의되지 않았다. UU 위험은 종전의 확률분포적인 접근법으로는 한계가 있음은 위에서 언급한 바와 같다. 더욱이 보험 분야에서의 중요한 숙제 중 하나는 거대 위험 혹은 재난 위험(catastrophe risk)에 대한 대응이다. 기후와 환경의 변화, 인구의 밀집, 세계화의 추세, 경제 발전으로 인해 전 세계는 재난의 위험으로부터 자유롭지 못하게 되었다. 태풍, 홍수, 지진과 같은 자연재해나 테러, 전쟁과 같은 인재는 광범위한 피해를 초래하곤 한다. 이러한 재난위험은 기존의 정립된 통계적 방법으로는 정확히 측정되지 않는 UU 위험인 경우가 많다. 보험은 이러한 재난 위험에 취약하게 대응해왔으나, 점점 더 적극적인 대응이 요구되고 있는 것이 현실이다. 학문적으로도 종전의 연구방법을 뛰어넘는 새롭거나 발전된 방법이 필요하다고 볼 수 있다.

손인과 위태

보험학에서는 위험과 연관된 다른 개념들도 사용되고 있는데, 대표적인 것이 손인과 위태다.

손인(損因, peril)은 손해를 야기하는 원인을 일컫는다. 사실 위험이라는 것 자체가 그런 의미로도 쓰이므로 위험과 손인은 때로는 구별하기 어렵다. 실제로 어원이 되는 라틴어 periculum은 실험(experiment)이나 위험(risk, danger)의 뜻으로 사용되었다. 보험학에서의 손인은 위험과 구분되어 직접적인 손해의 원인이라는 의미로 사용된다. 예를 들어 자동차 사고로 부상을 당했다면 사고 자체가 부상의 원인이 되므로 사고가 손인이 된다. 이에 비해 위험은 그러한 사고가 날 가능성이라는 의미가 된다.

한편 위태(危殆)란 용어도 위험과 관련되어 사용되는데, 보험학에서 위태란 위험한 상태나 조건을 의미한다. 영어로는 hazard로 쓰는데 이 또한 위험의 뜻으로도 사용되기 때문에 위태와 위험이 항상 명확하게 구분되는 것은 아니다. 이 hazard의 어원은 중세 아랍어 al-zahr 혹은 yasara라고 하는데 이는 주사위를 뜻했다. 현대 보험학에서는 위태를 크게 물리적 위태(physical hazard)와 도덕적 위태(moral hazard)로 구분한다. 물리적 위태란 말 그대로 손실이 발생하거나 증가할 수 있는 물리적 조건을 의미하는데, 예를 들면 미끄러운 도로, 비상구의 부재, 어두운 골목길 등이 있다. 한편 도덕적 위태란 넓은 의미로 비물질적인 위태를 총칭한다고 볼 수 있다. 도덕적 위태의 예로는 부정직, 사기, 타인의 비용으로 이익 추구와 같은 적극적인 위태와 부주의나 무관심과 같은 소극적인 위태를 포함한다. 소극적인 위태는 별도로 정신적 위태(morale hazard)라고도 한다.

한편 moral hazard는 보험학에서는 전통적으로 도덕적 위태로 번

역되어 사용되었는데, 1997년 외환위기 이후 언론에서 도덕적 해이라는 표현을 자주 사용하게 되면서 일반인에게는 도덕적 해이라는 표현이 더 자주 쓰인다. 이 책에서는 위태의 본래 의미를 강조하기 위해서 도덕적 위태라는 용어를 사용하고자 한다.

아울러 hazard는 다른 분야에서 사용될 때에는 다른 의미가 부여되기도 한다. 예를 들어 보험계리나 통계학에서는 어느 한 시점까지의 생존자 중 사망 비율이라는 수학적 개념으로 정의되어 사용된다. 환경보건학에서 hazard는 물질의 독성을 가리키는 유해성의 의미로 사용되는데, 이때 risk는 인체나 환경이 그러한 유해성에 노출되어 입을 피해의 가능성과 정도를 가리키는 위해성으로 구분되어 사용된다.

보험시장에서의 위험 분류

일반적으로 보험시장에서는 위험의 원인이나 대상/목적물을 중심으로 위험을 구분하고 그에 따라 보험상품을 분류한다. 전통적으로 보험시장에서 보험은 손해보험과 생명보험으로 나뉜다. 손해보험은 재산손해와 배상책임을 대상으로 하고, 생명보험은 사람의 사망을 주 대상으로 한다. 손해보험은 재물이나 책임에 대한 보험으로, 생명보험은 사람에 대한 보험으로 간주된다. 손해보험의 예로는 화재보험, 해상보험, 자동차보험, 도난보험, 가정종합보험(집과 가족과 관련된 재산손해나 배상책임을 포함), 제조물배상책임보험, 보증보험, 신용보험 등을 들 수 있다. 생명보험에는 사망보험과 연금이 포함된다. 한편 건강보험이나 상해보험 등은 치료비라는 비용을 목적으로 하지만 사람을 대상으로 하기도 하기 때문에 손해보험과 생명보험에 모두 관련이 있는 것으로 다뤄진다.

물론 보험이 전통적인 것에만 국한되어야 하는 것은 아니다. 위험은 끊임없이 새로 생겨나고 있으며 이 위험을 어떻게 적절하게 공유하고

나눌 것인가에 따라 새로운 보험상품이 만들어질 수 있을 것이다.

위험이 거래를 통해 분배되는 시장이 보험시장이지만, 모든 위험이 시장을 통해 적절히 거래되지는 않는다. 예를 들어 태풍에 따른 농작물 피해, 지진, 실업, 전염병, 그리고 가난 등의 위험은 보험시장을 통해서는 적절히 배분되지 못해왔다. 시장 실패(market failure)의 중요한 예라고 할 수 있다. 이 경우에는 정부의 역할이 중요해지는데 이는 사회복지(social welfare)의 개념으로 통합된다. 사회복지는 사회보험(social insurance)이나 공공부조(public assistance)제도를 포함한다. 사회보험은 민간보험과 마찬가지로 가입자가 보험료를 지불하고 사고가 일어났을 때 보험금을 받는 형태로 운영된다. 이에 비해 공공부조는 정부가 보조금을 지원해주는 형태로 운영된다. 우리나라의 경우 사회보험은 국민건강보험, 국민연금, 산업재해보험, 고용보험과 노인장기요양보험으로 구성되어 있다. 공공부조제도는 국민이 최소한의 기초적인 생활을 유지할 수 있도록 정부가 보조하는 제도로서 우리나라에서는 국민기초생활보장제도를 시행하고 있다.

맺음말

경제학이나 보험학을 공부하는 학도들은 위험을 수학적으로 표현하고 분석한다. 이러한 접근법은 과학적이라 여기고, 그렇지 않은 방법은 비과학적이거나 비합리적인 접근법으로 여기곤 한다. 그러한 위험의 개념만큼이나 위험의 종류도 다양하게 구분될 수 있다. 위험의 정도가 심해질수록 수학적 접근법은 한계에 봉착한다.

한편 사람의 위험에 대한 인식은 감정적일 수도 있고 본능적일 수도 있다. 복잡한 현실 속에서 이러한 사람들의 인식이 수학적 모형과 일치하지 않는다고 잘못된 것으로 여길 수만은 없다. 어쩌면 수학적으로 계산할 수 있는 위험의 종류는 그다지 많지 않을지도 모른다.

우리에게 익숙한 위험의 종류는 사망, 사고, 질병과 같이 자연스러운 것처럼 보이기도 하지만, 한편으로는 보험시장의 분류 방법과도 밀접한 관련이 있다. 자동차보험은 자동차를 중심으로 위험을 정의하면서 사망을 보상한다. 자동차 사고로 인한 사망은 자동차 위험으로 포함된다. 질병보험은 동일한 치료비가 든다 해도 질병의 종류에 따라 다른 위험으로 분류한다. 사망은 여러 위험에 동시에 속하기도 한다. 한편 동일한 치료비가 들어도 어떤 질병은 위험에서 제외되거나 다른 위험으로 분류된다.

보험시장에서의 위험의 분류는 논리적 일관성보다는 상품화의 편의성에 따라 분류된다. 그리고 우리는 자연스럽게 그 분류를 받아들이고 사용한다. 보험시장에서뿐 아니라 정치적이나 사회적으로도 이해 집단의 목적에 따라 위험은 발견되고 분류된다. 위험은 우리 주위에 늘 존재하지만, 그 위험이 항상 인지되는 것은 아니다. 우리가 위험으로 인지하는 것들의 상당수는 위험이 어떻게 묶여서 상품화되거나 공론화되느냐와 밀접한 관계가 있다.

제3장

위험치리

위험이 불안감, 불편함, 재산이나 인명 손실 등의 피해를 발생시킨다면 위험을 줄이거나 조절하려는 방법을 모색하는 것은 자연스러운 일일 것이다. 이렇게 위험을 통제, 조절, 관리하고, 그와 관련된 의사결정을 하는 것을 통상적으로 위험관리(risk management)라고 부른다. 제대로 된 위험관리에는 위험에 대한 이해와 위험관리의 목표(objective)의 정립이 있어야 하며, 목표에 맞춰 위험을 실질적으로 관리하는 위험관리과정(risk management process)이 뒤따른다. 위험관리란 용어는 보험학이나 재무학 등에서 많이 사용된다(보험경영연구회, 2010; Harrington and Niehaus, 2003; Hull, 2015). 보험학에서는 위험관리의 과정을, 위험을 확인하고 측정, 평가한 후 위험관리방법을 시행하고 사후 되먹임(feedback)을 하는 것으로 이해한다. 재무학에서의 위험관리는 대체로 금융시장의 위험에 관심을 갖고 금융 기법을 이용한 위험관리에 초점을 맞추어 논의한다.

한편 위험치리(危險治理, risk governance)라는 용어는 최근에 쓰이기 시작했고, 학문적으로는 주로 과학과 사회학 분야에서 사용하기 시작했다(Amendola, 2001; Elliot, 2001; Hermans et al., 2012; IRGC, 2012). 위험치리는 위험관리와 대비되는 개념이라기보다는 그의 확대된 개념으로 이해해도 좋을 듯하다. 일반적으로 위험관리가 위험이 주어져 있고 이를 분석, 관리하는 데 초점이 있다면, 위험치리는 위험의 인지와 선택, 그리고 위험의 영향을 받는 사회적 관계와 이해집단의 이해라는 측면을 포함하며, 관리의 효율성을 위한 되먹임뿐 아니라 이해관계자들과의 의사소통을 강조한다.

기존의 위험관리가 주로 개인이나 조직의 입장에서 위험에 대한 대처라면, 위험치리는 사회와 국가의 관점까지로 확대된 위험관리로 생각할 수 있다. 위험치리는 현대 사회에서 위험이 거대해짐에 따라 개인이나 조직의 입장에서 위험에 대처하고 관리하는 데 한계가 있음을 깨닫고 국가나 국제적인 차원의 대처가 필요하다는 자각과 함께 발전된 개념이라고 할 수 있다.

위험치리나 위험관리는 사람마다 조금씩 다른 의미와 내용으로 사용한다. 여기서는 협의의 위험관리보다는 그를 포함한 더 큰 개념인 위험치리를 중심으로 생각한다. 다만 둘의 구분에 별 의미가 없는 경우에는 혼용해서 사용하기도 한다.

위험의 비용

위험비용

위험이 관심대상이 되는 것은 그것이 초래하는 불편함이나 피해가 있기 때문이다. 이를 위험비용(risk cost)이라고 부를 수 있을 것이다. 위험비용에는 어떤 것들이 있을까?

위험은 안 좋은 일이 일어날 가능성을 의미하므로, 바로 그 안 좋은 일이 일어난 결과 발생하는 손실을 생각해볼 수 있다. 이를 위험의 사후적 비용(ex post cost of risk)이라고 부르자. 사후적 비용의 예로는 화재가 나서 재산이나 인명의 손실과 고통을 들 수 있다. 일반적으로 이러한 손실은 직접적 손실(direct loss)과 간접적 손실(indirect loss)로 구분할 수 있다. 직접적 손실은 그 사고로부터 발생한 1차적인 손실을 말한다. 화재로 인한 재산 손실액이나 치료비와 같은 금전적 손실, 그리고 고통과 상실감과 같은 정신적 피해 등이 그것이다. 이에 비해 간접적 손실은 2차적인 손실을 말하는데, 예를 들어 병원 치료를 받느라 일을 못해 수입이 주는 것을 들 수 있다. 때로는 이 간접적 손실이 직접적 손실보다 클 수 있다. 예를 들어 기업의 간부가 자동차 사고가 나는 바람에 중요한 계약을 성사시키지 못했다면 이 계약의 실패로 인한 손실이 사고에 따른 치료비보다 클 수 있다. 또 다른 예로, 화재 등의 손실로 인해 기업이 파산하는 경우, 화재에 따른 재산 피해액은 직접적 손실이지만, 파산에 따른 계약의 해지나 자산의 급매 등으로 제값을 받지 못하게 되는 손실은 간접적 손실에 해당한다.

위험이 거대해짐에 따라 위험의 비용이 개인이나 조직의 범위를 훨씬 뛰어넘는 경우도 있다. 2011년 후쿠시마 원전 사고의 여파는 일본을 넘어서 한국 등 주변 국가뿐 아니라 심지어 태평양 너머의 미국에까지도 영향을 미친 것으로 밝혀지고 있다. 이러한 경우에 그 손실을 정확히 계산하는 것은 불가능하다. 정확한 손실 측정이 어려운 이유는 그 사고 영향의 범위가 큰 점에도 기인하지만, 또 다른 이유는 그 여파가 장기적이고 복합적인 데 기인하기도 한다. 원전 사고에 따른 방사능 물질 노출에 따른 피해를 측정하는 것은 불가능하다.

거대 위험에 따른 간접적 손실은 측정이 더 어렵다. 일본의 후쿠시마 원전 사고나 2015년 한국의 메르스 사태 등을 생각해보자. 시민과 정부나 의료기관 등 간의 신뢰 저하와 경제의 위축을 가져왔다. 또한 사회는 극심한 불안감에 빠지게 되었다. 이러한 사회적 손실은 측정하기 불가능하다.

한편 위험은 사후적 비용 외에도 위험 그 자체가 초래하는 비용인 위험의 사전적 비용(ex ante cost of risk)도 있다. 사전적 비용의 대표적인 것이 위험회피비용(cost of risk aversion)이다. 일반적으로 사람들은 위험을 싫어한다고 여겨진다. 항상 그런 것은 아니지만 대체로 그렇다는 것이다. 이를 경제학에서는 위험 회피(risk aversion)라고 부른다. 위험회피비용이란 위험이 있다는 것 자체가 야기하는 효용의 감소분을 말한다. 위험에 직면하여 사람들은 불안감을 느끼거나 행동에 제약을 느끼게 된다. 자신이 다니는 회사가 문을 닫게 될 위험에 직면하면 사람들은 불안할 것이다. 또는 자신이 타고자 하는 배가 풍랑을 만날 위험에 처하면 배를 타는 것을 주저할 수 있다. 이렇듯, 위험으로 인한 불안감이나 공포라든가 또 그로 인한 행동에의 악영향 등이 위험회피비용이다.

개인의 경우 위험회피비용은 매우 중요한 요소다. 한편 기업은 자연인이 아니므로 개인처럼 위험을 싫어한다고 할 수는 없지만 여러 가지 이유로 마치 위험을 회피하는 것처럼 여길 수 있다. 자세한 내용은 뒤에서 살펴보겠지만, 예를 들자면 위험이 증가해서 파산 가능성이 커지면 새로운 투자안을 포기하는 부작용이 발생할 수 있고 이에 따른 비용(이익의 감소)이 발생한다. 또한 파산 가능성이 커지면 기업을 둘러싼 이해관계자들(예를 들어 채권자와 주주) 사이의 갈등이 커질 수도 있는데 이러한 갈등에 따른 비용도 무시할 수 없다. 이러한 비용은 위험이 사전적으로 초래하는 비용에 포함된다 볼 수 있다.

거대 위험의 경우 위험회피비용은 매우 심각하게 클 수 있다. 원전 사고의 위험에 직면하여 사회에서는 원전의 설립과 효과를 둘러싼 다양한 이해가 대립하여 사회적 분열 양상을 보이곤 한다. 사회적 갈등과 분열은 거대 위험이 초래한 위험회피비용의 한 단면이라 할 수 있다.

위험 편익

한 가지 짚고 넘어가야 할 점은 위험은 비용을 야기하기도 하지만, 경우에 따라서는 이익을 발생시키기도 한다는 점이다. 사람들이 어떤 위험을 자발적으로 감수하고자 하는 이유는 그로부터 (사후적으로) 혜택을 얻을 수 있기 때문이기도 하다. 사업가가 위험을 감수하고 사업에 뛰어들거나, 혹은 자동차 사고의 위험을 감수하고 자동차를 타고 다니는 이유는 그 위험 자체를 좋아해서가 아니라, 위험 감수를 상쇄할 만한 이익, 즉 편익(便益, benefit)이 존재하기 때문이다. 후쿠시마 원전의 건설 역시, 위험을 과소평가했을 수는 있겠지만 위험의 비용과 편익을 고려한 결과였을 것이다.

이러한 사후적인 편익은 위험 관련 의사결정에서 중요한 고려 사항이다. 편익이 없고 비용만 존재한다면, 그 위험은 가능한 한 줄이는 게 답일 것이다. 편익과 비용을 어떻게 고려하고 서로를 대응시켜야 하는지는 위험치리의 중대한 관심사가 된다.

한 가지 중요한 점은 비용과 편익이란 용어가 반드시 금전적인 것만을 의미하지는 않는다는 점이다. 비록 이 용어들이 경제학적 용어로서 금전적 의미로 주로 사용되긴 하지만, 때로는 금전적으로 측정되기 어려운 비용과 편익도 존재한다. 사회적 갈등과 신뢰와 같은 도덕적인 가치들은 금전적으로 표현되기 어렵지만 여전히 비용 혹은 편익의 의미로 사용될 수 있을 것이다. 이 글에서도 논의의 편의상 대체로 금전적인 용어를 사용해서 얘기하겠지만, 도덕적 가치를 배제하는 것으로 해석해서는 안 될 것이다.

위험치리의 비용

추가로 고려할 비용은 위험치리와 관리에 따르는 비용이다. 위험이 비용을 발생시킨다면, 위험을 줄이면 된다. 다만 모든 관리나 경영과 마찬가지로 위험을 줄이는 데에도 비용이 발생한다. 정보를 수집, 분석, 전달할 때나 제도나 장치를 구축할 때에도 비용이 발생하고, 이해관계자들 사이의 갈등을 조율할 때에도 비용이 발생한다. 이러한 비용이 없다면 원하는 위험 수준으로 줄이는 게 항상 가능할 것이지만 현실적으로는 위험치리에 비용이 따른다. 때로는 그 비용이 감당할 수 없을 정도로 커질 수 있다. 그 단편적인 예로 정부의 원전 부지 선정과 관련된 이해관계의 충돌을 들 수 있다.

가능하다면 위험치리비용과 위험비용을 동시에 최대로 줄일 수 있다면 이상적일 것이다. 그러나 대체로 위험치리비용을 줄이면 위험비용이 증가하기 쉽고, 반대로 위험비용을 줄이고자 하면 위험치리비용이 더 들기 마련이다. 현실적으로 위험치리는 위험비용, 위험 편익 그리고 위험치리의 비용을 종합적으로 고려해 그 균형을 맞추어야 하는 힘든 의사결정인 경우가 많다.

위험치리의 목표

앞에서도 언급한 바와 같이 위험을 줄이는 것만이 위험치리의 목표가 될 수는 없다. 위험치리는 무작정 위험을 줄이려고만 하는 것은 아니다. 위험에 따르는 비용과 편익, 그리고 위험치리의 비용 등을 종합적으로 고려하여 목표를 정하게 된다. 물론 이 비용과 편익이 무엇이며 그들을 어떻게 계산하고 가중치를 두느냐 역시 간단한 일은 아니고 논쟁의 대상이기도 하다.

한편 위험치리의 주체에 따라 목표도 달라질 수 있다. 개인의 경우에는 기대효용을 증가시키는 방향으로 위험을 관리할 수 있다. 기업에서의 위험관리는 기업의 가치를 증가시키는 방향으로 관리하고자 할 수 있다.

정부나 사회 전체의 입장에서는 국가 차원에서 위험을 통제하는 방향으로 관리하고자 할 수 있다. 사회 전체로는 개인이나 기업과는 달리 위험을 남에게 전가하는 관점보다는 위험을 직접적으로 줄이거나 배분하는 데에 더 관심을 가질 수 있다. 또한 사회적 위험치리의 경우에는 단순히 금전적인 비용과 편익을 비교하여 효율성의 관점에서 의사결정을 내리는 것이 적합하지 않을 수도 있다. 사회 내의 형평성과 정의는 금전적인 계산의 범위를 벗어나는 것이기 때문이다.

위험치리과정

위험치리과정은 다음과 같이 네 단계로 구분해볼 수 있다.

(1) 위험 확인(risk identification)
(2) 위험 평가(risk evaluation)
(3) 위험관리(risk management)
(4) 감시(monitoring)와 의사소통(communication)

대체적인 순서로서 단계를 나눈 것이긴 하지만, 뒤 단계에서 얻은 정보로 앞 단계의 내용을 수정 보완할 수도 있을 것이다. 또한 의사소통은 마지막 단계에서만 이뤄지는 것은 아니고 각 단계마다 의사결정에 중대한 영향을 끼칠 수도 있다. 그런 의미에서 각 단계는 유기적이고 유동적으로 연결되어 있다고 할 수 있다. 참고로 IRGC(국제위험치리위원회, 2012)의 위험치리 모형은 위험에 대한 사전평정(pre-assessment), 감정

(appraisa, 위험의 평정assessment과 분류categorization), 평가(evaluation), 관리(management), 의사소통(communication)의 다섯 단계로 구분한다. 우리의 단계 구분과는 좀 다르긴 하지만, 내용상으로는 큰 차이는 없다. 우리는 기존의 위험관리 과정의 틀을 원용하되 의미를 확대하는 방향으로 해석함으로써 사회적 위험치리를 포함하고자 한다. 이제 각 단계를 살펴보자.

위험 확인

위험치리의 첫 단계는 위험이 무엇인지 확인(identification)하는 단계다. 위험관리 대상을 알지 못하고 관리할 수는 없기 때문이다. 위험의 종류는 실로 다양하다. 보험시장에서 주로 관심을 갖는 순수위험이거나 투자 분야에서 관심을 갖는 이자율, 자산 가격, 환율 등의 투기적 위험일 수도 있다.

순수위험의 구체적인 예를 들어보자. 개인의 경우 가족이 직면한 위험을 줄이고자 하면 가족이 직면한 위험을 확인해야 할 것이다. 가장이 병에 걸리거나 사고를 당할 위험, 집 내부의 구조적 문제로 인한 위험, 화재 위험, 자녀가 학교에서 다치거나 병에 걸릴 위험, 옆집 아이와 놀다가 피해를 입혔을 위험 등 많은 위험 요소가 있다. 기업의 경우에도 마찬가지다. 경쟁사의 신제품개발 위험, 원재료 가격의 변동 위험, 환율 위험, 주요 임원이 병에 걸리거나 사고를 당할 위험, 사기 위험, 건물이나 공장의 화재 위험, 지역사회나 주주에 대한 손해배상 위험 등 다양하다.

개인이나 기업 등의 조직뿐 아니라 사회 전체도 위험에 직면해 있다. 인구의 노령화에 따른 소득감소 위험, 질병 위험, 조류독감과 같은 새로운 종류의 전염병 위험, 방사능 위험, 환경오염 위험, 나노기술(nano technology)이나 유전학(genetics)의 발전에 따른 새로운 위험 등이 그것이다. 이러한 위험은 사회 전체의 관점에서 인지되고 관리되어야 할 위험의 종류라고 할 수 있다.

복잡하게 변화하고 발전하는 세계에서 위험을 인지하는 것은 점점 어려워진다. 예를 들어 벡(Beck, 1992)에 따르면 산업사회가 고도로 발전하면서 새로운 근대성(new modernity)을 띠게 되는 위험사회(risk society)로 변화했다. 위험사회에서는 위험이 중요한 갈등 요소가 되는데, 거대위험은 과학과 기술이 발달하면서 생성되고 이를 이해하고 통제하는 것은 전문가에게도 어려운 일이다. 위험의 측정은 물론이고 위험 자체를 인지하는 일조차 쉬운 일이 아니다.

이 단계에서는 단순한 위험의 확인 외에 중요한 또 다른 사항이 있다. 위에서 구체적인 예로 든 위험의 경우에는 대부분 그 위험이 무엇인지 쉽게 확인되거나 외부적으로 주어진 것처럼 간주하는 경우들이다. 그러나 문화이론에서 주장하듯이 한 사회의 위험은 내부에서 정의되고 선택되는 것이다. 즉 무엇이 위험인지는 외부에서 주어지는 게 아니라 사회 내부에서 정해지며, 이렇게 정의된 위험은 사회의 특성과 상황에 따라 달라질 수 있다. 위험의 사회적 특성을 이해해야 함을 의미한다. 또한 위험은 이해관계자에 따라 다르게 받아들여진다. 따라서 위험을 확인하는 단계에서 위험뿐 아니라 다양한 이해관계자들 역시 확인하고 그들의 다양한 관점을 이해하며, 아울러 관심을 가져야 할 이슈를 사전에 확인하는 것을 포함해야 한다. (IRGC는 이러한 것들을 포괄적으로 사전평정pre-assessment의 단계로 분류한다.) 이 단계에서 얻어진 위험의 정의와 확인, 그리고 이해관계자에 대한 이해는 추후의 위험관리를 위한 기본 시각을 제공해줄 것이다.

위험 평가

위험이 확인된 후에는 위험을 분석 및 평가(evaluation)하는 단계를 거친다. 분석 단계에서는 우선 위험의 정량적(quantitative) 측정이 중요해진다. 가장 중요한 방법은 위험에 따른 손실의 확률분포 등의 수학적 혹은 계량적 정보를 추정하는 것이다. 일반적으로 보험학에서는 확률분포를 빈도(frequency)와 심도(severity)의 잣대로 측정한다. 빈도란 손실이 발생할 확률을 의미하며, 심도란 손실이 발생했을 때 그 피해액을 의미한다. 이 두 위험 잣대의 분포를 통해 평균적인 손실과 손실의 분산이나 표준편차와 같은 통계지표를 활용하여 위험에 대한 모습을 그리게 된다.

물론 위험이 모두 계량화되는 것은 아니다. 계량화되기 어렵거나 예상치 못한 위험은 언제든지 나타날 수 있다. 이러한 정성적(qualitative)인 특성들은 수학적 모형 외에 고려되어야 할 사항들이다. 예를 들어 원자력발전소를 건설할 때 그 위험이 어떤 것인지를 정확히 계량화된 지표로 확실히 알 수는 없다. 전문가들의 의견 역시 일치하지 않기 때문에 위험을 측정하는 것은 더욱 어렵다. 정량적인 측정은 언제나 그를 뒷받침하는 모형과 일정한 가정하에 도출된다. 그런데 이러한 모형이나 가정 자체에 불확실성이 존재한다(Riesch, 2012). 정량적인 측정과 더불어 정성적인 측면을 간과해서는 안 되는 이유가 여기에 있다.

또 다른 중요한 측면은 다양한 이해관계자들의 입장에서 인지된 위험과 관련된 정보다. 우리는 위에서 이해관계자들이 각자의 입장에서 다르게 위험을 인지한다고 했다. 따라서 위험관계자들의 관점이 반영된 위험 정보를 획득하고 분석해야만 이들의 시각과 입장을 이해할 수 있을 것이다. 참고로 IRGC는 이 측면을 관심사항평정(concern assessment)이라 부르며, 앞에서 살펴본 정량적 분석은 과학적 위험평정(scientific risk assessment)이라 부른다.

위험관리

위험관리는 위험평가의 결과를 바탕으로 위험을 관리하는 단계다. 이 단계에서는 위험관리의 목표(target)를 설정하고 관리방법의 대안을 분석(analysis), 선택(selection), 실행(implementation)하는 것을 포함한다.

❶ 위험관리의 목표

위험관리의 목표는 앞 단계에서 한 위험에 대한 정량적·정성적 분석을 토대로 위험을 어느 수준에서 받아들여야 할지를 정하는 것이다. 이때의 수준이라 함은 보험상품이나 금융 투자에서와 같이 일차원적일 수도 있지만, 위험의 성격에 따라서는 사회적·경제적 그리고 정치적인 측면을 모두 고려해야 하는 다차원적인 위험의 수준을 정해야 할 수도 있다. 일차원적인 위험 수준이란 예를 들어 화재 확률을 몇 % 이내로 유지해야 하는가 혹은 투자자산 수익률의 분산을 얼마 이내로 유지해야 하는가 하는 것들을 말한다. 다차원적인 위험 수준의 예를 들면 새로운 전염병 위험을 관리할 때다. 이때에는 전염병 발생 확률을 몇 % 이내로 유지해야 하는가 하는 것뿐만 아니라 사회적 감염의 방지, 사회적 불안 억제, 감염자와 비감염자 사이의 갈등을 포함한 사회적 갈등을 종합적으로 고려해야 한다는 것이다. 위험사회나 문화이론의 담론에서 지적하는 위험의 관리에는 다차원적이고 종합적인 고려를 통한 위험관리의 목표 설정이 필요하다.

❷ 위험관리방법의 선택과 실행

위험관리방법은 위험을 물리적으로나 직접적으로 감소 혹은 제거하는 방법인 위험 통제(risk control)와 위험과 손실을 타자에게 넘기거나 공유하는 위험 전가(危險轉嫁, risk transfer)/보험(insurance)의 방법으로 분류한다. 위험관리자는 다양한 방법과 수단을 평가하고 그중에서 적절한 방법(들)을 선택하여 시행해야 한다.

위험관리방법은 통상적으로 위험 통제와 위험 전가로 구분하지만, 손실 발생 시점을 기준으로 사전적인 방법(pre-loss method)과 사후적인 방법(post-loss method)으로 구분할 수 있다. 사전적인 방법이란 손실이 발생하기 전에 위험을 사전적으로 줄이는 것을 말한다. 사후적인 방법이란 손실이 발생한 이후에 취하는 방법을 일컫는다. 일반적으로 위험관리는 손실 발생 전에 행하는 사전적 위험관리에 초점을 맞추기 쉽다. 그러나 손실이 발생한 후에도 손실을 최소화하거나 전가하는 방안을 통해 사후적 위험관리를 하는 것도 중요하다. 또 다른 관점에서 손실이 발생할 경우 그 손실을 금전적으로 보존하는 방법을 특별히 위험금융(risk finance)이라고 한다. 위험금융은 사후적뿐 아니라 사전적인 계약이나 장치를 통해서도 가능하며 위험 전가의 중요한 부분을 차지한다.

▶ 위험 통제

위험 통제의 방법 중에는 극단적으로는 위험을 아예 없애거나 피하는 방법인 위험 제거 혹은 회피(risk avoidance)를 생각해볼 수 있다. 위험 제거는 위험을 없애는 것이 바람직한 경우에 가능한 방법이다. 예를 들어 지진 위험을 제거하고자 하면 지진 위험이 없는 지역에서 생활을 하면 될 것이다. 또한 원자력발전소로부터의 방사능 위험을 줄이고자 하면 원자력발전소를 짓지 않으면 그 위험을 완전히 제거하는 것이 된다. 한 위험의 조그마한 가능성도 위중한 경우에는 위험 제거가 중요한 대안이 될 수 있다. 한편 위험이 감수할 만한 가치가 없는 경우에도 위험을 제거하는 것은 대안이 될 것이다.

일반적으로 위험 제거가 늘 가능하거나 바람직하지 않을 수 있다. 비행기 사고 위험을 피하기 위해 미국까지 자동차나 배를 타고 갈 수는 없을 것이다. 설혹 자동차나 배를 타고 간다고 할 경우에 비행기 사고 위험은 제거했어도 자동차 사고나 해상 사고의 위험은 증가한다. 따라서 무조건 비행기 사고 위험을 제거하는 것이 바람직하다고 할 수는 없다.

보험 문헌에서 위험의 정도를 줄이는 것을 손실통제(loss control)라고 부르는데, 그 방법은 크게 두 가지로 구분한다. 손실예방(loss prevention, 혹은 손실확률 감소)과 손실감소(loss reduction, 혹은 손실액 감소)가 그것이다. 손실예방은 손실이 일어날 빈도(frequency), 즉 확률을 감소시키는 것을 말하며, 손실감소란 손실이 일어났을 경우의 심도(severity), 즉 피해액을 줄이는 것을 말한다. 물론 두 방법이 늘 구분되는 것은 아니나 개념적으로 이 둘을 구분하는 것은 편리할 때가 있다.

위에서 살펴본 위험 제거는 손실예방의 한 예로 볼 수 있다. 즉, 손실의 빈도를 0으로까지 감소시킨 경우에 해당한다. 손실예방의 또 다른 예로 홍수 방지를 위해 제방을 높게 쌓거나 수로를 정비하는 것을 들 수 있다. 화재를 대비한 연기경보장치 역시 화재가 일어날 확률을 줄여줄 수 있다는 점에서 손실예방 방법이 된다. 외출에서 돌아와 손을 씻는 것은 병을 예방하는 효과가 있다. 금융 투자의 경우 신용도가 높은 은행에 예금하거나 신용도가 높은 회사채에 투자하는 것이 손실예방의 방법이 될 것이다. 기업의 경우 신제품이나 신기술에의 투자를 성급하게 하기보다는 다른 기업의 투자 결과를 보고 결정하는 전략도 손실예방의 예로 볼 수 있다.

손실감소의 예로는 스프링클러(sprinkler)를 들 수 있는데, 이는 화재 발생 자체를 방지하지는 못하나 화재를 초기 진화하여 손실액을 줄이는 목적으로 사용된다. 비슷한 예로 내화재료나 내진설계를 사용해 건물을 지으면 화재나 지진 시 피해를 줄일 수 있다. 금융 투자의 경우 예금보험대상 상품에 한도 이내로 투자하는 것 역시 손실감소의 방법이 될 것이다. 홍수의 위험에 대비하여 지대가 높은 곳으로 이사하는 것도 손실

감소의 예가 될 수 있다. 기업의 경우 신기술에 투자할 때 한 분야에 큰 금액을 투자하는 대신 분산 투자를 통해 손실을 줄이는 것도 손실감소의 방법이 된다. (이를 실물옵션real option이라고도 부른다.)

물론 손실예방방법과 손실감소방법은 항상 구분되는 것은 아닐 것이다. 교량을 튼튼하게 짓는 것은 손실예방이면서 손실감소의 방법이 될 것이다. 독감예방주사를 맞는 것 역시 독감에 걸리지 않게 하거나 걸린다 해도 고생을 줄여주는 것으로 알려져 있다. 때로는 두 방법이 반대로 작용하는 경우도 있을 것이다. 홍수 피해를 줄이기 위해 제방을 높이 쌓으면 홍수 손실의 확률을 감소시킬 수 있으나 만약 홍수로 제방이 무너지면 피해는 더 커질 수도 있을 것이다. 더욱이 높은 제방을 믿고 많은 사람들이 강가에 모여 살게 되면 홍수가 발생할 경우의 피해액은 커질 수 있다.

개인이나 기업의 위험관리에 비해 거대 위험의 관리에는 더욱 신중한 접근법이 필요하다. 예를 들어 폐기물처리장을 설치하는 의사결정의 경우 개인의 경우에는 자신의 지역에 처리장을 설치하지 못하게 하거나 이사를 하면 위험을 제거할 수 있지만, 국가 전체로는 어디엔가는 폐기물처리장을 설치해야 한다. 국가에서는 위험을 제거하느냐의 이슈가 아니라 위험을 어떻게 배분해야 하느냐의 이슈가 더 중요해진다.

또한 국가는 많은 경우 스스로 위험을 만들어내는 정책결정을 하게 된다. 그 과정에서 국가는 스스로 위험의 수준을 설정하고 그 위험을 구성원 사이에 배분한다. 이때 구성원 간의 이해관계가 충돌하고 갈등이 심화되기 싶다. 국가의 위험 통제는 위험수준을 결정함과 더불어 갈등 조정 역시 고려해야 한다.

▶ 위험 전가/보험

위험 통제가 직접적으로 위험을 감소시키는 방법을 말한다면 위험 전가는 위험을 남에게 넘기는 것을 말한다. 위험 통제를 통해 모든 위험을 없애지는 못하고 또 그게 바람직하지도 않을 경우가 많다. 위험을 직접 줄이는 대신 그 위험을 다른 사람이나 단체에 전가(transfer)하는 방법, 즉 보험(insurance)을 생각해볼 수 있다. 여기서 보험이라 함은 일반적으로 간주되는 보험상품이라는 좁은 의미가 아니라 위험을 전가하는 다양한 방법을 총괄하는 넓은 의미로 사용한다.

우리가 보험시장에서 접하는 통상적인 보험상품은 보험계약자(보험수요자)가 보험자(보험공급자)에게 보험료를 지불하고 손해가 날 경우 피해액을 보상받는 기제(機制, mechanism)다. 이 기제를 통해 손실의 부담이 보험계약자에서 보험자로 넘어간다. 즉 위험이 보험계약자로부터 보험자로 전가된 것이다.

보험상품이 아니라도 개인이나 조직에서는 다양한 위험 전가의 방법을 사용할 수 있다. 일반적으로 위험 헷지(risk hedge)로 알려진 방법들은 다양한 계약이나 시장 거래를 통해 위험의 일부나 전부를 제3자에게 넘기는 것이다. 이 역시 큰 의미로는 보험의 범주에 속한다. 금융시장에는 이러한 헷지를 위한 금융상품들이 계약되고 거래되는데 옵션(option), 선도/선물(forward/futures), 스왑(swap)이 가장 중요한 상품이라고 할 수 있다.

1970년대 이후 활발히 이용되어온 금융기법 중 하나는 소위 증권화(securitization)라고 할 수 있다. 증권화란 기업이 안고 있는 자산이나 미래에 받게 될 수익을 증권으로 만들어 팔아버리는 것으로 간단히 이해할 수 있는데, 대표적인 예가 은행들이 발행한 주택담보부채권(Mortgage-Backed Securities, MBS)이다. 이러한 채권을 통해 은행의 입장에서는 장기간의 현금흐름이 기대되는 대출채권을 투자자에게 판매하여 현금을 현실화하게 된다. 이 과정에서 은행은 대출채권의 부도 위험을 투자자에게 전가하게 되는데, 이러한 관점에서 증권화는 위험 전가의 한 방편이라고 볼 수 있다.

보험상품이나 헷지상품처럼 드러나 보이지 않아도 인류는 다양한 위험 전가의 기제를 발전시켜왔다. 인간이 공동 생활을 하는 것 자체가 자원 획득의 위험이나 외부로부터의 공격위험에 대처하기 위한 보험 기제라고 볼 수 있을 것이다. 좀 더 구체적으로 보더라도 재산을 분산시켜 보관/투자하는 분산화(diversification), 상부상조(mutual help), 기업 지분의 공유(ownership sharing), 위험의 공유(risk sharing), 공적부조(public assistance)와 사회보험(social insurance) 등은 인류가 개발해온 다양한 보험 기제라고 할 수 있다.

한편 위험이 전부 통제되거나 전가되지 않고 남아 있는 경우 위험 보유(risk retention) 혹은 자가보험(self-insurance)이라고 부른다. 위험이 보유되는 경우는 전부 없애거나 전가하는 것이 비효율적이거나 바람직하지 않은 경우일 것이다. 또는 그 자체로 전가될 수 없는 위험도 존재한다. 인간의 사망 위험이나 사고 위험 자체는 전가될 수 있는 것은 아니다. 생명보험에서 담보하는 것은 사망 위험 자체가 아니라 사람의 사망으로 인해 그의 가족이 겪게 될 곤궁함을 담보로 하는 것이다.

보험상품 계약에서도 일부 위험은 전부 전가되지는 않고 보험계약자에게 남겨두기도 한다. 이른바 부분보험(partial insurance)이 바로 그것이다. 부분보험은 비용의 발생, 도덕적 위태(moral hazard)나 역선택(adverse selection) 등에 의해 정당화될 수 있다. (이에 대해서는 뒤에서 다시 살펴본다.)

이상에서는 개인이나 기업 같은 조직 위주로 위험 전가를 살펴보았다. 사회 전체나 국가는 다른 시각이 필요하다. 예를 들어 개인이 자동차보험을 구매해 위험(손실)을 전가할 수 있지만, 보험회사는 그 위험을 전가받아서 보유하게 된다. 사회 전체로는 위험이 사라지는 게 아니고 사회 구성원 사이에서 이전될 뿐이다. 개인의 입장에서는 자동차보험은 자동차 사고에 따른 치료비를 제3자(보험자)에게 부담시킬 수는 있지만, 치료비 자체가 사라지는 것은 아니므로 사회 전체의 입장에서는 치료비의 전가는 위험관리의 방안이 아니다. 자동차 사고의 확률을 줄이거나 사고 시 피해를 줄이는 것만이 사회적 관점에서의 위험관리인 것이다. 이를 위해 교통신호체계를 정비하거나 교통법규 준수를 촉진하는 정책 등을 통해 위험을 관리하게 될 것이다.

물론 사회 구성원 간 위험의 이전이 중요하지 않은 것은 아니다. 이때의 중요 관심사는 위험이 사회 구성원 사이에서 어떻게 배분되어야 하느냐다. 부(wealth)의 배분이 사회적 이슈이듯이, 위험의 배분(distribution of risk) 역시 사회적 관심사여야 한다. 특히 위험사회에서는 위험의 배분이 더욱더 중요한 이슈로 대두되고 있다. 원자력발전소나 폐기물처리장 부지 선정이나 자연 재해의 위험이 모든 구성원에게 공평하게 부과되는 것은 아니기 때문이다.

▶ 사전적 위험관리방법과 사후적 위험관리방법

사전적 위험관리방법이란 손실이 발생하기 전의 관리방법을 말하며, 사후적 방법이란 손실이 발생한 이후의 관리방법을 말한다. 위험관리의 속성상 위험관리방법이란 일반적으로 손실이 발생하기 전에 위험과 손실을 줄이는 방법을 의미한다. 그럼에도 손실이 발생한 후에 아무런 조치가 필요 없는 것은 아닐 것이다.

사후적 위험관리방법은 손실이 발생한 경우에 적용되는 것이니 위험 자체를 줄이는 것이 아니라 손실을 줄이거나 보완하는 금융과 관련이 크다. 그러나 보험이나 헷지상품과 같은 위험금융은 비록 손실이 발생한 후에 그것을 전가하는 사후적 전가의 모습을 띠지만, 계약은 사전에 맺는 것이므로 이 글에서는 사전적 위험관리방법으로 분류하고자 한다. 따라서 사후적 위험관리방법이라고 할 때에는 손실이 발생한 후에 손실의 복구나 회복을 위한 방법을 주로 가리킨다. 예를 들면 화재가 날 경우 화재의 확산을 방지하거나 신속히 진압하거나 하는 것을 들 수 있다. 기업의 경우, 손실로 인한 피해 복구를 위해 투자자로부터 자금을 조달하는 것을 생각해볼 수 있다. 이때 자금조달방법에 따라 기업에 미치는 비용이 달라질 수 있다.

사후적 방법은 위험 보유와도 관련이 있다. 만약 사후적 방법이 사전적 방법에 비해 더 효율적이라면, 사전적으로 위험을 전가하는 대신 위험을 보유하고 실제로 손실이 날 경우에 사후적 방법을 통해 손실을 보완하는 것이 더 유리할 수 있다. 사전적 방법은 손실 발생 여부와 상관 없이 비용이 발생하지만, 사후적 방법의 비용은 실제로 손실이 난 경우에만 발생한다. 따라서 사전적 방법에 비해 사후적 방법이 비용 면에서 더 효율적일 수 있다.

한편 손실이 발생한 뒤에는 당사자가 재무적 곤경에 처할 가능성이 있다. 재무적으로 곤경에 처하면 손실 보완을 위해 타인에게서 자금을 조달하고자 할 때 더 높은 비용을 지불해야 하는 경우도 발생한다. 이를테면 기업이 화재로 인해 중대한 손실이 발생하여 자금조달을 하고자 하면, 투자자는 높은 이자나 수익률을 요구할 수 있다. 따라서 사전적 방법과 사후적 방법의 장단점을 비교해서 적합한 방법을 선택해야 할 것이다.

사회적 재난이나 재해의 경우 사후적 위험관리는 사전적 위험관리 못지않게 중요하다. 신속한 대처와 더불어 정보의 공유와 적절한 의사소통, 정부의 신뢰 확보가 사회적 손실을 최소화하고 불필요한 추가 비용을 줄일 수 있는 중요한 요소라 할 수 있다. 2014년 세월호 사고, 2015년 메르스 사태, 2016년 말 조류독감(AI) 사태를 돌이켜보면, 정부의 부실한 대응과 불신이 얼마나 큰 사회적 비용을 발생시킬 수 있는지 알 수 있다.

▶ 위험금융

위험금융이란 손실이 발생할 경우 그 손실액을 보완하도록 재원을 조달하는 것을 말한다. 개인적인 측면에서는 보험이 대표적인 위험금융의 방법이다. 옵션, 선물, 스왑 등 파생상품을 이용한 다양한 헷지상품 역시 위험금융의 방법이다. 위험 자체를 남에게 넘기는 것이 아닌 한, 위험 전가는 손실 발생의 경우 보상을 받는 위험금융 방식의 계약으로 이뤄지기 쉽다. 위험이 사전에 남에게 떠넘겨지는 경우를 사전적 전가라고 부른다면, 위험금융은 손실 자체는 1차적으로는 내게 일어나지만 결국은 그 손실을 타인에게 떠넘기는 것이므로 사후적 전가라고 부를 수 있을 것이다. 물론 사후적으로 그 손실을 떠안게 되는 상대방에게는 그 대가를 지불해야 할 것이다. 그 대가는 보험료(insurance premium)의 성격을 띠며, 손실이 발생한 후에 반대급부로 받게 되는 것은 보험금(insurance benefit)의 성격을 띤다. 따라서 보험의 원리를 이해하면 다양한 위험 관련 현상이나 금융거래의 본질을 쉽게 이해할 수 있다.

사회 전체 시각에서 사회 구성원 간의 위험금융의 활성화도 중요하지만, 그와는 별도로 위험의 배분에 따른 손실의 배분에 관심을 가져야 한다. 자연재해로 인한 피해는 주로 가난한 지역에 발생하곤 하는데, 피해 당사자가 자발적인 위험금융 거래를 통해 피해를 회복하기를 기대하는 것은 어렵다. 이때 국가는 사회안전망 확보 차원에서 적극적인 개입을 통해 피해 복구와 피해액을 보상한다. 이는 결국 그 피해를 사회 구성원 전체가 보험자로서 떠안는 것으로 해석할 수 있다. 이 과정에서 피해 당사자와 납세자 사이의 갈등이 존재하며, 앞에서 본 바와 마찬가지로 갈등의 조정이 국가의 중요한 이슈가 된다. 이와 같이 국가는 사회 구성원 간의 위험과 손실의 배분을 통해 위험금융의 중요한 축을 담당한다.

감시와 의사소통

위험관리방법이 선택되고 실행되면 적절한 감시(monitoring)와 의사소통(communication)을 통해 위험관리의 효율성을 높이고 위험관리와 책임감에 대한 상호 이해를 증진시킬 수 있다. 우선 위험관리를 실행하면 이를 지속적으로 감시할 필요가 있다. 상황은 계속해서 변화하고 상황의 변화는 위험의 내용이나 종류를 변화시킨다. 더욱이 위험의 측정 결과가 실제와 달라지는 경우도 발생할 수 있다. 특히 위험이 UU위험인 경우라면, 모형과 실제와의 괴리가 더 커질 것이다. 이에 따라 위험과 모형 적용을 감시하여 새로운 정보와 피드백을 얻음으로써 지속적으로 위험관리가 효과를 얻을 수 있도록 대처할 필요가 있다. 기업이나 정부는 위험관리 담당 부서를 통해 정보의 수집과 감시, 관리를 전담하게 하는 것이 효율적인 위험관리를 할 수 있는 방편이 된다.

또 하나 중요한 것은 위험관리란 단순히 관리 자체만 중요한 것이 아니라 내부와 외부 이해관계자들 사이의 원활한 의사소통이 중요하다. 예를 들어 기업의 위험관리는 직원뿐 아니라 주주나 채권자에게도 중요한 의사결정 요소다. 이러한 정보는 주가나 채권의 이자에 반영될 것이다. 사회적 위험의 경우, 위험 관련 정보를 감추는 것은 사회 구성원의 기본권을 침해하는 중대한 범죄가 될 수 있다. 일본의 2011년 후쿠시마 원전사고는 그 자체로도 엄청난 손실을 끼친 사건이기도 하지만, 위험 정보 의사소통의 중요성을 부각시킨 사건이기도 하다. 원전의 운영자인 도쿄전력과 일본 정부의 정보 감추기는 일본 국민뿐 아니라 주변국에도 심각한 불안감과 악영향을 끼치고 있다.

한편 정보를 공개해야 하는 입장에 있는 당사자들이 정보공개를 꺼리는 경우가 많다. 그 이유는 위험이나 손실의 존재가 당사자들의 무능이나 치부를 드러내는 것일 수 있기 때문이다. 또한 '정보는 권력'이라는 말이 있듯이 위험에 대한 정보 역시 일부만 갖고 있을 때 그들의 권력이 강화될 수도 있다. 이를 위해서는 위험 정보를 집중시켜서는 안 되며 적절한 감시와 견제가 필요하다.

때로는 모르는 것이 약이라는 말처럼 위험에 대한 정보를 감추는 것이 상대방에게 도움이 된다고 여길 수도 있다. 후자의 예로 의사가 암 환자에게 암 발병 사실을 감추는 경우를 들 수 있다. 다양한 이유로 위험 정보가 투명하게 공유되지 않을 수 있으나, 그러한 점이 결국은 더 큰 문제로 비화되는 경우도 많다.

또 하나 중요한 것은 위험 정보에 대한 의사소통 방식이다. 예를 들어 동일한 정보라도 어떻게 포장하느냐에 따라 받아들이는 정도에 차이가 난다는 것은 잘 알려진 심리학 결과다. 예를 들어 고기를 많이 먹으면 특정 병의 발병률이 1%에서 2%로 증가한다고 해보자. 이때 고기를 먹으면 병이 두 배로 증가한다는 표현과 1% 증가한다는 표현은 그 정보를 접하는 사람에 따라 매우 다르게 받아들일 수 있다.

사회가 직면하는 위험들은 점점 더 의사소통이 어려워지는 특징이 있다. 2014년 세월호 침몰 사고는 한국 사회의 위험관리 능력의 수준을 적나라하게 보여주기도 했지만, 국민을 더욱 분노하게 한 것은 바로 정부와 위험관리 주체의 의사소통의 부재와 정보를 전달하는 매체의 무능이었다. 위험관리에서 내부의 의사소통뿐 아니라 외부와의 의사소통이 얼마나 중요한 것인지 생생히 보여준 사례라고 할 수 있다.

사회학자 루만(Luhmann)에 따르면 위험은 사회 내에서 기능으로 분화된 각 하부체계(subsystem)들 사이의 의사소통을 통해서 반응하며, 각 하부체계는 각자의 시각으로 인식하고 의사소통한다(노진철, 2010 재인용). 예를 들어 경제체계에서는 이익이냐 손실의 개념으로, 과학체계에서는 진실이냐 거짓이냐의 개념으로, 법률체계에서는 위법이냐 합법이냐의 이분법적 약호(code)로 의사소통하곤 한다(Lidskog and Sundqvist,

2012). 또한 가해자의 결정에 따라 발생하는 손실의 가능성은 그 가해자에게는 위험(risk)이지만, 피해자에게는 위해(danger)로 인지되듯이, 각자 처한 위치에 따라 위험을 보는 인식이 달라진다(Luhmann, 1993). 따라서 위험과 손실에 대한 정확한 이해를 위해서는 각 하부체계와의 의사소통을 행함과 동시에 관점을 이해하는 종합적인 시각이 필요하다.

사회적 위험관리에 중점을 두고 있는 IRGC는 의사소통을 위험치리에서 가장 중요한 항목으로 보고 있다. 이해관계자들 간의 의사소통은 위험의 확인, 평가, 관리의 각 단계에서 중요한 역할을 하기 때문이다.

위험치리의 복합성

위험치리와 관련된 중요한 사실은 하나의 위험이 다른 위험과 상호작용하거나 연결되어 있을 수 있다는 점이다. 항생제의 사용은 세균으로 인한 피해를 줄일 수 있지만 궁극적으로 그 항생제에 적응하는 더 강한 세균의 출현을 야기한다. 기업이 신기술에 투자하지 않으면 투자 위험은 줄일 수 있지만 새로운 시장을 선점하지 못할 위험은 증가한다. 위험을 감소시키는 것은 도덕적 위태나 역선택의 문제를 유발할 수도 있다. 건강보험을 갖고 있는 사람이 질병에 걸리면 병원 치료를 더 자주 받거나 고가의 치료를 받을 가능성이 증가한다(도덕적 위태). 동일한 보상을 약속하는 자동차보험에 단일 보험료를 부과하면 상대적으로 사고 위험이 높은 사람이 더 많이 가입하고자 할 것이다(역선택).

이러한 위험의 복합성 때문에 기업이나 사회의 위험관리는 종합적인 시각에서 시행되어야만 효과를 거둘 수 있다. 일반적으로 기업의 위험관리는 한 부서에서 실무를 담당하는데 이는 단순히 그 부서만의 업무로 간주해서는 위험의 본질을 제대로 보지 못하는 경우가 많다. 또한 위험을 줄인다는 것은 이익의 폭이 준다는 것을 의미하기도 한다. 이러한 위험과 이익과의 관계를 무시하고 이익만을 좇는 경우에는 결국 기업의 생존 자체를 위협하는 결과를 가져올 수 있다. 기업이나 조직의 최고책임자가 위험과 이익에 대한 균형감각을 가지고 있어야 위험관리가 본연의 역할을 할 수 있다.

맺음말

위험관리라는 용어가 오랫동안 사용되어왔음에도 위험치리라는 용어가 최근에 사용된다는 것은 위험에 대한 관점이 달라졌음을 의미한다. 관리라 함은 통상적으로 구체적이고 미시적인 조정과 통제의 의미를 담고 있다. 그러나 최근에는 통제나 관리되기 어려운 위험들이 우리 사회를 위협하고 있다고 느끼는 사람이 많다. 위험이 미시적인 관리의 범위를 벗어나서 사회 전체를 위협하거나 막대한 피해와 공포감을 준다. 위험치리란 이러한 위험에 대한 인식의 변화에 따라 탄생한 용어다.

보험학이나 재무학에서 바라보는 위험관리는 대체로 개인이나 기업과 같은 조직에서 주어진 위험을 어떻게 통제하고 조정하느냐에 초점을 두고 있다. 그에 비해, 위험치리는 사회의 안정성이나 존립을 위협하는 위험에 대한 대처, 그리고 이해관계자들 사이의 갈등 해결과 의사소통이라는 사회적 문제의 중요성을 지적한다.

과거 경험은 우리 사회에서는 확인 가능한 위험에 대한 것조차도 관리 능력이 부족했음을 말해준다. 화재사고, 교통사고, 다양한 안전사고 등이 잊혀질 만하면 발생한다. 이러한 사고의 원인은 안전에 대한 무감각, 부실한 안전 점검과 위험관리의 부재였다. 혹자는 사회가 안전 불감증에 걸려 있다고도 하고, 경제 개발 지향성에 원인을 돌리기도 한다. 이유가 무엇이든 위험에 대한 무시는 언젠가 그 값을 치르게 된다. 위험의 실현은 단순히 피해만을 주는 것이 아니라, 사회적 절망, 갈등, 공포를 안겨준다.

위험치리가 중요해지는 바탕에는 위험이 커지고, 측정과 관리가 어렵다는 인식이 자리한다. 일상적인 위험에 대한 관리체계도 제대로 갖추지 못한 사회에서, 크고 예측하기 어려운 위험에 대처하는 위험치리의 능력을 기대하기는 무리일 것이다. 그럼에도 사회 전체적 관점에서 위험치리 체계 확립을 위해 꾸준히 노력하는 것은 더할 나위 없이 중요한 일이다. 위험은 눈에 보이거나 손에 잡히지 않는다. 그러나 위험이 대재해와 대재난으로 현실화되었을 때에는 이미 늦은 것이다.

위험과 보험

제4장

보험

위험에 대처하는 인류의 대표적인 노력이 보험이라 할 수 있다. 여기서는 보험과 관련된 기본 개념들을 살펴보고자 한다. 위험의 개념에 다양한 관점이 있는 것처럼, 보험에도 다양한 관점이 존재한다. 여기에서는 보험이란 무엇이며 주요 요소는 무엇인지, 그리고 보험시장에서는 어떤 위험을 상품화하는지 등을 살펴본다.

보험이란

위험에 대응하여 인류는 위험을 줄이거나 나누는 다양한 방법을 개발해 왔다. 그 방법은 생명보험을 시장에서 구입하는 것처럼 명시적일 수도 있고 가족 간의 상호부조와 같이 암묵적일 수도 있다. 아무래도 위험에 대한 대비하면 보험을 가장 먼저 떠올리게 된다. 여기서는 위험 대비의 대표적인 방안인 보험에 대한 이야기를 해보기로 한다. 보험상품이 워낙 다양하고 도처에 있어서 일반인에게 보험은 보험상품과 동일한 것으로 떠올리기 쉽지만, 보험은 비단 보험상품만을 의미하는 것은 아니고 개념적으로는 훨씬 광범위하다. 보험은 인류와 함께 존재해왔으며 특히 현대 자본주의를 만든 중요한 뼈대이기도 하다. (이에 대해서는 뒤에서 다시 얘기한다.) 보험을 상품의 눈으로만 보면 이러한 보험의 중요성을 간과하게 된다. 그렇다면 보험은 무엇일까? 여기서는 보험을 다음과 같이 정의하고자 한다.

> **[보험의 정의]** 보험은 위험을 감소, 전가(轉嫁), 교환하는 기제(機制)다.(Insurance is a mechanism to reduce, transfer or exchange risks.)

위 정의는 보험을 상대적으로 넓게 해석한 것이기도 하며, 보험의 정신을 가장 잘 반영한 것이기도 하다. 보험의 시작은 어려움에 처한 사람을 서로 도와주는 것에서 출발했다. 보험은 사람이나 집단이 처한 위험을 줄이거나 전가하고 같이 나누는 기제로 보아야만 보험의 정신을 제대로 반영한 것이라 할 수 있다. 이 정의에 따르면, 앞에서 언급한 위험관리의 방법들이 거의 다 보험의 개념 속으로 흡수된다. 이것은 보험 정신의 관점에서는 당연한 것이라 하겠다.

보험을 좀 좁게 정의할 경우에는 위험의 전가나 교환으로만 국한해서 볼 수도 있을 것이다. 이때에는 위험에 대한 대응을 위험관리로 정의하고, 그 내용으로 위험을 직접적으로 통제 관리하는 방편과 남겨진 위험을 전가 혹은 교환하는 보험이라는 방편으로 나누어보는 경우에 해당한다. 위에 기술한 보험의 정의는 보험 정신의 관점에서 내린 것이라면, 좁은 의미의 정의는 보험의 위험관리의 세부 기능적인 측면을 중심으로 정의한 것으로 생각할 수 있다. 이에 비해 넓은 의미로 정의된 보험은 후술하는 위험관리(혹은 위험치리)와 사실상 같은 말이라 볼 수 있다.

[보험의 기능적 정의] 보험은 위험을 전가하거나 교환하는 기제다.(Insurance is a mechanism to transfer or exchange risks.)

이 책에서는 보험의 두 정의를 섞어서 사용하고자 한다. 보험의 정신을 강조할 때에는 넓은 의미로, 위험관리적 기능을 강조할 때에는 기능적 의미로 사용하고자 한다.

일반인은 보험상품을 중심으로 보험을 생각하기 쉬울 것이다. 그러나 보험상품이나 보험시장의 개념은 상업과 시장이 발전함에 따라 보험을 상품화하면서 나오는 것들이기에 보험의 기본 정신을 대신할 수는 없다. 위의 보험의 정의에 따르면 보험이 반드시 시장에서 상품화된 것만을 일컫는 것은 아님을 알 수 있다. 보험상품은 보험이라는 것이 일부 상품화된 것에 불과하다. 우리는 보험상품 외에도 다양한 곳에서 보험의 원리가 적용되는 것을 쉽게 목격할 수 있다.

사람들이 모여서 생활하는 사회생활 자체도 외부의 공격으로부터의 피해를 줄이기 위한 보험의 원리가 중요하게 작용했을 것이다. 정부나 조직에서 많이 사용되는 관료주의(bureaucracy)는 자의적인 의사결정의 피해를 줄이는 것이 중요한 목적이다. 사회보험은 말할 것도 없고 사회복지제도 역시 곤궁한 상태에 처한 사람에게 도움을 주는 보험의 기능과 같다. 우정이나 사랑과 같은 좋은 감정과 의식은 서로 곤궁한 환경에 처했을 때 힘이 되어주는 역할을 한다. 범위를 좁혀 경제적 계약관계에 국한해 보더라도 노동자나 하청업자와 같은 상대적 약자는 장기계약을 선호하는데 그 중요한 이유는 장기계약이 위험을 줄여주는 장치이기 때문이다.

보험계약과 구성 요건

보험을 보험상품의 개념으로만 접근하면 이러한 다양한 보험의 기능은 간과하기 쉽다. 또한 보험상품은 대체로 금전적인 보상을 매개로 거래가 되긴 하지만 진정한 보험의 기능은 반드시 금전적인 보상만을 통해서 이뤄지는 것은 아니라는 점 또한 간과해서는 안 된다.

물론 보험상품이나 시장 역시 중요한 역할을 함은 부인할 수 없다. 보험을 보험상품의 관점에서 보게 되면 아래 보험계약의 정의가 좀 더 구체적으로 설명해준다고 볼 수 있다.

> **[보험계약의 정의]** 보험계약이란 보험계약자가 당면한 손실의 위험을 보험자에게 전가하고, 보험자는 보험계약자에게 보험금을 지급하거나 관련된 서비스를 제공해주는 계약을 말한다. (Insurance contract is a contract such that policyholders transfer their risks of losses to insurers who agree to pay benefits on the occurrence of losses or to provide services related to the risks.)

위 보험계약의 정의는 일반적으로 보험학 교과서에 자주 인용되는 미국보험학회의 정의로 알려진 내용을 일부 변형한 것이다. 이 정의는 보험의 본질에 대한 정의로는 부족하지만, 일반적으로 보험시장에서 거래되는 보험계약에 대한 정의로서는 받아들일 만하다. 이 정의를 살펴보면 보험계약의 중요 요건들이 나열되어 있음을 알 수 있다. 이들은 바로 (1) 손실의 위험, (2) 위험의 전가, (3) 보험금과 서비스 제공인데, 다음에서는 이 요건들을 차례로 살펴보자. 또한 위의 정의에는 들어 있지 않지만 보험계약에서 중요한 역할을 하는 위험의 통합(pooling)에 대해서도 살펴보자. 이러한 요건들은 시장에서의 보험계약뿐 아니라 보험의 기능적 측면에서도 중요한 요건이 된다.

손실의 위험

보험계약이 성립하려면 손실이 발생할 위험이 존재해야 한다. 손실이 발생해야 함은 물론이고, 그 손실은 미래에 일어나는 우연한 손실(fortuitous loss)이어야 한다. 따라서 고의로 발생시키거나 혹은 계약 시점에 이미 발생한 것은 보험의 대상이 되는 위험이라고 할 수 없다. 일반적으로 보험상품의 경우 고의로 손실을 일으킨 것이 밝혀진 경우에는 보험회사는 보험금 지급을 거절한다. 이것은 보험 사기(fraud)의 일종으로서 보험업계의 경계 대상이다.

또한 손실이라는 점에서 보험은 투기적 위험이 아닌 순수위험을 대상으로 함을 강조한다. 현재를 기준으로 손실이 나는 경우만을 대상으로 한다는 것이므로, 투기적 위험에서 이익을 얻지 못한 부분을 대상으로 하지는 않는다. (때로는 그 구분이 명확하지 않은 때도 있다.) 보험이 투기적 위험까지도 대상으로 한다면 투기를 조장하고 미풍양속에 위배될 가능성이 있다. 이는 보험의 기본 정신에 반하는 것이라 할 수 있다. 역사적으로도 보험이 도박과 비슷하게 이용되어온 경험이 있다. 그런 경우 보험은 미풍양속을 해치고 사회의 불안요소로 작용하곤 했다. 역사적 경험의 교훈으로써 보험 분야에서는 투기적 위험에 대해서는 엄격한 편이라 할 수 있다.

보험시장에서는 고의적인 사고임에도 보험금을 지급하는 경우가 있다. 대표적인 예로 생명보험에서 자살의 경우에도 보험금을 지급하는 걸 들 수 있다. 형식적인 측면에서 보면 자살은 보험계약자가 스스로 선택했다는 점에서 우연한 사고라기보다는 고의적인 사고라고 볼 수 있다. 그럼에도 자살을 보험 사기로 간주하지 않고 정당한 사고로 간주하여 보험금을 지급하는 것이다. 그 근거는 자살이라는 것이 우울증 같은 정신질환으로 인해 행해질 수 있기 때문이다. 고의로 사고를 낸다는 것은 자유로운 의사결정을 전제로 하는 것인 만큼 정신질환으로 인해 자유로운 의사결정을 내릴 수 없는 경우라면, 이를 우연한 사고로 볼 수 있기 때문이다.

위험의 전가

위험이 보험계약자에게서 보험자에게로 전가된다. 위험의 전가는 다른 측면에서 보면 한 사람의 손실을 다른 사람이 대신 감당한다는 것이고 이는 보험 정신의 핵심이라고 할 수 있다. 위험이 전가되지 않는다면 그것은 위험 보유(risk retention)에 해당한다. 위험 보유를 자가보험(self insurance)이라 부르기도 하지만 이를 진정한 보험이라 하기는 어렵다.

한편 전가의 의미는 좀 넓게 해석할 필요가 있다. 예를 들어 두 사람이 서로의 위험을 통합(pooling)하고 그 위험을 공유하기로 했다고 해보자. 이 경우에는 한 사람의 위험이 다른 사람에게 완전히 전가되었다고 보긴 어렵다. 서로가 상대방에게 위험을 전가하면서 동시에 전가받기도 하기 때문이다. 이때에는 위험의 교환(exchange)이나 공유/분담(sharing)이라고도 표현할 수 있는데, 교환과 공유를 포함하는 뜻으로 전가를 해석해야만 보험의 의미를 좀 더 정확히 반영할 수 있다.

보험금과 서비스 제공

보험자는 보험계약을 통해 보험계약자의 위험을 전가받는다. 이때 전가받는다는 것은 보험계약자에게 손실이 발생했을 때 그를 보완하는 보험금을 지급함을 의미한다. 물론 그 과정에서 보험자는 보험계약자에게 위험관리 조언이나 관련된 법적·세무 관련 조언을 해줄 수 있을 것이다.

일반적으로 보험시장에서 보험자가 지급하는 보험금은 두 종류로 구분한다. 첫째, 손실액을 기준으로 지급액이 정해지는 경우이고, 둘째, 손실액과 상관없이 미리 정해진 금액을 지급하는 경우다. 앞의 경우를 실손보상(indemnity)이라 하고 뒤의 경우를 정액보상(fixed pecuniary benefit)이라 한다. 정액보상은 미리 정해진 금액을 지급하는 것이므로 금액 결정에 별 문제가 되지 않는다. 그에 비해 실손보상은 손실액을 측정하는 절차가 필요하다. 일단 측정이 된 뒤에는 계약에 따라 일정 부분이나 전액을 보험금으로 지급한다. 일반적으로 손실액 이상으로는 지급하지 않는데 그 이유는 보험으로 인해 이익을 얻는 것은 바람직하지 않다고 보기 때문이다.

전통적으로 실손보상은 손해보험 분야에서 주로 이용해온 반면, 정액보상은 생명보험 분야에서 주로 이용해왔다. 그 이유는 손해보험의 대상인 재산은 그 가치를 평가하기가 상대적으로 쉽기 때문이며, 생명보험의 대상인 사망은 그 가치를 평가하기 어렵기 때문이다. 한편 골동품이나 예술 작품 등은 손실액을 정하기 모호하기 때문에 손해보험이라고 하더라도 정액보상의 보험금을 지급하곤 한다. 이렇게 미리 정해진 금액을 지급하는 보험을 기평가 보험(valued policy)이라고 한다.

보험자는 종종 보험금의 지급 외에도 위험관리에 대한 자문이나 감시 혹은 법률적 조언 등의 서비스를 제공하기도 한다. 예를 들어 기업이 만든 제조물의 불량으로 인해 피해자가 생겼다면 그 기업은 배상책임이 생기게 되는데, 배상책임의 범위나 배상액은 법정에서 결정되는 경우가 있을 것이다. 만약 기업이 배상책임보험에 가입되어 있다면 보험회사는 재판 관련 법률 서비스도 제공할 것이다.

일반적으로 손실 발생 시 보험금은 화폐나 현금으로 지급하는 금전급여로 간주하지만, 반드시 화폐로만 지급되어야 하는지에 대한 의문이 생길 수 있다. 보험은 손실이 발생했을 때 그 손실을 완화해주는 장치이기 때문에 보험의 본질상 금전으로만 해야 할 필요는 없다. 예를 들어 집이 화재로 전소됐다고 할 때, 보험자가 집의 가치에 해당하는 금액을 보험금으로 주는 대신 집을 지어준다고 해서 보험이 아니라고 할 수는 없다. 건강보험의 경우 병원 치료비나 간병비를 보험자가 화폐로 지불하는 대신 병원과의 계약을 통해 직접 치료나 간병 서비스를 제공한다고 해서 보험 정신에 위배되는 것은 아니다. 실무에서는 이를 현물 급여라고 부르고 보험금은 금전 급여의 의미로만 사용하여 둘을 구분하기도 하지만, 이 책에서는 둘을 구분하지 않고 둘 다 보험금으로 사용한다.

한편 위험의 보유에는 비용이 따르므로, 보험자의 보험금 지급 약속은 공짜가 아니다. 따라서 보험계약을 체결할 때, 보험계약자는 보험자에게 위험 보유의 대가로 보험료(premium)를 지불하게 된다. 보험료는 보험의 가격으로 생각할 수 있다. 보험거래에서는 보험자의 보험금 지급과 보험계약자의 보험료 지불이 교환된다.

위험의 통합(pooling)

위험의 통합이란 말 그대로 위험을 한 묶음으로 합치는 것을 말한다. 통합이 의미가 있으려면 위험이 최소한 둘 이상이 있음을 전제로 한다. 물론 보험이 여러 위험을 통합하는 것을 전제로 하지는 않는다. 두 사람이 만나서 한 사람의 위험을 다른 사람에게 전가한다고 해서 보험이 아니라고 할 수는 없기 때문이다. 그런 의미에서 보험의 정의에 통합이 조건으로 들어가지는 않았다.

그럼에도 위험의 통합은 보험의 기능과 보험시장에서 매우 중요한 의미를 갖는다. 그 이유는 위험이 통합되면 통합된 위험들은 상쇄되는 부분들이 생기기 때문이다. 그러면 통합되기 전 각 위험의 단순 합에 비해 통합된 위험이 줄어들게 된다. 그 결과 위험노출단위(exposure unit)당 위험(즉, 평균위험)이 줄어든다. (여기서 위험노출단위라는 것은 위험에 노출된 사람이나 재산 등의 구분된 단위를 말하는 것으로서, 예를 들어 화재 위험이라면 주택이나 건물을 말하며, 생명보험이면 사람을 나타낸다.) 통합되는 위험이 많을수록 상쇄되는 부분이 더 늘어나 평균위험은 더욱 줄어든다. 이론적으로 무한히 많은 위험을 통합하게 되면 평균위험이 완전히 없어지게 되는데, 이를 보험계리에서는 대수의 법칙(law of large numbers)이라고 부른다. (대수의 법칙은 뒤에서 다시 설명한다.)

대수의 법칙이 의미하는 바는 위험을 각자 갖고 있는 경우보다 통합한 후에 나눠 가지면 위험을 줄일 수 있다는 것이다. 이것은 사회적으로 바람직한 결과라고 볼 수 있다. 또한 보험회사의 경우 보험을 많이 팔아 위험을 통합하면, 그만큼 상대적으로 위험을 줄일 수 있다는 말이기도 하다. 바로 이러한 점이 위험 통합이 보험산업이나 보험 기능에 주는 중요한 시사점이다.

또한 위험의 통합은 보험의 정신을 잘 나타내주는 기제이기도 하다. 여러 사람이 서로 힘을 합쳐 재난을 당한 사람에게 도움을 주는 것이 보험의 기본 정신이라면 위험의 통합은 바로 이 기본 정신이 표출된 기제이기 때문이다. 대수의 법칙은 상부상조의 보험 정신이 실질적으로도 위험을 줄여주는 이득이 있음을 수학적으로 보여주고 있다.

보험상품가능 위험

어떤 위험이 보험상품가능 위험(insurance-marketable risk)이라고 할 경우에는 그 위험을 대상으로 보험상품이 만들어질 수 있다는 뜻이다. 통상적으로 보험가능 위험(insurable risk)이라는 이름이 사용되지만, 원칙적으로 모든 위험은 보험의 대상이 될 수 있기에 보험가능 위험이 별도로 있는 것은 아니다. 따라서 보험가능 위험에서 일컫는 보험은 넓은 의미가 아니라 통상적인 보험시장에서 거래 가능한 보험상품으로 해석해야 적절해 보인다. 이를 반영해 여기서는 보험가능 위험 대신 보험상품가능 위험으로 대체한다. 보험상품가능 위험이 아닌 경우는 보험상품불능 위험(non-insurance-marketable risk)으로 부를 수 있다. 위험이 보험상품이 되기 위해서는 위에서 기술한 보험계약의 요건을 갖추고 있어야 할 것이다. 즉 위험에 따른 손실은 우연히 발생해야 하며, 보험금과 보험료를 잘 정할 수 있어 시장에서 거래가 가능해야 할 것이다. 아울러 보험계약이 장기적으로 안정성을 지니고 있어야 상품으로서 지속될 수 있을 것이다. 바로 이러한 점들이 보험상품 가능성을 구성하는 요소들이 된다. 좀 더 구체적으로 보면 다음과 같다.

위험의 우연성

우연히 손실이 발생하는 경우의 위험만이 보험상품의 대상이 됨은 위에서 언급한 바와 같다. 고의적이거나 이미 발생한 손실은 보험의 목적상 보험의 대상이 되기에 적합하지 않다.

위험의 측정 가능성

위험에 대한 측정이 이뤄져야만 보험료와 보험금을 제대로 산정할 수 있다. 따라서 위험에 따른 손실의 확률과 손실액의 분포를 알고 이로부터 보험료와 보험금을 계산하게 된다. 위험에 대한 정보가 부족해 위험의 분포를 제대로 파악할 수 없다면 보험료를 제대로 책정하기 어려울 것이다. 따라서 위험이 보험상품화되기 위한 중요한 조건은 바로 그 위험에 대한 정보가 충분하여 그 위험의 분포를 알아야 한다. 또한 손실액에 대해서도 사후적으로 그 규모를 확인할 수 있어야만 제대로 된 보험금을 지급할 수 있을 것이다. 물론 손실액을 정확히 책정하지 못하는 경우에는 미리 정해진 금액을 지급하는 방식으로 계약을 체결할 수는 있지만, 이때에는 보험 사기를 유발하거나 보험금의 과소나 과다 지급으로 인해 보험 본래의 기능이 상대적으로 저하될 가능성이 크다.

새로운 위험이나 기존의 위험이라도 위험의 성격이 변하는 경우, 보험료와 보험금에 대한 안정적인 예측이 어려워진다. 따라서 이러한 경우에는 보험상품화하기 어려워진다. 사회와 경제가 세계화되고 통합됨에 따라 새로운 질병이나 환경오염, 지구온난화 등의 위험은 측정하기 어렵기 때문에 보험상품화가 쉽지 않다.

위험의 비동시다발성(非同時多發性)

위험에 따른 손실이 동시다발적으로 발생하면 그 손실액의 크기가 커진다. 일반적으로 손실의 크기가 큰 경우를 대재해(catastrophe)라고 한다. 따라서 위험의 비동시다발성은 위험이 대재해 위험이 아니어야 한다는 의미로 해석해도 무방하다.

보험자는 일반적으로 위험을 통합해 대수의 법칙의 이점을 영위하고자 한다. 그래서 다수의 보험계약자와 보험계약을 하고자 한다. 그런데 손실이 동시에 일어나는 성질이 있으면, 대수의 법칙이 성립하지 않게 된다. 예를 들어 홍수 위험이나 지진 위험을 생각해보면, 홍수 혹은 지진이 발생하면 많은 사람이 동시에 피해를 입게 되고, 발생하지 않으면 아무도 피해를 입지 않는다. 이렇게 동시다발성의 위험은 통합한다고 해서 평균적인 위험이 줄어들지 않는다. 오히려 보험자의 입장에서는 손실이 발생할 경우에 많은 금액의 보험금을 지급해야 하기 때문에 통합의 크기를 늘리면 사고가 발생할 때 심각한 재정적 손실이나 파산의 위험에 처할 수 있다. 즉, 오히려 보험자의 입장에서는 위험 통합의 크기가 커질수록 더 위험한 상황이 될 수 있다. 이러한 위험을 보험상품화한다면 장기적으로 지속되기는 어려울 것이다.

보험상품가능 위험은 변한다

보험상품가능 위험은 고정되어 있는 것이 아니라 기술과 환경의 변화에 따라 변화한다. 이를테면 보험상품불능 위험이 시간이 흐름에 따라 보험상품가능 위험으로 변해서 보험상품이 개발될 수도 있고, 반대로 보험상품가능한 위험으로 보험상품화되었으나 추후에 문제가 되는 경우도 가능하다.

역사적으로 보험상품가능한 위험이 나중에 보험상품불능 위험으로 변한 대표적인 사례는 미국의 석면 위험(asbestos risk)이다. 석면은 19세기에 도입된 물질로서 건물, 집, 선박이나 일반 소비재에 단열재로 많이 사용된 물질이었다. 처음에는 석면의 위험을 제대로 알지 못했으나 1980년대에 들어 석면이 폐렴이나 폐암의 원인이 된다는 것이 알려지면서 석면 관련 업체들이 피해자로부터 많은 손해배상을 위한 고소와 고발을 당하게 되었다. 스위스 리(Swiss Re, 2005)에 따르면 2002년까지 고소인의 수는 73만 명에 달했으며 고소 금액은 700억 달러(최종 예상액은 2천억 달러 이상)에 이르렀다. 피고소 기업의 수는 8천 개가 넘었으며 석면 소송을 감당하지 못해 문을 닫은 기업의 수도 85개에 이르렀다. 보험회사는 이들 기업에게 제조물배상책임(product liability)보험 등의 기업보험을 판매했던 터라 손해배상액은 보험회사의 몫이기도 했기에 보험회사도 소송의 여파를 피해갈 수 없었다. 결국 많은 보험회사가 지급불능으로 문을 닫게 되었다. 한편 보험회사들은 런던 로이즈(Lloyd's of London)에 재보험을 샀었기 때문에 로이즈 역시 큰 손해를 보게 되었다. 이는 결국 로이즈의 구조조정으로 이어지게 된다. 이 소송의 여파로 1980년대 후반의 배상책임보험시장이 경색되는 결과를 가져왔다.

이러한 결과는 석면 위험을 제대로 평가하지 못한 데 기인한다. 애초에 석면의 위험을 제대로 평가하지 못하고 보험상품화했던 것이다. 그러다가 과학의 발달로 석면의 위험이 추가로 발견됨으로써 석면 위험이 재평가되었고 이러한 위험의 차이가 보험회사에 커다란 충격을 주었던 것이다. 물론 보험시장의 충격은 단순히 석면 위험의 재평가에만 기인하는 것은 아니다. 배상책임이 성립하려면 법정에서 그 법적 책임이 규명되어야 한다. 과거에 알려지지 않았던 위험에 따른 손해를 배상해야 하는지에 대해서 논란의 소지가 없는 것은 아니다. 어찌 됐든 미국의 석면 소송에서는 상대적으로 쉽게 피해자의 권리를 보호해주는 쪽으로 기울어졌었다.

한편 보험계약을 한 지 수십 년 후에 피해 보상을 해줘야 하는 보험회사의 입장에서는 억울한 점도 있을 수 있다. 그러나 그것은 보험계약서에 보험금 청구기간을 정해놓지 않았던 점에 기인한다. 종전의 보험계약은 소위 '발생지급요건(occurrence trigger)'을 기준으로 작성되었는데, 이는 보험기간 동안에 발생한 사고나 원인으로 인해 손해가 발생할 경우에는 언제라도 보험회사의 지급 책임이 존재한다는 의미다. 이 기준에 따르면 보험회사는 석면 위험에 따른 보험금 지급의 책임을 면할 수 없는데, 그 이유는 석면에 노출된 후 20여 년 후에도 폐렴이나 폐암에 걸릴 수 있기 때문이다. 석면 소송의 여파로 추후 보험회사들은 계약서 작성에 주의를 기울이게 된다. 그 결과, 발생지급요건 기준에서 보험금 청구기간을 미리 정해놓는 소위 '청구지급요건(claim-made trigger)' 기준으로 바뀌게 된다.

보험상품불능 위험이 보험상품가능 위험으로 바뀐 예로 기계보험(machinery insurance)을 들 수 있다(Swiss Re, 2005). 19세기 초 증기기관이 발명되었을 때, 이 신기술에 대한 위험은 평가하기 어려웠을 것이다. 과연 제대로 작동할 것인가, 작동 중에 폭발하거나 고장 나지 않을까? 신기술의 정의상 이전에 없던 것이니만큼, 그 위험에 대한 정보도 없었기에 정상적으로는 보험상품불능 위험이라고 볼 수 있다. 증기기관이 확산되기 위해서는 이러한 신기술의 위험도 감수할 수밖에 없을 것이다. 그런데 이러한 위험을 제3자가 대신 떠안는다면 신기술은 더 빨리 전파될 수 있을 것이다. 증기기관 위험에 대한 담보는 1858년 영국에서 증기보일러보험회사(Steam Boiler Assurance Co.)에서부터 본격화되었다. 증기기관에 대한 보험의 제공으로 수력발전소와 같은 신기술의 개발도 촉진되었다.

증기기관의 예에서 보듯이 신기술의 정의상 그 위험은 원칙적으로 정확히 평가할 수 없는 것이다. 최근 신기술로 각광받는 나노기술(nano technology, NT), 바이오기술(bio technology, BT)이나 정보기술(information technology, IT) 등은 미래를 열어갈 기술로 찬사를 받지만, 정작 그 위험에 대해서는 아무도 제대로 알지 못한다. 나노기술로 개발된 작은 입자들이 석면처럼 인체에 피해를 줄 가능성은 얼마나 있을까? 바이오기술이나 유전자공학의 발전으로 초래될 위험은 개인의 건강뿐 아니라 개인정보 보호와 같은 사회적 문제를 포함할 것이지만 그 크기 역시 아무도 알지 못한다. 정보기술의 발전으로 인한 위험 역시 개인 정보의 문제나 사회적 갈등의 심화와 같은 문제를 포함하지만, 그 크기나 확률을 가늠하기 어렵다.

신기술이 아니라도 보험상품불능 위험은 우리 주변에 존재한다. 전통적인 예가 대재해 위험(catastrophe risk)이다. 대재해 위험은 위험의 측정에 어려움이 있기도 하지만 손해가 발생하면 동시다발적으로 발생하기도 한다. 더욱이 최근의 기후변화는 온난화 등으로 인해 과거와는 사뭇 다르며, 이에 따라 새로운 기후변화를 예측하는 것은 더욱 어렵다. 태풍, 홍수, 지진, 해일, 가뭄 등의 위험이 과거와 양상이 다를 뿐만 아니라 더욱 심해지고 있는 추세다. 이러한 대재해 위험은 보험산업으로서는 대응하기 어려운 만큼 보험상품이 없거나, 있다고 하더라도 매우 제한적으로 제공된다. 20세기에 개발된 핵 발전(nuclear power)과 관련된 위험도 우리 사회의 뜨거운 감자다. 정부나 과학자는 핵발전소는 안전하다고 강변하지만, 핵발전소 관련 사고는 끊임없이 발생하고 있다. 대규모의 사고는 미국의 쓰리마일섬(Three Mile Island, 1979), 구소련의 체르노빌(Chernobyl, 1986), 그리고 일본의 후쿠시마(2011)를 들 수 있다. 우리의 기억에 아직도 생생한 후쿠시마 핵발전소 사고는 자연 재해인 지진과 해일이 인재인 핵발전소 사고와 만났을 때 얼마나 끔찍한 결과를 가져올 수 있는지를 보여준 단적인 예다.

보험상품불능 위험에 대한 대응

보험상품불능 위험은 보험산업의 입장에서 정의되는 위험이다. 보험산업에서 감당하지 못하는 중요한 이유는 위험에 비해 담보할 수 있는 자금이 부족하기 때문이다. 자금을 키울 수 있다면, 대규모 손실도 상대적으로 쉽게 담보할 여력이 생기게 될 것이다.

현재 보험산업에서는 자금 확보를 위해 자본시장을 이용하는 것을 적극적으로 고려하고 있다. 보험회사들의 자본금에 비해 자본시장의 자본은 비교할 수 없을 정도로 크다. 전 세계 보험회사의 자본 총액은 주식시장 하루 거래금액에도 못 미친다(Swiss Re, 2001, 2003). 따라서 자본시장의 자금을 이용할 수 있다면 보험상품가능 위험의 범위를 키울 수 있을 것이다. 이를 위해 보험시장에서 이용되는 대표적인 방법으로 대재해채권(catastrophe bond, 혹은 CAT bond)이나 장수채권(longevity bond)과 같은 채권 형태나 전환자본(contingent capital) 등이 있다. 일반적으로 전통적인 보험기법 외에 새로운 기법을 총칭해서 ART(Alternative Risk Transfer, 대체위험 전가)라고 부르는데, 자본시장을 이용하는 방법은 ART의 중요한 방법이 된다. 다양한 ART의 기법이 개발되고 있는 배경에는 보험상품불능 위험을 담보하고자 하는 노력이 존재한다.

보험시장의 노력에도 불구하고, 지금까지 경험하지 못한 위험들을 보험시장이 전부 담보할 수는 없다. 보험회사의 자본이 아니라 자본시장의 자본을 이용한다고 하더라도 위험 자체에 대한 명확한 이해가 없이는 가격 책정이 어려울 것이기 때문이다. 보험시장에서 감당하지 못하는 경우 사회나 국가 차원에서 위험 분담을 모색할 수 있다. 예를 들어 태풍, 홍수, 지진 등의 자연 재난의 경우, 국가나 사회 구성원이 피해자에게 일정한 구호 활동과 자금을 지원해주는 경우를 들 수 있다. 이러한 경우 위험을 납세자들과 일반 국민이 함께 분담하는 것과 같은 효과를 가져오는 것이다.

더 나아가 정부가 제공하는 공적 보호(public protection)가 보험시장과 연계하여 대재해 위험에 대응하는 경우도 자주 있는데 이러한 경우는 공사협조(public-private partnership)의 경우라 할 수 있다. 예로서 우리나라의 농작물재해보험, 미국의 테러 위험에 대응한 TRIA(Terrorism Risk Insurance Act, 테러위험보험법)나 홍수 위험에 대비한 NFIP(National Flood Insurance Program, 국가홍수보험프로그램) 등을 들 수 있다.

맺음말: 보험학에서 위험학으로

전통적으로 보험학이란 위험과 보험을 연구하는 학문이라고 간단히 정의할 수 있다. 우리는 앞에서 보험을 위험을 감소, 전가, 교환하는 기제로 정의했다. 따라서 보험학은 위험의 감소, 전가, 교환과 관련된 여러 주제를 연구하는 학문이 될 것이다. 일반적으로 많이 하는 오해는 보험학은 보험시장과 보험산업에 대한 학문이라고 간주하는 것이다. 물론 보험시장과 보험산업은 중요한 보험학의 연구대상이긴 하지만, 보험학을 거기에 국한한 학문으로 간주하는 것은 매우 부적절하다 할 수 있다. 그 이유는 모든 위험이 보험시장에서 다뤄지지 않기 때문이다. 이러한 오해는 아마도 보험상품이 사람들 머릿속에 각인되어 있기 때문일지 모른다. 또한 보험학이 최근에 경제학 분야로서 발전해오다 보니 시장을 중심으로 논의를 진행하기 때문일 수 있다. 심지어는 보험에 관심이 있는 학자들조차도 보험학을 보험산업과 관련이 있지 않으면 안 되는 것으로 여기는 경우도 있으니, 일반인의 오해는 당연한 것일 수 있다.

또 다른 보험학에 대한 오해는 금융을 연구하는 경제학 혹은 재무학의 일부라는 것이다. 이 오해의 논리는 다음과 같다. 보험학은 보험시장에 대한 학문이고, 보험시장은 금융시장의 일부이므로 금융시장을 연구하는 재무학의 일부라는 것이다. 보험학이 보험시장에 대한 학문만은 아님은 이미 첫 번째 오해에서 밝힌 바와 같다. 더욱이 보험은 그 원칙상 금융과는 다르다. 금융은 돈의 흐름을 의미하는 것인 반면, 보험은 위험의 흐름을 의미한다. 따라서 금융을 연구하는 재무학과 위험을 연구하는 보험학은 근본에서 다르다. 보험시장에서 위험을 보상하는 방법으로 금융의 기법이 사용되고, 현대의 보험시장이 금융시장에서 중요한 역할을 하는 것은 맞지만, 금융이 보험의 근본은 아닌 것이다. 오히려 금융위험도 위험의 한 종류이므로 재무학의 상당부분이 보험학의 연구 대상이라고 하는 것이 더 정확한 표현이다.

한편 보험학은 경제학의 일부만도 아니다. 보험학이 경제학적 접근을 많이 사용하긴 하지만, 중요한 분야인 보험계리 영역은 경제학과는 별도의 학문이기 때문이다. 보험학은 경제학이 탄생하기 100여 년 전에 보험계리로부터 시작되었다. 현대의 보험학은 경제학이나 재무학 등과는 구분되고 보험계리를 포함하는 학문 분야를 가지고 있지만, 한편으로는 그들이 모두 유기적으로 연계되는 분야이기도 하다. 경제학은 시장뿐 아니라 인간의 행동을 분석하는 방법론을 제공해주며, 재무학도 금융시장에서의 위험에 대한 반응을 분석하는 방법론을 제공해준다. 보험계리 역시 위험을 측정하고 분석하는 수학적 방법론을 제공해준다.

보험학의 연구 범위는 크게 세 분야로 나누어볼 수 있는데, 경제학적 접근법이 주로 사용되는 순수이론과 보험시장 및 제도의 연구, 그리고 수학적 접근법인 보험계리 영역이 바로 그것이다. 각 분야는 독립적이거나 서로 분리되는 것은 아니나 논의의 편의상 이뤄지는 분류다. 순수이론에서 다루는 주제는 위험과 선호와의 관계, 위험하의 의사결정과 행동, 도덕적 위태와 역선택과 같은 정보의 문제 등인데 주로 경제학적 접근법을 쓰지만 심리학의 영향도 많이 받는다.

종합하자면, 현대 보험학은 보험계리와 경제학의 방법을 중심적으로 이용하여 위험과 관련된 것들을 연구하는 학문이다. 그런데 새롭고 거대해지는 위험은 기존의 보험계리의 범위를 넘어서기도 하고 보험시장이 다루지 못하는 경우가 많아졌다. 또한 위험에 대한 수리적 접근법뿐 아니라 과학, 기술적 이해와 더불어 사회과학적 이해 역시 중요해지면서, 수학과 경제학 중심의 보험학이 위험을 이해하고 대응하는 네에 한계를 노출시키고 있다. 미래의 보험학 역시 좀 더 다양한 접근법을 포용하는 방향으로 나아가야 할 것이다. 보험학이 보험시장에 국한하거나 재무학의 일부라는 오해에서 벗어나지 못한다면, 위험학이라는 명칭으로 대체하는 것도 생각해볼 수 있다. 위험학은 종전의 보험학을 포함하면서 과학, 기술, 사회과학적 접근법을 포용한 학제적 학문이어야 한다. 새로운 위험이 발생하고 그에 대한 대응이 필요한 곳이 바로 위험학이 필요한 곳이다.

제5장

보험의 원리

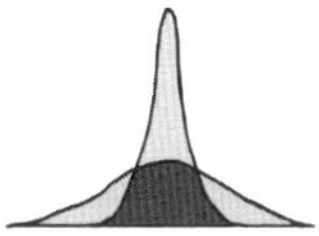

여기서는 보험의 중요한 작동 원리 세 가지를 살펴보기로 하자. 보험의 작동 원리라 함은 보험 기제가 어떠한 원리로 기능하고, 그럼으로써 보험 당사자들에게 어떻게 혜택을 줄 수 있는지를 의미하는 것으로 이해하면 좋을 듯하다. 여기서 기술하는 것이 작동 원리의 전부라고 할 수는 없지만 이들을 통해 기본적인 원리를 이해할 수 있을 것으로 기대한다. 세 가지의 작동 원리는 위험 전가의 원리, 대수의 법칙, 상호성의 원리다. 각 원리의 내용을 살펴본 후, 이 원리들이 현실적으로 어떤 의미가 있는지 생각해보기로 한다.

위험 전가의 원리

위험 전가의 원리(risk transfer principle)는 다음과 같은 상황을 생각해보면 쉽게 이해할 수 있다. 두 사람이 있는데, 한 명은 위험을 싫어하는 사람이고 다른 한 명은 위험을 신경 쓰지 않는 사람이라고 해보자. 경제학에서는 전자를 위험회피형(risk-averse type), 후자를 위험중립형(risk-neutral type)이라고 표현한다. 위험회피형인 사람은 위험을 싫어하므로, 그 위험을 감소시키기 위해서 기꺼이 비용을 지불할 의사가 있다고 생각할 수 있다. 물론 위험이 줄어드는 것에 비해 너무 많은 비용을 지불하면 오히려 효용이 감소할 수 있으므로, 지불할 의사가 있는 최대 금액이 있을 것이다. 경제학에서는 이 금액을 지불의사금액(willingness-to-pay, WTP)이라고 부른다.

이제 위험회피형인 사람이 위험을 전부 없애는 데 쓸 지불의사금액을 Q라고 해보자. 위험중립형인 사람은 위험 자체에는 개의치 않으므로 타인의 위험을 대신 감수한다 해도 위험 자체로 인해 특별히 효용이 더 떨어지지 않는다. 다만 위험의 전가에 따라 평균적으로 손실이 전가되는 경우에는 그 평균 손실액만큼은 보상이 되어야 할 것이다. 이 금액을 E라고 하자. 이 두 사람이 만나 위험회피형인 사람이 위험중립적인 사람에게 E보다 크고 Q보다 적은 금액을 지불하고 위험을 전가하는 계약을 맺는다면 두 사람의 효용은 모두 증가할 것이다.

바로 이 점이 위험 전가의 원리의 핵심이다. 이를 바탕으로 위험 전가의 원리를 정리하면 아래와 같다.

> **[위험 전가의 원리]** 위험회피형인 사람의 위험을 위험중립형인 사람에게 전가하면 모두에게 바람직한 결과를 가져올 수 있다는 것이다.

위험 전가의 원리가 성립하기 위해서는 위험중립형인 사람이 필요하다. 한편 논란이 있긴 하지만 경제학에서는 표준적인 사람은 위험회피형이라고 간주한다. 일반적으로 사람들을 위험회피형으로 간주한다면, 위험 전가의 원리가 현실에서 엄격히 성립하기는 어려울 것이다. 그럼에도 위험회피도가 큰 사람과 작은 사람이 존재하므로, 위험회피도가 큰 사람이 위험회피도가 작은 사람에게 위험을 상대적으로 더 전가한다면 둘의 효용이 증가한다고 유추할 수 있다. 물론 둘 다 위험회피형이기 때문에 위험이 한쪽에서 다른 쪽으로 일방적으로 전부 전가되지는 않을 것이다.

또한 위험회피도가 작은 사람도 여전히 위험회피형이므로 위험을 전가받을 때 보상을 받아야 한다. 이때 위험을 전가받는 사람이 요구하는 최소한의 보상금액을 수용의사금액(willingness-to-accept, WTA)이라 부른다. 위험이 전가될 때 위험회피도가 작은 사람의 수용의사금액이 위험회피도가 큰 사람의 지불의사금액보다 적은 범위가 존재할 것이며, 이 범위 내에서 위험이 전가된다면 두 당사자의 효용이 모두 증가하게 될 것이다.

대수의 법칙

대수의 법칙

대수의 법칙(law of large numbers)은 보험계리에서 발견된 중요한 수학적 법칙이다. 일반적으로 통계학 책에 소개되는 내용이기도 하다. 수학적으로 엄밀하게 따지면 꽤 복잡한 내용이기도 하지만 여기서는 기본 아이디어 위주로 논의하고자 한다.

동전을 던지는 경우를 생각해보자. 우리는 앞과 뒤가 나올 확률이 각각 반반이라는 것을 알고 있다. 일반적으로 수학자들은 가능한 한 숫자로 생각하고자 한다. 따라서 앞이 나오는 경우에는 0, 뒤가 나오는 경우에는 1을 대응시켜보자. 그럼 앞과 뒤가 나올 확률이 각각 1/2이므로 평균은 0.5[=0(1/2)+1(1/2)]가 된다. 이 평균을 모집단(population)의 평균(mean)이라고 부르자.

우리의 관심은 동전을 던지는 횟수를 늘려감에 따라 나오는 면의 평균에 있다. 동전을 한 번 던지면 0(앞) 아니면 1(뒤)이 나올 것이다. 던져서 나온 결과를 표본(sample)이라고 부른다. 표본평균(sample mean)은 표본으로 나온 값의 평균을 말하는데, 한 번 던진 결과이므로 그 값 자체가 각각의 표본평균이 된다. 각 표본의 확률은 물론 1/2씩이다. 표본평균은 모집단 평균인 0.5를 기준으로 보면 +0.5 혹은 -0.5의 편차를 가진 값이 나온다.

이제 동전을 두 번 던지는 경우를 생각해보자. 여기서 중요한 점은 동전을 던져서 각 면이 나올 확률은 서로 독립적이라는 것이다. 즉 한 번 던져서 앞 또는 뒤가 나왔다는 점이 다음에 던질 때 나올 면에 영향을 주지 않는다. 수학적으로 표본이라는 것은 독립적이라는 의미를 포함하고 있다.

편의상 앞은 0, 뒤는 1로 표시하자. 두 번 동전을 던질 때 나올 수 있는 가능한 경우는 00, 01, 10, 11의 총 네 경우다. 각 경우의 표본평균을 계산해보면 00의 경우에는 0 [=0(1/2)+0(1/2)], 01과 10의 경우에는 0.5 [=0(1/2)+1(1/2)], 11의 경우에는 1[=1(1/2)+1(1/2)]이다. 각 경우의 확률은 1/4[=(1/2)(1/2)]씩인데, 표본평균값을 기준으로 생각해보면 표본평균이 0과 1일 확률은 각각 1/4이지만, 표본평균이 0.5일 확률은 01과 10을 합쳐야 하므로 1/2이 된다. 모집단 평균 0.5를 기준으로 생각해보면, 여전히 편차가 있긴 하지만, 표본평균이 모집단 평균인 0.5와 같을 확률이 1/2이므로 동전을 한 번 던졌을 때와 비교하여 증가했다. 그에 비해 0 또는 1처럼 모집단 평균에서 많은 편차가 나는 확률은 1/2로 줄었다.

동전을 세 번 던지는 경우는 어떨까? 가능한 경우의 수는 총 8개인데 다음과 같이 나열해볼 수 있다.

000, 001, 010, 011, 100, 101, 110, 111

각 경우의 평균은 다음과 같이 계산된다.

0, 1/3, 1/3, 2/3, 1/3, 2/3, 2/3, 1

각 경우의 확률은 1/8씩이지만, 표본평균을 기준으로 계산하면 다음과 같다.

표본평균 0일 확률: 1/8,
표본평균 1/3일 확률: 3/8,
표본평균 2/3일 확률: 3/8,
표본평균 1일 확률: 1/8.

모집단 평균 0.5를 기준으로 생각해보면 0 또는 1과 같이 편차가 큰 표본평균이 얻어질 확률은 1/4(=1/8+1/8)로 줄었다. 그에 비해 1/3과 2/3처럼 모집단 평균 0.5에 가까운 경우의 확률이 3/4(=3/8+3/8)이 되었다. (던진 횟수가 3이라서 표본평균이 0.5로 정확히 나오지는 않는다.)

동전을 한 번, 두 번, 세 번 던진 경우를 종합해보면, 모집단 평균으로부터 편차가 큰 경우인 0 또는 1의 표본평균이 얻어질 확률은 1에서 1/2, 1/4로 지속적으로 감소했다. 그에 반해 모집단 평균의 근처에서 표본평균이 얻어질 확률은 0에서 1/2, 3/4으로 증가했다. 이를 바탕으로 다음과 같이 추세를 추론할 수 있다.

> 동전을 던지는 횟수가 늘어날수록 모집단 평균으로부터 편차가 큰 표본평균이 얻어질 가능성은 줄어드는 경향을 보이며, 표본평

균들은 모집단 평균 주위로 모여든다. 이 경향이 지속된다면, 동전을 던지는 횟수를 무한히 증가시킬 때 (거의) 모든 표본평균이 모집단 평균으로 모이게 될 것이다.

위의 추론은 수학적으로 증명되었는데, 이 추론이 일반화된 것이 바로 대수의 법칙이다.

[대수의 법칙] 모집단에서 뽑은 표본의 수가 무한히 증가할 때, 표본평균들은 궁극적으로 모집단의 평균과 같아진다.

위에서 살펴본 동전 던지기 경우를 생각해보면, 던지는 횟수를 증가시키면 표본평균값들이 모집단 근처로 모인다는 것을 알 수 있었다. 표본의 수가 점점 증가할수록, 모집단 평균으로 모이는 경향이 지속되어 모집단 평균과 다른 표본평균이 얻어질 확률은 지속적으로 감소한다. 궁극적으로는 표본평균이 사실상 전부 모집단 평균과 같아지게 된다.

이 결과는 동전 던지기뿐만 아니라 모집단에서 표본을 뽑아 평균

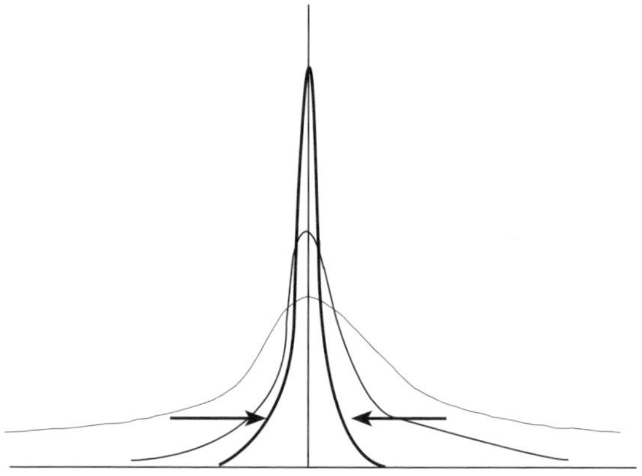

[그림 1] 대수의 법칙

을 구하는 일반적인 경우에도 동일하게 적용된다. 표본평균들이 궁극적으로 모집단 평균과 같아진다는 것을 다시 표현하면 표본평균이 모집단 평균과 다른 값이 나올 확률이 0이라는 것이다. 이 경우에 수학적으로는 분포가 퇴화한다(degenerate)고 말한다. 분포가 퇴화한다는 것은 사실상 불확실성, 즉 위험이 없어진다는 것이다. 그림 1에서는 표본의 수가 증가함에 따라 표본평균의 분포가 모집단 평균 근처로 모이는 것이 도식화되어 있다.

보험시장에서 대수의 법칙이란

대수의 법칙이라는 수학적 결과가 보험시장에 기여한 공헌은 실로 지대하다. 그 이유를 알아보자. 우선 대수의 법칙이 의미하는 바를 보험시장의 용어로 바꿔서 다시 표현해보자. 표본을 보험회사가 판매한 보험상품 혹은 보험물건이라고 생각해보자. 표본으로부터 나온 결과값들을 보험물건으로부터 발생한 손실액이라 간주하자. 표본평균이란 결과값의 합을 표본의 수로 나눠 구해지는 것이므로 표본 한 단위당 값이라 해석할 수 있다. 따라서 표본평균은 보험물건당 발생한 손실액이라고 해석할 수 있다. 대수의 법칙이 의미하는 바는 보험회사가 보험을 많이 판매하게 될수록 궁극적으로 보험물건당 손실액이 모집단의 평균과 같아진다는 것이다. 그 결과 물건당 손실액에는 변동성이 사라진다는 것이다. 대수의 법칙 아래에서 보험회사는 보험을 무한히 많이 팔면 보험물건당 위험을 없앨 수 있다. 보험물건은 위험의 단위가 되므로 대수의 법칙을 위험의 관점에서 다시 기술하면 다음과 같이 쓸 수 있다.

> **[대수의 법칙: 위험의 관점]** 독립적인 위험을 통합한 풀의 크기를 무한히 증가시키면 단위당 위험은 사라진다.

보험을 많이 팔면 물건당 위험이 줄어든다는 말은 보험회사의 입장에서 보면 수익의 안정성을 제고할 수 있다는 것이다. (다만 아래에서 보듯이 물건당 위험이 줄어드는 것이지 보험회사 전체의 위험이 줄어드는 것은 아니다.) 보험회사가 보험계약자의 위험을 전가받는다고 해서 보험회사가 위험 자체를 좋아하는 것은 아니다. 보험회사 역시 위험이 작은 것을 선호한다. 예를 들어 보험회사가 대재해 위험을 담보하기 꺼려하는 이유는 보험회사가 감당하기엔 위험이 너무 크기 때문이다. 따라서 위험이 줄어든다는 것은 보험회사에도 좋은 일이다.

또한 위험이 줄어든다는 것은 보험을 도박과 구분 짓는 중요한 잣대이기도 하다. 기술적인 측면에서 보면 보험과 도박의 경계선은 모호하다. 역사적으로 보험은 도박으로 취급되었던 예도 많았다. 도박의 특징은 미래의 불확실성, 즉 위험에 기인하여 이익을 취하는 것이다. 그런데 대수의 법칙은 그 위험이란 요소를 제거해주기 때문에 보험회사가 도박꾼의 오명에서 벗어날 수 있게 해주는 것이다.

한편으로 대수의 법칙은 보험회사의 대형화를 정당화해주기도 한다. 보험을 많이 팔수록 물건당 위험이 감소한다는 것은 단위당 비용이 감소하는 것으로 해석할 수 있을 것이다. 즉 대수의 법칙에 따르면 보험은 많이 팔수록 단위비용이 감소하므로, 소위 규모의 경제(economies of scale)의 이점을 누리고 있다고도 해석 가능하다. 규모의 경제를 향유하는 보험회사는 보험료를 낮출 수 있기에 경쟁력이 증가한다.

보험계약자의 입장에서도 대형 보험회사를 선호하게 된다. 그 이유는 보험회사가 안정적이면 그 회사가 망해서 파산할 위험이 줄어들기 때문에 미래에 보험금을 받지 못할 걱정을 덜해도 될 것이기 때문이다(물론 보험회사가 파산하는 이유는 다양하지만). 아울러 대형 보험회사는 보험료를 낮출 여지도 많으므로 보험료가 낮아지면 이 또한 보험계약자에게 좋은 일이다.

우리는 앞 장에서 보험의 본질적인 기능은 위험의 전가이므로 위험의 통합을 전제로 하지는 않는다고 했다. 그러나 대수의 법칙에서 보듯이 위험이 적절히 통합되면, 그 통합된 위험 안에서 단위당 위험은 줄어들기 때문에 보험자가 안정적으로 운영하는 것이 가능하다. 바로 이러한 이유가 위험의 통합이 보험계약에서 중요한 요소로 거론되는 것이다.

대수의 법칙 사용설명서

❶ 위험이 사라진다는 것에 대해서

대수의 법칙은 보험시장에서 중요한 역할을 하지만, 자칫하면 오해를 유발하기도 한다. 오해의 근본적인 원인은 '위험이 궁극적으로 사라진다는 것'의 해석에 있다. 대수의 법칙에 따라 사라지는 위험은 표본평균의 위험, 즉 보험물건당 위험이다. 우리는 위에서 대수의 법칙을 설명할 때 위험이라는 것이 물건당 혹은 단위당 위험이라는 점을 지속적으로 언급했다. 그런데 종종 보험물건당 위험을 보험 전체 풀의 위험으로 오해하는 경우가 있다.

보험물건당 위험과 보험 풀 전체의 위험은 다르다. 보험을 많이 판매하면 보험물건의 풀이 늘어난다. 보험물건의 수가 늘어나면 보험 풀 전체의 위험 역시 줄지 않고 늘어난다. 다만 물건의 위험이 서로 독립적이기 때문에 일정 부분 상쇄되는 경우가 생겨서 각 물건 위험의 합보다 풀 전체의 위험은 작아지게 된다. 여기서 위험이 상쇄된다는 것은 한 군데서 손실이 발생했을 때 다른 데서는 발생하지 않을 수도 있기 때문에 전체적으로 손실 발생의 변동성이 줄어든다는 의미다. 정리하자면 보험물건 풀이 커짐에 따라 풀 전체의 위험이 증가하기는 하지만, 그 증가 속도는 풀 크기가 커지는 속도보다는 작다는 것이다. 그 결과로 단위당 위험이 줄어든다.

대수의 법칙은 보험물건의 수가 무한대로 증가하면 물건당 위험이 사라진다는 것이지 보험 풀 전체의 위험이 사라진다는 것은 아니다. 사실상 물건의 수가 무한대로 증가하면 풀 전체의 위험 역시 무한대로 증가한다. 따라서 보험회사의 입장에서 보면 보험회사 전체의 위험은 증가한다.

대수의 법칙을 오해하면 무한히 증가하는 풀의 위험을 마치 없어지는 것처럼 착각하게 된다. 그래서 보험을 많이 팔면 보험회사의 위험이 줄어든다고 믿게 된다. 그러나 현실은 반대로 보험회사의 위험은 증가한다.

❷ 위험의 독립성에 대해서

대수의 법칙은 각 위험이 독립적인 것을 전제로 한다. 그런데 현실에서 위험이 독립적이지 않은 경우도 많다. 독립적이지 않은 위험의 경우에 풀 크기를 아무리 늘려도 단위당 위험이 완전히 사라지지는 않는다. 특히 제일 문제가 되는 경우가 손실의 발생 여부가 거의 같은 방향으로 움직이는 때다. 수학적으로 상관관계가 매우 높은 경우를 말한다.

상관관계가 매우 높은 대표적인 예가 자연재해나 전염병 확산 등이다. 이러한 위험은 동시다발성적 특징이 있다. 이때에는 아무리 위험의 풀을 크게 해도 단위당 위험이 줄어들지 않는다. 대수의 법칙에서 위험의 풀을 증가시킬 때 단위당 위험이 줄어드는 이유는 위험이 상쇄되는 경우가 있기 때문이다. 그런데 상관관계가 매우 높으면 손실이 동시에 일어나기 때문에 위험이 상쇄되지 않는다. 따라서 위험의 풀을 아무리 증가시켜도 단위당 위험은 줄어들지 않는다. 이 경우에는 대수의 법칙의 이점을 누릴 수 없다. 바로 이것이 보험회사들이 대재해에 대한 보험 제공을 꺼려하는 가장 중요한 이유다. 대재해에 대한 보험을 자동차보험 팔듯이 팔았다가는 실제로 재해가 일어날 때 그 보험회사는 파산할 수밖에 없을 것이다. 따라서 보험회사들은 그러한 보험을 팔지 않거나, 팔더라도 담보하는 위험이 매우 제한적이게 된다. 보험료 역시 매우 비싸진다. 대재해 보험을 일반 시장에 맡겨두면 시장이 제 기능을 다하지 못하는 소위 시장의 실패(market failure)가 일어나게 된다. 시장이 실패할 때에는 정부의 적절한 역할이 중요해진다.

❸ 대수의 법칙과 보험료

대수의 법칙이 성립해 단위당 위험이 줄어들면 보험회사의 입장에서는 단위당 비용이 줄어드는 것이므로 보험료의 감소로 이어질 수 있다. 제조기업의 경우 제조물의 가격은 단위당 원가와 이윤(혹은 마진, margin)의 합으로 생각해볼 수 있다. 보험상품도 비슷하게 생각해볼 수 있다. 원가에 해당하는 것이 무엇일까? 손실이 발생할 때 지불하게 될 보험금과 기업 운영에 드는 운영비용을 우선 생각할 수 있다. 그런데 일반 제조기업과의 중요한 차이점은 보험금이라는 비용은 예상값의 형태로 고려되는 것이지 실제 발생한 비용이 아니라는 점이다. 일반 제조기업의 경우에는 물건을 만들면서 원가가 먼저 발생하고 만든 물건을 판매함으로써 수익이 발생한다. 보험의 경우에는 그 순서가 반대인데, 수익이 먼저 발생하고, 추후에 손실이 일어날 때 원가가 발생한다. 보험의 본질상 아직 발생하지 않은 손실의 위험에 대한 보험금 지급 약속을 판매하는 것이기 때문이다. 그런데 위험을 담보한다는 측면에서 보험회사는 추가적인 비용을 감당하게 된다. 이를 위험비용(risk cost)이라고 부르면, 위험비용은 보이지는 않지만 중요한 비용요소가 된다. 따라서 이 위험비용 역시 보험상품의 원가에 포함될 것이다. 현실적으로 위험비용은 위험에 대한 준비금(reserves)의 형태로 비축되거나 자본의 보유와 같은 형태로 나타나곤 한다.

대수의 법칙은 보험을 많이 판매할수록 바로 이 (단위당) 위험비용이 작아진다는 것이다. 따라서 보험을 많이 파는 기업일수록 위험비용을 낮출 여지가 증가하게 된다. 궁극적으로 이 보험을 무한히 많이 판매한다면 이 위험비용은 0으로 다가간다. 바로 이 점이 앞에서 언급했던 규모의 경제의 이점이 된다. 기업의 효율성은 운영비용의 절감, 보험 위험의 정확한 판단, 자산의 운용 등에도 기인하는 것이므로 대기업이라고 무조건 효율적이라고 속단할 수는 없겠지만, 대수의 법칙은 대기업이 효율적일 수 있는 측면을 보여준다.

대수의 법칙에 따른 규모의 경제의 존재는 독점이 효율적일 수 있음을 시사한다. 독점이 아닌 경우에도, 여러 보험자의 위험에 대한 자료를 통합하면 더 정확한 위험에 대한 정보를 얻을 수 있다. 따라서 보험자들이 위험에 대한 자료를 통합하고 논의하는 것이 의미가 있게 된다. 이러한 고려는, 우리나라뿐 아니라 미국과 EU 등 많은 나라에서 보험산업을 일반적인 독과점규제법의 예외 산업으로 분류하는 이유가 되기도 한다. 일반 산업에서 기업들이 만나 가격의 주요 요건에 대해 논의하는 것은 담합으로서 규제 대상이지만, 보험산업에서는 허용된다. 다만 효율적인 위험 정보의 교환이 아닌 가격의 담합이나 기타 반경쟁적 협의 등이 허용되는 것은 아니다.

위에서 우리는 대재해의 경우에는 대수의 법칙이 성립하지 않음을 보았다. 이 경우에는 보험료에서 위험비용 부분이 감소하지 않으므로 보험을 많이 팔아도 보험료가 감소될 이유가 없다. 따라서 대재해 보험의 보험료는 비싸게 된다. 만약 보험료를 줄여서 판매해야 한다면, 보험회사는 다른 수단을 통해 위험을 줄이고자 할 것이다. 예를 들어 지급될 보험금의 상한액을 줄이거나 보험회사가 지불해야 할 담보 범위를 줄이거나 할 것이다.

❹ 대수의 법칙과 분산 투자

재무학의 포트폴리오 이론(portfolio theory)의 주요 내용은 분산 투자(diversification)를 통해 포트폴리오 수익률의 위험을 줄이는 것이다. 여기서의 위험은 투기적 위험을 일컫는다. 분산 투자란 투자 대상이 되는 금융 자산의 수를 늘리는 것을 말한다. 이 내용을 정리하면 다음과 같다.

> **[포트폴리오 분산 투자]** 투자 대상인 포트폴리오의 구성 자산의 수를 늘리면 포트폴리오의 위험이 감소한다. 자산의 수를 무한히 늘리면 가장 작은 위험 수준을 얻을 수 있다.

이렇게 분산 투자를 통해 얻을 수 있는 가장 작은 수준의 위험을 체계적 위험(systematic risk)이라고 부른다. 반면 분산 투자를 통해 없어지는 위험은 비체계적 위험(nonsystematic risk)이라고 부른다. 이 포트폴리오 이론은 대수의 법칙과 매우 비슷하다. 사실 포트폴리오 이론은 대수의 법칙을 투자에 적용한 예다. 물론 대수의 법칙 자체는 위험이 독립적인 경우를 다루고 있지만, 비독립적인 경우로 일반화시키는 것은 어렵지 않다. 한 가지 유의할 점은 대수의 법칙과는 달리 위험의 풀을 무한히 증가시키면 단위당 위험은 일정 부분 남게 된다. 위험이 비독립적이기 때문에 서로 완전히 상쇄되지 않기 때문이다. 우리는 이미 앞에서 손실이 동시에 일어나는 경우에는 단위당 위험이 줄어들지 않는다는 점을 언급했다.

포트폴리오 분산 투자에서는 보통 상관관계가 아주 크지는 않아도 양인 경우를 상정한다. 즉, 자산의 가격이 완전히 동일한 방향으로 움직이지는 않지만 같은 방향으로 움직이는 경향이 있다고 생각한다. 같은 방향으로 움직이는 이유는 시장 전체에 미치는 공통의 영향이 있기 때문이다. 주식시장에서 예를 들면 정치적인 혼란이나 유가급등 같은 요인은 대부분의 주가에 나쁜 영향을 주게 된다. 이렇게 공통의 영향을 받는 부분이 체계적 위험으로 남게 되는 부분이다. 물론 개별 주가의 일정 부분은 그 기업에만 해당되는 위험을 반영한다. 이러한 위험은 다른 주식의 위험과는 독립적이므로 주식의 풀을 증가시키면 상쇄되어 없어지게 되며 비체계적 위험을 구성한다.

한편 분산 투자의 분산과 대수의 법칙에서의 통합이란 용어의 상대성을 생각해보자. 분산 투자는 그 용어의 의미상 투자를 나눠서 (쪼개서) 한다는 것이다. 이에 비해 대수의 법칙에서 살펴본 위험 통합은 위험을 합쳐 나간다는 것이다. 따라서 표현으로만 보면 나누는 것과 합치는 것이 상충되는 것처럼 보인다. 위험은 합쳐도 줄고 나누어도 준다? 분산 투자의 경우에는 전체 투자 자금이 정해진 상태에서 그 자금을 여러 자산에 나눠서 투자하는 것이다. 이에 반해 위험 통합의 경우에는 점점 더 많은 위험을 하나의 풀 안으로 더해가는 것이다. 따라서 이 자체로만 보면 상반되는 방향임은 틀림없다. 그러나 대수의 법칙에서의 관심 사항은 풀 전체의 위험이 아니라 단위당 위험임을 상기하자. 대수의 법칙에서 단위당 위험을 계산하는 것은 분산 투자에서 수익률 위험을 계산하는 것과 동일한 절차를 따르기 때문에 이 둘은 사실상 같은 얘기라 할 수 있다.

상호성의 원리

위에서 우리는 위험 전가의 원칙과 대수의 법칙을 얘기했다. 위험 전가의 원리는 위험을 싫어하는 사람이 그렇지 않은 사람에게 위험을 넘기면 둘 다에게 좋을 수 있다는 것이었고, 대수의 법칙은 위험의 풀을 늘리면 단위당 위험이 감소한다는 것이었다. 이 둘을 가만히 다시 살펴보면, 위험 전가의 원리는 사람에 대한 것이고, 대수의 법칙은 위험 자체의 성질에 대한 것임을 알 수 있다. 상호성의 원리(mutuality principle)는 대수의 법칙의 이점을 위험회피형인 사람을 중심으로 다시 표현한 것이라 볼 수 있다. 대수의 법칙에 따라 위험이 통합될 때 단위당 위험이 준다면, 위험을 싫어하는 사람들이 그들의 위험을 통합한 후 다시 나눠 가지면 각자에게 돌아오는 위험은 작아질 것이다. 이는 위험 통합에 참여한 모든 사람들에게 좋은 결과다. 바로 이것이 상호성의 원리다.

> **[상호성의 원리]** 위험회피형인 사람들이 각자의 위험을 통합한 후 통합된 위험을 기준으로 다시 적절히 배분하면 모두의 효용을 증가시킬 수 있다.

상호성이란 여러 사람이 서로 돕는다는 것으로서 보험의 상부상조 정신을 표현한 말이다. 대수의 법치을 이해한다면 상호성의 원리는 어렵지 않다. 위험의 통합이 일인당(단위당) 위험을 줄인다면, 위험회피형인 사람은 위험을 통합한 후 줄어든 일인당 위험을 배분하면 효용이 증가할 것이다. 여기서 어떻게 위험이 배분되어야 할지를 생각해보자.

제일 먼저 생각할 수 있는 것은, 발생한 손실은 그 풀에 참가한 사람들에게 모두 배분되어야 할 것이다. 발생은 하지만 아무도 감당하지 않아도 되는 손실이 가능하다면 좋겠지만, 풀에 참여하지 않은 제3자에게 불공정하게 손실을 떠넘기는 것을 생각하는 것은 아니므로 이러한 경우는 배제한다.

둘째, 대수의 법칙의 이점을 향유하기 위해서는 통합된 위험만을 기준으로 손실을 배분해야 한다는 것이다. 간단한 예를 보기 위해, 풀이 갑과 을의 두 명으로 구성된 경우를 생각해보자. 동전을 던져 앞면이 나오면 갑의 손실은 10, 을의 손실은 20이며, 뒷면이 나오면 갑의 손실은

20, 을의 손실은 10이 된다고 해보자. 각자의 입장에서는 10 또는 20으로 위험이 있지만, 이 둘의 손실을 합치면 풀 전체로는 30이라는 동일한 손실이 발생한다. 이 경우에 각 사람에게 돌아가는 손실에 변동을 주는 것은 불필요하게 위험을 부과하는 것이다. 따라서 전체 풀의 손실이 동일하다면, 각자에게 분배되는 손실에는 변화가 없어야 효율적인 분배가 될 것이다. 예를 들어 동전이 앞면이 나올 때에 갑에게 14, 을에게 16의 손실이 배분되었다면, 뒷면이 나올 때에도 갑에게 14, 을에게 16이 배분되어야 한다. 여기서 한 가지 주의할 점은 통합된 위험이 동일하다는 것이 참가자에게 똑같은 손실이 배분되어야 함을 의미하는 것은 아니라는 점이다. 즉, 갑과 을에게 똑같이 15가 배분되어야 하는 것을 의미하는 것은 아니다. 얼마가 배분되느냐는 참가자의 위험회피성향이나 부의 수준 등에 의해서도 영향을 받는다.

셋째, 사람들이 풀에 자발적으로 참여하게 하기 위해서는 참여하기 전보다는 참여한 후에 더 효용이 높아야 한다. 따라서 손실을 배분할 때 각 참여자의 원래 손실의 수준이 고려되어야 한다.

상호성의 원리는 위험회피형인 사람들을 대상으로 한다. 위험중립형인 사람이 있다고 안 되는 것은 아니지만 그때에는 위험 전가의 원리에 따라 위험을 위험중립형인 사람에게 다 넘기면 간단하다. 따라서 상호성의 원리의 의의는 풀의 참여자가 모두 위험회피형인 경우에 있다.

대수의 법칙이 수학적 원리인 반면 위험 전가의 원리와 상호성의 원리는 경제학적 원리다. 경제학적 원리란 화폐 금액의 효용값을 중심으로 좋고 나쁨에 대한 판단 기준을 정하는 것을 의미한다. 심리적·문화적 그리고 사회적인 위험에 대한 다양한 인식이 존재함을 인정한다면, 경제학적 결과는 현실을 이해하는 데 참고로 사용되어야지, 절대적인 것으로 받아들여서는 안 될 것이다.

보험의 원리로 이해하는 보험시장과 사회

보험의 원리들의 시사점은 다음과 같이 요약할 수 있다.

> "위험을 싫어하는 사람에게는 가능한 한 위험을 줄여줘라. 만약 위험중립적인 사람이 있으면 그에게 위험을 전가하라. 위험중립적인 사람이 없다면 위험을 통합해서 배분하라."

보험의 원리와 보험시장

보험의 원리를 통해 우리는 보험시장의 작동 원리를 이해할 수 있다.

첫째, 위험의 통합은 보험산업의 최우선 관심사다. 대수의 법칙의 중요성에 대해서는 앞에서 여러 번 언급했다. 대수의 법칙 자체는 위험이 독립적일 때 적용되는 것이지만, 위험이 독립적이지 않아도 통합함으로써 위험은 줄어들므로 통합해서 나누는 장치는 여전히 의미가 있다는 점을 상호성의 원리가 보여준다.

사실상 상호성의 원리가 빛을 발하는 때는 위험이 비독립적일 때다. 예를 들어 대재해 위험을 담보할 때 한 보험회사가 홀로 담보하기에는 많은 위험이 뒤따른다. 이때 여러 보험회사가 하나의 풀을 만들어 서로의 위험을 통합함으로써 위험 통합의 이점을 충분하지는 않아도 누릴 수 있게 된다. 역사적으로도 새로운 위험을 담보해야 할 경우에 여러 보험회사가 풀을 만들어 공동으로 위험을 배분하곤 했다. 예를 들어 과거 원자력발전의 초기에 보험회사들이 풀을 구성하여 공동으로 원자력 관련 위험을 담보했다.

또한 공제조합(共濟組合, cooperative) 같은 조직 역시 회원들에게 상호 부조의 형태로 위험을 배분하는 역할을 한다. 이는 다름 아닌 상호성의 원리의 구현이다. 공제조합의 예는 다양한데, 엔지니어링공제조합, 건설공제조합, 한국선주상호보험조합(한국 P&I 클럽) 등을 들 수 있다. 공제조합에서 공제는 보험의 의미로 사용되곤 한다.

보험의 원리와 보험자의 조직 구조

보험의 원리를 이해하면 보험시장에서의 보험자의 조직을 이해할 수 있다. 전 세계 보험시장에서 위험을 담보하는 보험자의 조직 구조는 크게 주식회사, 상호조직과 로이즈(Lloyd's of London)를 생각해볼 수 있다. 일반적으로 보험자라고 하면 보험회사를 떠올리기 쉽고, 보험회사라 하면 주식회사를 떠올리게 된다. 주식회사가 중요한 역할을 하는 것은 사실이고 우리가 얼핏 떠올리는 대부분의 보험회사는 주식회사이기도 하다. 주식회사는 주식을 발행해 자본을 획득하고 이 자본을 바탕으로 사업을 영위하는 조직이다. 주식은 자유롭게 양도 가능하며 주주의 책임은 출자한 금액으로 상한선이 제한되는 유한책임이다. 주주의 유한책임과 주식의 자유양도의 특징으로 인해 주주에게 부담이 적다. 따라서 주식을 통한 자본 획득이 상대적으로 용이하여 거대 자본이 필요한 대기업은 대체로 주식회사의 형태를 띠게 된다. 이러한 이유로 보험시장에서도 주식회사는 대세를 이루고 있다.

그런데 보험시장에서는 주식회사와는 다른 종류의 조직 구조를 가진 보험자가 중요한 역할을 해왔다. 상호회사(mutual company) 혹은 상호조합(mutual cooperative)과 같은 상호조직이 바로 그것이다. 상호조직은 주식회사와 비교함으로써 잘 이해될 수 있다. 주식회사의 보험계약자는 보험소비자로서 자신의 위험을 주식회사(궁극적으로 주주)에 전가하는 구조다. 이에 비해 상호조직의 보험계약자는 단순히 위험을 전가하는 게 아니라 위험을 공유하게 된다. 주식회사로 치면, 보험소비자이면서 동시에 주주를 겸하는 것과 같다. 소비자이면서 동시에 조직의 소유자가 되는 구조가 상호조직이다. 역사적으로 상호조직은 주식회사 못지않게 중요한 역할을 해왔다. 주식회사가 자본주의적 산물로 비교적 최근의 조직이라면, 상호조직은 전통적인 상부상조의 발현으로서 오래 전부터 존재해왔기 때문이다.

전통적으로 상호회사는 보험시장에서 중요한 역할을 담당해왔지만, 주식회사의 주식과 같이 지분 발행을 통한 자금 조달은 불가능하다. 또한 인수합병을 통한 성장도 용이하지 않다. 이런 이유로 최근에 금융권의 경쟁이 심화되면서 경쟁력이 상대적으로 약화되었다. 그 결과 최근에 상호회사가 주식회사로 탈바꿈하는 경우가 많았는데 이를 탈상호회사화(demutualization)라고 부른다.

한편 주식회사나 상호조직과는 다르지만 중요한 보험자가 바로 로이즈다. 일반인은 로이즈를 하나의 보험회사처럼 생각하기 쉽지만, 사실상 로이즈는 보험자라기보다는 그 자체가 하나의 보험시장으로 보는 편이 정확하다. 즉, 보험수요자와 보험자를 연결해주는 공간을 로이즈라고 부르기 때문이다. 따라서 로이즈의 보험을 샀다기보다는 로이즈에서 보험을 샀다는 것이 정확한 표현이다. 로이즈에서 보험을 파는 보험자는 로이즈에 회원으로 가입해 로이즈라는 공간에서 보험자 역할을 한다. 따라서 로이즈가 보험자가 아니라 개별 회원들이 보험자다. 마치 재래시장의 한 상점에서 물건을 사면 그 상점이 판매자이지 재래시장이 판매자가 되는 것은 아닌 것과 같다.

로이즈의 회원인 보험자는 자연인이나 회사가 될 수 있다. 역사적으로는 주로 자연인이 회원이 되었으나, 개인이 감당하기엔 위험이 점점 커지면서 무한책임을 져야 하는 자연인이 보험자 역할을 하는 것이 어려워졌다. 현재로는 유한책임의 이점을 누릴 수 있는 주식회사가 중요한 회원 역할을 하고 있다.

보험의 원리는 보험시장에 특유한 세 조직 구조를 이해하는 데 도움을 줄 수 있다. 우선 로이즈를 보면 일반인 회원은 전통적으로 부자들이 될 수 있다. 재산이 많을수록 위험을 더 잘 감내할 수 있는데, 경제학에서는 재산이 많은 사람은 상대적으로 덜 위험회피형이라 본다. 예를 들어 천만 원을 따거나 잃는 도박이 있다고 할 때, 총재산이 1억 원인 사람은 과도한 위험으로 느껴 기피하겠지만, 재산이 1,000억 원인 사람은 별 위험이 아니게 느낄 것이기 때문이다. 또한 재산에 비해 손실금액이 작은 위험의 경우에는 사실상 위험중립적인 것처럼 행동할 수도 있다.

따라서 위험회피형인 사람에게서 위험중립적인 사람에게로 위험을 전가하는 것이 바람직하다는 위험 전가의 원리는 로이즈 회원의 보험자 역할을 설명할 수 있다. 위험 전가의 원리는 주식회사의 형태 역시 일정 부분 설명할 수 있다. 그 이유는 주주는 보험계약자에 비해 상대적으로 위험을 더 잘 분산할 수 있는 것으로 알려져 있기 때문이다. 재무학의 논리에 따르면 주주는 금융시장에서 주식이나 다양한 금융상품에 분산 투자함으로써 투자 위험을 줄일 수 있다. 따라서 주주는 보험계약자에 비해 상대적으로 위험에 덜 민감하다. 따라서 주식회사를 통해 위험이 보험소비자에서 주주에게로 전가되는 것은 위험 전가의 원리에 의해 바람직하다고 볼 수 있다.

대수의 법칙과 상호성의 원리는 둘 다 위험을 통합하는 것이 효율적이라는 점을 강조한다. 그런 점에서 주식회사나 상호조직은 모두 보험의 풀을 늘림으로써 사업을 영위하게 되므로 두 조직 구조를 설명할 수 있다. 주식회사의 (이상적인) 보험계약 형태는 소비자로부터 위험이 주주로 전이되는 것이고 주주가 위험을 떠안는 것이다. 따라서 대수의 법칙이 성립할 때 그 이점을 가장 잘 활용할 수 있다. 상호조직은 원칙적으로 위험을 통합하여 참여자가 같이 나누는 것이므로 상호성의 원리가 적용되는 조직이라 할 수 있다.

이상에서 보듯이, 보험시장에서 활동하는 보험자의 구조에는 보험의 원리가 숨어 있다. 한편 보험시장에는 특이하게 재보험(reinsurance)이라는 것이 있다. 보험자가 자신의 위험에 대해 보험을 사는 경우다. 보험자가 보험을 팔면 보험계약자의 위험을 떠안게 된다. 이렇게 떠안은 위험을 다른 보험자와 보험계약을 함으로써 그 보험자에게 다시 넘길 수 있게 된다. 원칙적으로 재보험자는 보험자 누구라도 될 수 있지만, 그 위험의 범위가 커지고 위험에 대한 전문성이 중요해지면서 전문적인 재보험회사가 활동을 하고 있다.

재보험자가 여러 보험자와 재보험 계약을 함으로써, 보험계약자들의 위험을 통합한 원래의 보험자(원수 보험자라고 불린다)의 위험을 또 다시 통합하는 역할을 한다. 재보험의 역할은 결국 통합된 위험을 더욱 확대해 통합하는 것으로서 대수의 법칙의 이점을 극대화하는 것으로 볼 수 있다. 재보험은 국경을 넘어서 이뤄지는 경우가 많은데, 이렇게 되면 위험의 통합 범위를 전 세계적으로 확대할 수 있다. 물론 재보험자의 위험 분석 능력이 우월하다면 위험에 더 잘 대처할 수 있을 것이다. 재보험은 이러한 능력의 차이로 인해 이뤄질 수도 있다.

보험의 원리와 사회보험

위험의 통합을 한 보험회사가 아무리 잘한다 해도 이에는 한계가 있다. 그 이유는 우선 보험시장에 여러 보험자가 경쟁을 하기 때문에 한 보험회사가 시장 내의 모든 보험계약자에게 보험을 팔 수는 없기 때문이다. 설사 독점이라 하더라도 사람들에게 강제로 보험을 팔 수는 없으므로 시장에 참여하지 않는 사람의 위험을 통합할 수는 없다. 뒤에서 또 보겠지만 도덕적 위태나 역선택 등의 정보의 문제로 인해 자발적인 보험시장에는 한계가 있을 수 있다.

이런 관점에서 봤을 때 한 사회에서 위험의 통합을 가장 잘할 수 있는 기관은 정부다. 정부는 사회복지나 사회 통합의 수단으로 보험을 강제할 수 있으며, 징수나 보조금 지급을 통해 사회적 불평등을 완화할 수 있다. 위험에 대해서도 마찬가지다. 사회보험이라는 것은 정부가 정하는 범위 내에서 보험의 강제성을 띠고 있으며 가입의 범위 역시 강제할 수 있다. 사회보험의 장점 중 하나는 바로 이 위험의 통합의 범위를 전 국민으로 확대함으로써 대수의 법칙과 상호성의 원리의 이점을 극대로 할 수 있다는 것이다.

사회보험의 중요한 기능 중 하나는 사회의 통합을 통해 유대와 연대의식을 증가시키는 것이다. 사회적 연대(solidarity)는 사회의 유지와 발전에 중요한 요건인데, 이 연대는 사실상 상부상조의 밑바탕에 있는 정신이기도 하다. 상호성의 원리는 경제학적으로 이기심에 기초한 효용의 증대에 초점을 맞추고 있긴 하지만, 결과적으로 상부상조의 정신을 강조한다는 점에서 사회보험의 긍정적인 측면을 보여준다.

예를 들어 사회보험의 대표격인 국민건강보험은 사회의 모든 구성원을 대상으로 한다. 혹자는 개인의 자율권을 침해한다고 하지만, 건강보험을 자율에만 맡기면 건강에 대한 불평등이 야기될 수 있다. 가난한 사람은 건강보험을 사지 못할 것이며, 병에 들거나 사고로 다치게 되면 막대한 병원비로 더욱더 가난에 쪼들리거나 병원 치료를 미루다가 건강을 잃게 될 것이다. 가난한 사람에게 건강보험을 구매할 자율성은 의미가 없다. 사회가 국민의 건강권을 지켜주고자 한다면 건강보험을 강제로 들게 하고 소득에 따라 보험료에 차등을 주면 된다. 그러면 가난으로 인해 병원 치료의 혜택을 포기하는 경우를 줄여줄 수 있다.

정부의 시장에 대한 장점은 위험 통합의 범위가 넓다는 것인데, 이를 좀 더 살펴보자. 앞에서는 국민 전부를 대상으로 위험의 통합을 이룰 수 있다는 점을 보았다. 정부의 장점은 여기서 그치는 것이 아니다. 정부는 다양한 정책을 통해 세대간 부의 이전을 도모함으로써 동시대뿐 아니라 여러 세대간 위험의 통합을 이룰 수 있다. 즉, 정부가 할 수 있는 통합의 범위는 동시대의 전 국민뿐 아니라 서로 다른 세대간의 위험을 포함한다. 예를 들어 화석연료 사용을 줄이거나 환경오염을 줄이는 정책의 근거로, 현 세대가 후대를 위해 과도한 소비를 자제해야 함을 지적하기도 한다. 물론 정부는 후대에게 괴로움을 가중시키는 정책을 시행할 수도 있지만, 민간 기업과 시장이 가지고 있지 못한 다양한 수단을 통해 통합의 범위를 확대할 여지가 많다. 이러한 점에서 자본주의가 발전한 나라에서도 사회보험과 사회안전망의 제공은 정부의 중요한 기능이 된다.

맺음말

일반적으로 개인의 입장에서 보험을 사는 이유는 자신의 위험을 타인에게 전가하기 때문이다. 그럼으로써 각 개인은 위험을 줄이는 혜택을 보게 된다. 이러한 시각이 틀린 것은 아니지만, 보험이 작동하는 원리를 설명하기에는 좀 부족하다. 왜냐하면 위험을 타인에게 넘김으로써 내가 좋아졌다면, 위험을 받은 타인은 나빠졌을 것이기 때문이다. 즉, 보험계약으로 인해 일방은 좋아지지만 상대방에게는 부담이 된다면, 사회적으로 그러한 보험 기제가 의미가 있다고 할 수는 없을 것이다. 따라서 보험의 작동 원리를 이해하기 위해서는 보험계약의 쌍방에게 어떻게 도움이 될 수 있는지까지 살펴봐야 한다.

우리는 그러한 작동 원리로 세 가지를 보았다. 기본 내용은 두 가지로 요약할 수 있다. 하나는 위험을 싫어하지 않는 사람이 있으면 그 사람에게 위험을 넘기면 서로 좋아질 수 있다는 것이다. 다른 하나는 위험을 통합하면 전체 위험의 변동성이 줄어들므로 그 통합된 위험을 근거로 재분배하면 위험 통합에 참여한 사람들 모두 더 좋아질 수 있다는 것이다. 위험의 통합은 대수의 법칙을 통해서 정당화된다. 상호성의 원리는 대수의 법칙을 경제학적 용어로 표현한 것으로 이해할 수 있다.

인류는 위험 통합의 중요성을 오래 전부터 체감하고 있었을 것이다. 공동 생활을 하면서 다양한 일을 협력을 통해서 이루어냈다. 그 과정에서 동료의 불행과 손실에 공감하고 측은하게 여겼을 것이다. 이러한 감정은 자연스럽게 상부상조의 전통을 이어가게 했을 것이다. 사실상 위험의 통합은 상부상조의 다른 이름이라 볼 수 있다. 내가 남에게 도움을 주고 내가 도움이 필요할 때 남들이 도와줌으로써 각자의 위험을 집단 전체의 위험으로 통합하는 것이다. 그런 의미에서 위험의 통합을 강조한 대수의 법칙과 상호성의 원리는 그러한 상부상조의 의미를 다시 한 번 확인해주는 것이라 할 수 있다.

대수의 법칙과 상호성의 원리는 같은 원리를 말하고 있긴 하지만, 그 접근법은 다르다. 상호성의 원리가 대수의 법칙을 경제학적 표현으로 다시 썼다는 것은 단순히 효용이나 위험 회피 등의 경제학적 용어를 썼다는 의미만은 아니다. 좀 더 근본적인 것은 상호성의 원리에서는 위험 통합에의 참여가 철저히 이기적인 계산에 의해 일어나고 있다는 점이다. 즉, 위험 통합에 참여함으로써 얻을 수 있는 이익이 그렇지 않을 때보다 크기 때문에 통합에 참여하게 되고 손실을 분담하게 된다. 이러한 측면에서, 상부상조의 전통적 보험 정신과 상호성의 원리 사이에는 시각 차이가 존재한다. 측은지심으로 남을 도움으로써 사후적으로 나 역시 도움을 받을 수 있다는 것과 내 이익을 위해서 남을 돕는 것은 결과는 같아 보일지라도 도덕적으로도 같다고는 할 수 없다.

제6장

위험과 보험의 역사

위험을 감지하고 회피하고자 하는 것은 인간뿐 아니라 생명체의 생존에 필수 조건이다. 그런 의미에서 위험관리와 보험의 기능은 인간의 생존과 함께 해왔을 것이다. 인류가 모여 살면서 서로 돕는 상부상조가 형성되었다면, 서로의 위험을 공유하고 전가하는 보험의 기제 역시 공동 생활과 함께 진화해왔을 것이다. 여기서는 위험에의 대응과 보험의 역사적 변천을 살펴본다. (여기서의 논의는 석승훈(2014)을 주로 참조했다.) 필자가 활용한 참고 자료들이 대체로 서양 자료에 국한되어 있어 동양의 보험에 대한 역사가 부족한 것이 아쉽긴 하지만, 현대의 보험제도가 서양에서 발달된 것인 만큼 그 역사적 흐름을 살펴보는 데 의미를 두고 살펴보도록 하자.

또한 보험의 본질적인 기능 자체의 역사를 기술하는 것은 내용이 너무 방대하므로, 글쓰기의 편의상 현재 우리가 보험이라고 부르는 것들, 즉 보험시장과 공적보험을 중심으로 살펴보고자 한다. 본질적인 보험의 기능은, 그것이 비록 보험이라고 불리지 않아도 사회 곳곳에 있다. 우리가 이 장에서 모든 것을 다루지는 못하겠지만 필요한 경우 뒤에서 우리 주제의 범위 내에서 언급하도록 한다.

문명과 보험

보험의 기능은 늘 인류와 함께 해왔지만 인류 문명이 시작되면서 좀 더 복잡하고 체계적인 위험관리와 보험의 기제가 발전되어왔다. 최초의 문명의 발상지로 알려진 메소포타미아와 이집트 지역에서도 이미 보험의 역할이 보인다. 이들 문명은 강가를 중심으로 발전하게 되는데, 이 당시의 중요한 관심사는 강의 범람에 따른 치수(治水)와 보리나 밀의 경작을 위한 관개였다. 치수와 관개는 일정 규모의 인력 동원이 필요한 만큼 권력이 집중되면서 도시가 형성되었다. 싫든 좋든 인류는 그로부터 현재까지 정치와 경제의 결합을 피할 수 없게 되었다.

치수와 관개의 핵심은 자연의 움직임을 예측하고 그에 대한 대비, 즉 위험관리라 할 수 있다. 인류의 공동 생활과 도시의 형성은 위험관리에서 시작되었다고 해도 과언이 아니다. 이 위험관리는 인간에게 주어진 근본적인 위험인 생로병사(生老病死)에 대한 인간의 대응이었다. 자연의 위험에 대한 대응으로 인간은 공동 생활을 만들었을 수도 있지만, 공동 생활은 인간에게 새로운 위험을 만들어내기도 했다. 위험은 자연뿐 아니라 다른 인간에 의해서도 만들어지기 때문이다. 이 중 가장 중요한 위험 요인은 전쟁과 더불어 금전적 부채였다.

인류의 공동 생활은 사람들 사이의 혈연, 지연, 그리고 계약관계에 의해서 서로에게 영향을 끼치고 받아왔다. 메소포타미아 지역에서는 곡물을 경작하고 수확하게 되면 신전을 중심으로 수확한 곡물을 모으고 사람들에게 재분배하는 절차를 따랐다고 한다. 때로는 흉년이 들거나 어떤 이유로 농작물 수확이 부족하여 신전에 공납할 물량이 부족할 때도 있었다. 이때에는 수확량이 풍부한 다른 사람에게 빌려서 공납을 채우거나 신전의 허락을 받아 다음해에 공납하는 경우도 있었다.

부채는 농민에게만 해당되는 얘기는 아니었다. 이웃 도시와의 상업적 거래가 발달하면서 남의 물건을 직접 사거나 혹은 대리인으로서 다른 도시로 가서 거래를 하는 상인들도 생겨났다. 이러한 상인들 역시 빚을 지고 필요 경비를 대곤 했다.

처음에는 보리 같은 곡물로, 나중에는 세겔이라 불리는 은으로 차입을 하게 되었다. 이때 빌린 곡물이나 은에 대해 이자를 물어야 했다. 이자는 마스(mas)라고 불렀는데 이는 가축의 새끼를 뜻하는 말이었다. 이자란 가축의 새끼처럼 돈의 새끼라는 의미였다. 이자율은 20%에서 33.3% 정도였다. 문제는 이러한 이자는 한두 번 연체가 되면 갚기가 어려워진다는 데에 있다. 흉작이 되면 새로운 빚을 져야 하고 이 빚은 또다시 이자를 동반하기 때문에 빚은 점점 더 늘어나기 마련이었다. 상인의 경우에도 강도나 도둑을 만나서 물건을 빼앗기는 경우도 많아서, 이익을 얻기는커녕 본전도 못 건지는 때도 많았다. 흉작이나 상품의 분실은 채무자에게는 커다란 위험이 되었다.

돈을 빌려준 사람의 경우에도 상대방이 제대로 갚지 않을 위험에 직면해야 했다. 즉, 부채 관계는 인간들 스스로가 위험을 만들어 채권자나 채무자 서로에게 부과하는 결과를 가져왔다. 이러한 위험에 대처하기 위해 채권자는 담보를 잡아두는 형태로 보험을 들기로 했다. 지금도 은행이 돈을 빌려주면서 보증이나 담보를 요구하는 것과 같은데, 이는 인류의 문명기 때부터 이어져온 보험의 관행이다. 채권자가 안심할 수 있는 담보 중 으뜸은 채무자의 가족이었다. 농민이나 상인이 돈을 빌리면 그의 가족을 인질로 잡아두는 것이다. 만약 채무 변제를 못하거나 연체가 생기는 경우에는 이 가족들을 노예로 부리게 된다. 이들을 채무노예(debt peon)라고 부른다.

채무노예는 채무자가 빚을 다 갚으면 자유인이 되었다. 그러나 빚을 갚는 것은 쉬운 일이 아니었다. 이자는 시간이 흐를수록 지속적으로 늘어나기 때문이다. 또한 한두 번의 실수는 자유인을 연체 채무자로 만들었기 때문에 채무노예는 증가하게 되었다.

채권자는 채무자의 가족이라는 보험을 통해 위험에서 어느 정도 보호를 받았지만, 채무자를 위한 보험은 존재하지 않았다. 사실상 채무자는 채권자의 위험을 떠안았기 때문에 채권자가 보험계약자(피보험자)라면 채무자는 보험자 역할을 한 것이나 다름없다. 보험은 한쪽의 위험을 다른 쪽에 전가하는 형태를 띠므로, 위험을 전가받은 이는 그 위험을 잘 감당할 수 있는 사람이어야 바람직하다 할 수 있다. 그러나 메소포타미아 지역의 채무자가 그런 위치에 있지 않았음은 자명하다.

약자인 채무자가 위험을 떠안을 수밖에 없는 상황은, 지금의 용어로 말하자면 사회안전망이 존재하지 않는 상황이라고 할 수 있다. 그런데 사회안전망의 부재는 궁극적으로 사회의 동요를 야기하게 된다. 그리하여 메소포타미아 지역에서 일어나는 많은 부침이 이 사회적 동요와 연관되어 일어나게 된다.

메소포타미아 지역의 왕들은 다른 도시를 점령하고 자신의 영토를 넓히면서 정복의 취지를 정당화하고 새로운 규칙을 강조하기 위해 법령을 발표했다. 그중 우리에게 가장 잘 알려진 법이 함무라비법이다. 함무라비법은 고대 바빌로니아 왕국의 함무라비왕이 제정한 법으로, 제정 시기는 기원전 1750년경으로 알려져 있다. 함무라비법전은 총 282개 조항으로 이뤄져 있는데 형법, 민법 등 다양한 내용이 포함되어 있다. 일반적으로 우리에게 잘 알려진 내용은 '눈에는 눈, 이에는 이'라는 동해보복의 원칙(혹은 탈리오 원칙)이라고 하는 것인데, 이는 상대방에게 해를 입혀 피해를 주면 자신도 동일한 내용으로 보복을 당한다는 것이다.

형법적인 내용 외에도 함무라비법전에는 상업적 계약과 부채 계약에서의 수수료, 이자의 지급과 그의 면제에 대한 규정이 명시되어 있다. 45조와 46조 등에서는 농민이 밭을 임대할 경우 임대료를 정액 혹은 정률로 지급하는 경우를 명시하고 있다. 88조, 90조, 100조 등에서는 차입을 할 때 갚아야 하는 이자율을 곡식은 33.3%, 은은 20%로 규정하고 있는데, 이 이자율은 상한선이어서 그 이상으로 이자를 받을 경우에는 대출금이 몰수된다.

그런데 48조와 103조에서는 중요한 예외 조항을 명시하고 있다. 만약 태풍이나 가뭄 등으로 흉작이 된다면 임차료를 빚지고 있는 농민은 빚을 갚지 않아도 된다. 또한 상인이 여행 도중 적을 만나 물건을 빼앗겨 수익을 내지 못했다면 채무에서 면제해준다. 법전에서는 부채 계약이 명시된 점토판을 물에 씻는다고 적고 있다. 고대 메소포타미아 지역에서는 점토판에 부채 계약을 적어 이를 반으로 잘라 나눠 가졌고, 부채가 해소될 때 이 점토판을 없앴다. 점토판을 물에 씻는다는 것은 부채 말소의 또 다른 표현인 것이다. 부채 말소는 사실상 메소포타미아 지역에서는 함무라비법전 이전 천 년 전에도 시행되어왔던 관행이었다.

함무라비법의 제정 정신은 그 서문에 기술되어 있다. 서문에서 함무라비는, "정의의 법칙을 정착시키고 사악하고 악행을 저지른 자를 파멸시켜 강한 자가 약한 자를 해치지 못하게 하여 억압받는 자들에게 행복을 가져다주고자 함"이라고 적고 있다. 이 서문에 맞춰 시행된 대표적인 정책이 바로 채무의 말소와 채무노예의 해방이다. 채무노예는 형식적으로는 채권자와 채무자 간의 자유로운 계약의 결과다. 그러나 그 결과는 비참하다. 가족이 억지로 떨어져 살고 노예로서 삶을 살아야 했다. 채무의 변제는 불어나는 이자로 인해 불가능해진다. 채무노예는 평생 노예로 생을 마쳐야 채무를 변제할 수 있었다. 이들이 바로 강한 자에게 억압받는 자들이었고 새로운 세상에서는 이 억압받는 자들에게 행복을 주기 위해 노예해방이 시행되었다.

채무노예가 채권자의 사적보험 장치였다면, 새로운 왕조의 부채 말소와 노예해방은 채무자에 대한 공적보험 장치다. 물론 왕이 진실로 약자를 위해서만 그런 정책을 폈다고만은 볼 수 없다. 채무노예의 만연은 그 사회의 불만과 불안을 증가시키게 됨으로써 그 사회는 무너지게 된다. 이는 인류 역사에서 반복되는 현상이며, 현대에서도 일어나는 어쩌면 인류의 숙명인 듯하다. 많은 사회적 갈등과 부침은 사적보험과 공적보험의 갈등으로 해석할 수 있다. 위험과 보험의 시각은 이러한 인류의 갈등을 이해하는 데 도움을 줄 것이다.

왕 또는 통치 정부가 백성에게 공적보험을 제공하는 것은 역대로 중요한 과제였다. 고대 페르시아 제국의 아케메네스 왕조에서는 새해가 될 때 지방의 수령이 정부에 공물을 바치면, 나중에 수령에게 돈이 필요할 때 그 공물의 가치를 기준으로 그 가치 이상의 하사금을 내렸다고 한다. 마치 수령이 보험료를 지급한 후 필요시 보험금을 받는 것과 마찬가지였다.

우리나라에서도 전통적으로 가난한 백성을 구휼하거나 필요시 자금을 대여해주는 제도들이 시행되었는데, 이 또한 공적보험의 기능이라 할 수 있다. 삼국시대에 삼국 모두 구휼제도가 시행되었다는 기록이 전해진다. 고구려의 진대법(賑貸法)은 대표적인 구휼제도다. 『삼국사기』에는 669년 신라 문무왕 때에 채무와 이자의 면제가 시행되었음을 기록하고 있다. 진대법을 계승한 고려의 흑창과 의창, 그리고 조선의 의창과 환곡제도 등은 백성에게 필요한 식량을 빌려주고 나중에 갚도록 하는 사회안전망 제도의 일환이었다. 때로는 이러한 구휼 방법이 고리대를 부과하면서 오히려 백성에게 피해를 입히면서 제도의 의미가 퇴색되기도 했다. 고려시대 광종이 956년에 공표한 노비안검법(奴婢按檢法)은 전쟁 및 부채로 인한 노예를 해방시켜준 예인데 이 또한 메소포타미아 지역의 노예해방과 맥을 같이하는 것이다.

고대 보험의 확대

메소포타미아 지역의 주된 무역이 육로를 통한 대상(隊商)무역이었다면 그 후로는 바닷길을 통한 해상무역이 점점 더 중요해진다. 이집트와 메소포타미아 문명의 영향력이 확대되면서 홍해, 페르시아만, 지중해 등으로 활동 범위가 넓어지면서 페니키아와 그리스와 같이 해양을 통해 성장하는 나라들이 발전했다.

함무라비법전에서 이미 확인할 수 있었던 무역에서의 보험제도, 즉 물건을 빼앗겼을 때 채무를 면제해주는 제도가 해상무역으로 확대되면서 모험대차(冒險貸借, bottomry)로 불리는 방법이 발전한다. 모험대차는 해상보험의 원조라고도 여겨지는 방법이다. 해상무역에서는 상인의 상품을 대리인이 배에 싣고 가서 외국에서 거래를 한 후 수익금을 상인과 대리인(혹은 선주) 사이에 나누는 식으로 진행된다. 자금이 부족한 대리인은 항해에 필요한 자금을 상인이나 다른 사람에게서 빌려서 무역을 시행하게 될 것이다. 무역을 마치고 무사히 돌아오면 채권자는 이자를 포함하여 대출금을 받으면 된다. 여기까지는 보통의 부채 계약과 같다. 여기에 보험 요소가 추가된다. 만약 풍랑이나 적의 공격 등 불가항력적인 일로 배가 침몰하게 되면 채무가 면제된다. 채무가 면제된다는 것은 다른 측면에서 보면 빌린 돈만큼의 보험금을 채권자가 지급하는 것으로 해석할 수 있다. 즉, 채권자가 보험자의 역할을 하는 것이다. 모험대차는 유럽에서 중세에도 이어지고, 궁극적으로 근대적 해상보험으로 발전된다.

고대 로마는 해상과 육로 모두에서 왕성한 활동을 했던 국가였다. 또한 시장이 활성화되고 법과 규율이 중요시되던 시기였다. 앞에서 살펴본 모험대차뿐 아니라 요즘의 손해보험이나 생명보험과 유사한 계약이 이뤄졌음이 알려져 있다(Trenerry, 1926). 예를 들어 풍랑과 적의 공격으로 화물과 배의 손실이 발생할 때 그에 대한 보상이나 물건의 배달 사고에 대한 보상, 기타 위험에 대한 보상을 약속하는 보험계약이 이뤄졌다. 이들은 현대의 손해보험 계약과 겉모습은 별반 다르지 않아 보인다.

보험 거래의 증거는 종종 당사자 사이의 분쟁으로 이어져 재판 기록으로 남아 있다. 이 또한 보험 분쟁이 금융 분야 분쟁의 대다수를 차지하는 현재와 비슷하다. 이 기록들을 살펴보면 보험을 도박으로 이용하는 경우도 자주 있음을 발견할 수 있다. 예를 들어 화물이나 배의 가치와 무관하게 보험금이 정해지면 이는 도박의 성격을 띨 수 있다. 화물의 손실이 1억 원인데 보험금으로 2억 원을 준다면 이는 우연성에 기대어 이익을 보는 도박으로 생각할 수 있기 때문이다. 보험과 도박은 동전의 양면과 같은 것이라 보험을 뒤집으면 언제든지 도박으로 변할 수 있음을 명심하자. 도박적인 보험계약은 사회적으로 바람직하지 않기 때문에 금지되곤 했지만, 그 뒤에 (현재도 마찬가지로) 기회가 되면 다시 고개를 들곤 했다.

죽음은 피할 수 없는 인간의 보편적인 위험이므로 이에 대한 대비는 인류의 가장 중요한 관심사다. 죽음과 두려움은 종교를 탄생시켰고, 또 죽음을 맞이할 때 서로 돕는 문화와 의례가 만들어졌다. 세계 어디에서나 장례 의례가 있는데, 이런 장례에 따른 노동과 비용 그리고 남겨진 유족의 생계에 대한 관심 또한 보편적이었을 것이다. 이 관심은 지역사회나 친족들의 상부상조의 형태로 발현되었을 것이다.

이러한 관심은 고대 로마에서는 친족과 종교의 범위를 벗어나 모임을 조직하고 회원들 간의 장례에 상부상조하는 장묘 단체(burial society)의 형태로 발전했다. 이러한 단체는 콜레기움 테누이오룸(collegium tenuiorum)으로 불렸다. 콜레기움이란 로마에서 허용한 비영리 목적의 단체다. 이러한 장묘 단체는 로마에서 새로 만든 것은 아니고 그 이전에 종교 단체를 중심으로 있어왔던 것의 발전된 형태다. 장묘 단체의 회원은 가입비를 내고 정기적으로 회비를 냈다. 회원이 죽으면 장례 비용을 지불해주었고 유족에게도 일정 금액을 지불해주었다. 일시금으로 지불하면 생명보험, 여러 번에 나눠 지불하면 연금이 되는 것이다.

로마에서의 생명보험과 연금의 활용은 3세기 초 법학자 울피아누스(Ulpianus)가 인용한 생명표(life table)를 통해서 엿볼 수 있다. 이 생명표에는 0에서 60세 이후까지의 나이가 구간별로 나열되어 있고 그 옆에는 각 나이 구간에 대응되는 숫자들이 적혀 있다. 0에서 19세까지의 첫 구간에 해당하는 숫자는 30이며, 나이가 많아질수록 숫자는 점차 감소하는데 60세 이상 구간에 해당하는 숫자는 5다. 이 감소하는 숫자는 각 나이의 사람의 남아 있는 수명 혹은 연금의 가치를 배수로 표시한 것 등으로 해석된다. 울피아누스의 생명표는 확률이나 시간 가치가 제대로 고려되지 않아 지금의 시각에서 보면 매우 단순하지만 역사적인 가치가 있다고 하겠다. 울피아누스의 생명표가 유일한 것은 아니고 그와 다른 생명표도 사용되었음을 알 수 있다(Frier, 1982). 중요한 것은 생명표가 작성되고 사용될 만큼 로마에서는 생명보험 혹은 연금의 활용이 활발했음을 짐작할 수 있다는 것이다. 연금은 영어로 annuity라고 하는데 이의 어원은 라틴어 아누아(annua)다. 아누아는 연금계약에서 매년(annual) 받는 돈을 말한다.

이상에서 보듯이 고대 로마에서는 현대의 손해보험, 생명보험과 연금 형태의 보험계약이 이뤄지고 있었다. 다만 정확한 보험료의 계산은 시간의 가치와 확률의 개념이 나와야만 할 수 있는 것인 반면, 고대 로마시대는 그러한 수학이 발달하기 전이었다. 그 결과 고대 로마에서의 보험료와 보험금의 산정은 손실에 대한 과학적 평가를 바탕으로 한 것이 아니라 주먹구구식이거나 도박의 형태로 이뤄졌다.

중세 이슬람 국가와 북부 이탈리아

476년 서로마 제국이 망하고 나서 유럽 지역은 중세 시대로 들어간다. 강력한 제국의 부재는 자유로운 시장 거래가 어려운 상황을 만들었기에 중세에는 지역사회를 중심으로 한 농업 중심의 분권화된 시대가 이어졌다. 소위 봉건제와 장원제도로 알려진 시대다. 농촌을 중심으로 자급자족을 영위했기 때문에 로마에서 발전했던 상업적 보험은 자연히 퇴색되었다. 그럼에도 동양과의 무역은 이슬람 상인들을 중심으로 활발히 전개되었고 이 무역의 결과는 이탈리아 북부 지역을 통해서 유럽으로 전파되었다. 더욱이 이 지역은 12, 13세기경에는 십자군 전쟁의 특수도 누리게 되었다. 베네치아, 제노바, 피렌체 등이 이탈리아 북부의 대표적인 도시 국가들이다. 중세 유럽에서는 이 지역을 중심으로 다양한 상업과 금융 활동과 더불어 보험 활동이 전개되었다.

중세에 이 도시들을 중심으로 활용된 보험 중 하나가 공적연금이었다. 당시 도시들은 서로 전쟁을 하거나 해외 식민지 건설에 열을 올리고 있었다. 여기에는 전쟁자금이 필요했는데, 도시를 지배하는 정부가 채권을 발행하여 필요자금을 시민과 상인들에게 차입하곤 했다. 물론 이들 도시뿐 아니라 서유럽의 왕들 역시 전쟁자금을 차입하곤 했는데, 이 현상은 중세뿐 아니라 근대에까지도 이어진다.

이탈리아 북부 도시들에서 시민을 대상으로 자금을 차입한 것은 공공 부채의 효시로 여겨진다. 아울러 이들은 공적연금의 초기 형태를 보이는데, 그 이유는 차입금을 갚을 때 연금의 형태를 띠었기 때문이다. 우리가 현재 이해하고 있는 일반적인 부채의 경우 채무자는 정기적으로 이자를 지급하고 만기에 원금을 갚게 된다. 그러나 이 당시에는 교회법에서 이자 지급을 금지했기 때문에, 이를 우회하는 방법으로 연금의 형태로 지급하곤 했다. 정부가 연금으로 시민들에게 지급했다는 측면에서, 국민연금과 같은 현대의 공적연금 성격을 띠고 있다. 물론 채권자들에게 연금의 형태로 돈을 갚았다는 것이 사회안전망의 일환으로서 시행되는 현대의 공적연금과 동일시할 수는 없지만 겉모습은 그렇다는 것이다.

제노바나 베네치아는 지중해 지역의 해상무역을 중심으로 발전된 도시들이다. 이들 지역에서는 모험대차 등을 통해 해상 위험을 분산시켰다. 한편 당시 선진 문명을 이루고 있던 이슬람 국가들은 상업이 융성했는데, 이들이 개발한 금융과 사업 조직이 이탈리아 북부 도시에 수입되었다. 이 중 중요한 것 중 하나가 추후에 기업과 주식회사의 형태로 발전하게 되는데 바로 끼라드(qirad)였다. 끼라드는 상업 활동에 있어서 투자자가 자본을 상인에게 투자하고 지분에 따라 이익을 나누는 제도다. 현대의 합자회사나 주식회사에서 지분 소유주와 사업가가 이익을 나누는 것과 비슷하다. 이 제도는 사업가의 위험을 투자자와 공유하는 중요한 역할을 한다.

베네치아와 제노바에서는 끼라드를 본뜬 코멘다(commenda) 혹은 콜레간자(colleganza)라고 불리는 제도를 운영했다. 상인이 자금을 모집하고 해상무역을 갔다온 후 이익을 투자자들과 나누는 것으로서, 해상무역의 위험을 분담, 공유하는 위험관리의 중요한 기법이었다. 우리는 셰익스피어의 희곡 「베니스의 상인」을 통해서 이 기법을 접할 수 있었다. 주인공인 안토니오가 자신의 자금이 여러 배와 여러 항해에 분산 투자되어 있음을 자랑하는 대목이 나오는데, 안토니오가 여러 항해에 분산 투자할 수 있었던 것은 콜렌간자라는 제도가 있었기 때문이다.

아직 근대적인 보험상품이 본격적으로 나오는 단계는 아니지만, 중세 유럽에는 해상보험, 공적연금, 그리고 지분 투자를 통한 위험관리의 기법들이 상업적 발전과 더불어 활용되었다.

근대적 보험시장

중세 북부 이탈리아의 번성은 점차 서쪽으로 중심이 이동하기 시작한다. 15세기 후반 이후의 대항해 시대는 포르투갈과 스페인에서 시작하여 네덜란드, 영국, 프랑스 등으로 확대되었다. 인도와 아메리카 대륙으로 가는 항로가 개발됨에 따라 무역과 상업의 중심이 이탈리아에서 서유럽으로 이동하게 되었다. 자연히 보험과 금융 역시 중심지가 서쪽으로 이동했는데 독일, 네덜란드, 영국의 도시들이 새로운 중심지로 부각되었다.

일반적으로 근대적 보험시장이 런던에서 시작된 것으로 알려져 있다. 특히 손해보험의 원조를 화재보험과 해상보험으로 생각하는데 이 둘의 근대적 모습이 17세기 후반 런던에서 나타나게 된다. 화재보험은 1666년에 발생한 런던 대화재(Great Fire of London)와 관련이 깊다. 9월 2일에 발화해서 4일간 런던시의 2/3 이상을 잿더미로 만든 화재였다. 이 화재 이후 1680년에 유명 경제학자이자 사업가인 니콜라스 바본(Nicholas Barbon)이 화재사무실(Fire Office)을 열고 화재보험을 팔았는데 이를 근대적 화재보험의 효시로 본다.

해상무역의 위험은 모험대차나 끼라드나 코멘다와 같은 계약을 통해서도 전가와 공유가 되어왔지만, 근대적인 보험계약은 1680년대에 런던의 로이즈(Lloyd's of London)에서 시작되었다고 본다. 로이즈는 원래 커피를 팔던 카페였다. 에드워드 로이드(Edward Lloyd)란 사람이 타워가(街)에서 로이즈 커피하우스(Lloyd's Coffeehouse)라는 이름으로 커피를 팔았다. 당시 커피하우스는 남성들의 사교 장소였고 사업과 문화가 교류되는 곳으로서 유럽의 주요 도시에 많은 커피하우스가 있었다. 런던은 동인도회사를 비롯한 영국의 해외 무역선들이 출발하는 곳인 만큼, 로이즈 커피하우스에는 선주, 선장, 상인들이 많이 모여들었다고 한다. 그러한 계기로 해상무역의 위험을 담보하는 보험계약이 성사되었고 나중에는 이 보험계약의 성사가 주된 업무로 변모하게 되었다. 해상보험의 기능이 중요해지면서, 1774년 79명의 회원이 로이즈 협회(Society of Lloyd's)를 만들어 전문적인 해상보험의 시대를 열었다. 로이즈는 지금도 해상보험과 재보험 등을 중심으로 세계 보험시장에서 중요한 역할을 하고 있다.

해상보험과 화재보험을 필두로 손해보험시장은 새로운 위험을 대상으로 범위를 확대해 현재에 이르게 되었다. 그 결과 지금은 해상보험이나 화재보험의 비중은 그리 크지 않다. 현재 우리나라나 주요 선진국의 손해보험에는 자동차보험, 질병과 상해보험 그리고 배상책임보험 등의 비중이 높다.

중세 유럽에서 생명보험과 연금은 정부의 공공 부채와 관련되어 발달되었음은 앞에서 본 바와 같다. 16세기 이후 네덜란드, 영국, 프랑스에도 연금으로 되갚는 형태의 공공 부채가 발행되었는데 주로 전쟁자금으로 쓰였다. 17세기에 유행했던 연금의 방식으로 톤틴(tontine)이 있다. 이 방식은 이탈리아 은행가인 톤티(Lorenzo de Tonti)가 개발했는데 우리가 아는 일반 연금과는 지급 방식에서 차이가 난다. 보통 연금은 연금수급자(채권자)에게 정기적으로 일정 금액을 지급하는 형태를 띤다. 이에 비해 톤틴은 정기적으로 지급하긴 하지만 연금 수급자가 받는 금액이 일정하지 않고 증가한다. 구체적으로 보면, 정부가 연금을 지불할 때 채권자에게 일정 금액을 지불하는 게 아니라 채권자 전체 풀에게 일정한 총금액을 지불한다. 따라서 채권자 개인에게 돌아가는 금액은 이 총금액을 채권자 중 살아 있는 사람 수로 나눈 금액이 된다. 예를 들어 전체 채권자가 모두 살아 있을 때 일인당 100만 원을 받았다면, 세월이 흘러 채권자의 반만 생존한다면, 이 생존 채권자가 받게 되는 연금은 200만 원이 된다. 최후까지 생존하는 채권자는 총금액을 모두 차지하게 되므로 엄청난 금액을 획득하게 된다.

톤틴은 채무자(정부)의 입장에서는 지급되는 총금액의 위험을 줄여주는 역할을 한다고 볼 수 있다. 그 이유는 최후의 1인이 사망할 때까지는 동일한 총금액이 지불될 것이기 때문이다. 이에 비해 일반 연금은 각 개인에게 일정한 금액이 지급되므로 채권자가 사망할 때마다 지급하는 총금액에 변동이 발생하게 된다. 톤틴은 정부의 입장에서는 연금 지급액의 위험을 줄여주는 기제였다. 한편 채권자의 입장에서 보면 톤틴은 다른 사람의 사망에 기댄 일종의 도박적인 성격이 있었다. 톤틴은 정부의 위험관리 욕구와 채권자의 도박 욕구가 만난 금융 기법이었던 것이다. 톤틴은 보험과 도박이 별반 다르지 않을 수 있음을 확인시켜준 상품이었다. 오래지 않아 톤틴은 불법화되어 사용되지 않게 된다.

연금과 정부의 연관성에서 보듯이 사람들의 사망에 대한 정보는 정부의 중요한 관심사였다. 이를 반영하듯 정부 관료나 수학자들이 생명표를 만드는 노력을 기울이게 되었다. 통계학이란 용어는 18세기 중반 독일어 Statistik에서 시작했다고 하는데 이는 원래 국가(state)가 수집한 인구나 경제에 관한 정보를 일컫는 말이었다.

1662년 영국에서는 상인이었던 존 그론트(John Graunt)가 『사망 자료에 근거한 자연적·정치적인 관찰(*Natural and Political Observations Made upon the Bills of Mortality*)』을 출간했다. 이 안에는 런던 시민의 탄생과 사망에 관한 기록과 전염병과 같은 사망원인도 기록했는데, 나이별 생존율을 정리한 최초의 근대적 생명표로 간주된다. 이 연구의 결과로 그론트는 최초의 인구통계학자로 불린다. 동시대에 그론트와 더불어 경제학자 겸 철학자인 윌리엄 페티(William Petty) 역시 정치적 산술(political arithmetic)에 관한 저술에서 정치와 경제에 통계를 활용할 것을 주장했다.

1671년 네덜란드에서는 얀 데 비트(Jan de Witt)라는 정치가 겸 수학자가 『상환가능채권 대비 종신연금의 가치(*Value of Life Annuities in Proportion to Redeemable Bonds)*』를 출간했는데, 데 비트는 사망 위험을 고려한 연금 지급액의 기댓값을 추정하고 이를 바탕으로 가격을 구하고자 했다. 그러나 자료의 미비와 수학적 정밀도의 부재로 인해 정확한 값을 구하지는 못했다.

1693년 영국의 천문학자 겸 수학자인 에드먼드 핼리(Edmond Halley)는 「브레슬로시의 출생과 장례의 흥미로운 표에서 도출한 인류의 사망도에 관한 추정(An estimate of the degrees of the mortality of mankind, drawn from curious tables of the births and funerals at the city of Breslaw; with an attempt to ascertain the price of annuities upon lives)」이라는 논문에서 나이별 사망률을 토대로 연금 지급액의 기댓값의 현재가치를 구하는 방법을 제시했다. 이는 현재의 연금 가치 계산법과 별 차이가 없는 것으로서 보험계리 분야에서 역사적으로 중요한 연구로 알려져 있다.

네덜란드와 영국에서의 활발한 연금 계산 노력은 정부가 연금을 판매하는 토대가 되었다. 그 결과 영국과 네덜란드는 다른 나라보다 정확한 현가 계산을 통해 정부 채권을 발행하여 자금을 조달할 수 있었다. 이는 당시 네덜란드와 영국에서 자본주의와 금융이 발달한 것과 궤를 같이하는 것이었다. 유럽 각국이 해외 진출에 치열하게 경쟁하던 때에 이 두 나라는 다른 나라에 비해 상대적인 우위를 점하게 되었다.

연금 수학의 발전은 정부뿐 아니라 민간에도 적극 활용되어 근대적인 민간 생명보험과 연금 시장이 확대되었다. 보험계리적으로 보험료를 계산한 최초의 생명보험자는 1743년 스코틀랜드 에딘버러 지방의 성직자 왈라스(Robert Wallace)와 웹스터(Alexander Webster)가 세운 스코틀랜드 과부펀드(Scottish Widows Fund)라고 한다(Ferguson, 2009). 이 펀드는 스코틀랜드의 목사를 대상으로 그들의 사망 후 유족에게 생활비를 지급하는 생명보험상품이었다. 보험료 계산에는 수학자 매클로린(Colin Maclaurin)의 도움을 받았다고 한다. 이 펀드는 현재까지 명맥이 유지되는데 1815년에 스코틀랜드 최초의 상호회사로, 2000년에는 다시 주식회사로 변경되었고, 지금은 로이즈 은행그룹(Lloyds Banking Group)의 자회사로 편입되어 있다. 이 펀드의 보험료는 보험계리적 방법을 사용하면서 매우 정확했던 것으로 알려졌다. 다른 보험회사들 역시 계리적 방법을 적극 이용하면서 보험시장이 확대 발전하게 되었다.

대표적인 회사가 영국의 에퀴터블생명보험회사(Equitable Life Assurance Society)인데 1762년에 설립된 최초의 상호회사로 알려져 있다. 이 회사는 이전까지 실천되지 않았던 사망률에 기초한 나이에 따른 차등화된 보험료를 부과했다. 또한 보험계리사(actuary)를 최초로 책임자로 임명하는 등 보험계리의 적극적 활용으로 현대적 보험 실무와 가격 결정 등에 규범이 되었다.

이상과 같이 손해보험과 생명보험, 연금 분야에서 근대적인 형태의 보험시장이 성립되고 발전되면서 현대의 모습을 갖추게 되었다. 이에 비해 공적보험의 발전은 19세기 말에서야 모습을 갖춰 나가기 시작했다. 공적보험의 발전은 시대 정신과도 연관이 있었다. 자본주의가 발전하고 자유방임주의가 선호되면서 각자의 위험은 각자가 책임을 지는 것으로 간주되었고, 사회나 정부는 가능한 한 개입하지 않는 것을 이상적으로 여겼다. 이러한 시대적 사조가 바뀌고 사회보험이 적극 도입된 배경에는 산업혁명 이후 비참한 노동자의 삶에 정부가 개입할 수밖에 없었던 시대적 상황이 있었다. 자본주의에 대한 반동으로서의 공산주의든 혹은 그에 대한 맞대응으로서든, 국가가 노동자와 국민의 위험을 책임지게 되는 시대적 상황이 전개되었다.

19세기 후반 독일의 비스마르크(Bismarck) 정부는 고령연금과 산업재해보험, 의료보험 등을 도입함으로써 현대의 사회복지제도를 시작한 것으로 알려진다. 열악한 노동환경으로 인해 사회주의 세력이 확산되자 비스마르크는 반사회주의자법(Anti-Socialists Laws, 1878)을 제정하고 사회주의를 탄압했다. 비스마르크의 사회복지제도는 노동자에게 복지를 제공함으로써 사회주의자들의 세력을 위축시키려는 목적이 있었다고 한다. 영국 또한 19세기 말 산업재해보험, 20세기 초에 고령연금을 도입하고, 1911년 국가보험법(National Insurance Act)을 제정해 실업보험과 의료보험을 도입했다. 그러나 사회복지제도가 본격적으로 확립된 것은 베버리지 보고서(Beveridge Report)에 따라 1940년대 후반, 국가보험법(National Insurance Act, 1946), 국가건강서비스법(National Health Service Act, 1946), 국가부조법(National Assistance Act, 1948) 등이 제정되면서였다. 물론 이 시기에 공산주의 국가들은 국가가 직접 자원의 생산과 분배에 관여함으로써 굳이 사회보험이라는 말이 필요하지는 않았다.

우리나라의 사회보험은 2020년 현재 다섯 종류로 되어 있는데, 국민건강보험, 국민연금, 산업재해보상보험, 고용보험과 노인장기요양보험이 그것이다. 국민건강보험은 정부가 1963년 의료보험법을 제정함으로써 건강보험의 장을 열었는데, 이 법 적용이 점차 확대되어 1977년 500인 이상 사업장에 적용되고, 1989년에는 전 국민을 대상으로 건강보험이 실시되어 오늘에 이르고 있다. 건강보험에는 장기요양에 필요한 간병비 등은 배제되었기에 2008년 노인장기요양보험이 추가로 도입 실시되었다. 국민연금은 1973년 국민복지연금법이 제정되어 시행하려고 했으나 경제불황으로 연기된 후 1986년 국민연금법으로 변경된 후 1988년부터 실시되었다. 산업재해보상보험은 1964년부터 산업 생산 과정에 따른 노동자의 부상이나 질병을 보상하고, 고용보험은 1995년 이후에 직장에서 실직한 사람을 대상으로 적용되었다.

사회보험이 운영되는 대부분의 국가에서, 사회보험은 사회보장제도의 한 축으로 운영되는데 사회보험과 구별되는 사회보장제도에는 공공부조가 있다. 사회보험은 기본적으로 가입자가 보험료를 지불하고 그에 대한 대가를 받는 구조인 데 비해, 공공부조는 극빈자나 불구자 등

자립이 어려운 국민을 대상으로 국가 재정에서 지원해주는 제도라는 차이가 있다. 정도의 차이는 있지만 사회보험과 공공부조제도는 사회안전망을 제공해준다는 측면에서 자본주의를 살아가는 현대인에게 필수적인 것으로 여겨지게 되었다.

보험학의 역사

보험계리학의 태동

위에서는 보험시장과 공적보험의 역사적 발전 과정을 살펴보았다. 그런데 보험시장에 존재한다는 것과 제대로 된 보험 가격이 정해진다는 것과는 다른 이야기다. 상업적 보험의 기능은 고대에도 존재했으나 정확한 보험료를 계산할 수는 없었다. 고대뿐 아니라 근대 보험의 선구자라 할 수 있는 1680년대 런던의 로이즈나 화재사무소, 그리고 17세기 정부의 연금 차입에 있어서도 정확한 보험료를 계산할 수 없었다. 그 이유는 보험료를 계산하기 위해서는 위험을 확률적으로 계산하고 기댓값을 구해야 하는데, 이러한 보험 수학은 17세기 중반에서야 수학자들 사이에서 확립되기 시작했기 때문이다.

일반적으로 통계학이 보험에 적용되는 분야를 보험계리학(actuarial science) 혹은 보험수리학으로 부르는데, 이를 보면 보험계리학이 통계학의 응용 분야인 것처럼 보인다. 이 말이 틀린 것은 아니지만, 마치 통계학이 발전한 후에 보험에 적용된 것 같은 느낌을 주게 된다. 그러나 사실 통계학의 시작은 보험학에서 기인한다. 수학적 확률론은 도박의 연구에서 시작된 것으로 알려져 있는데, 도박의 연구는 곧 보험의 연구이기 때문이다. 이는 도박과 보험이 수학적으로 다르지 않음을 생각한다면 쉽게 알 수 있다.

일반적으로 수학적인 확률론의 시작점은 1654년경에 수학자 파스칼(Blaise Pascal)과 페르마(Pierre de Fermat)가 서로 주고받은 서신에서 확률을 정의하고 연산법칙을 논의한 것에서 찾는다. 지금 우리가 수학 시간에 배우는 그러한 확률 개념을 세운 것이었다. 이들이 확률에 관심을 갖게 된 이유는 도박꾼인 드 메레(Chevalier de Mere)가 파스칼에게 도박과 관련된 문제를 낸 것이 계기가 되었다고 한다. 이 문제는 일반적으로 '점수의 문제(problem of points)'로 불리는 것인데, 두 도박꾼이 내기를 하던 중 내기가 중단되었을 경우 상금을 어떻게 나눠 갖는지에 대한 문제였다. 예를 들어 주사위를 던져 높은 수가 나오면 이기는 것으로 하고 다섯 번 먼저 이기는 사람이 상금을 가져가기로 했다고 하자. 한 사람이 네 번 이기고 다른 사람이 두 번 이긴 상태에서 내기가 중단되었다고 해보자. 이 경우 상금을 이 둘이 어떻게 나눠 가져야 하느냐는 것이다. 이 문제를 풀기 위해서는 물론 각 도박꾼이 이길 확률을 계산하는 과정이 필요할 것이므로, 파스칼과 페르마가 확률의 수학적 개념을 고안하게 된 것이다. 증명 과정에서 기댓값, 파스칼의 삼각형, 귀납법 등이 사용되었다.

물론 모든 것이 그러하듯이 확률의 개념이 느닷없이 튀어나오지는 않았을 것이다. 중세의 이슬람 지역은 수학과 과학이 발달했기 때문에 이러한 선진 지식이 북부 이탈리아를 통해서 유럽에 전파되었다. 점수의 문제 역시 북부 이탈리아 투스카니 지역의 수도사이자 수학자였던 파치올리(Luca Pacioli)가 1494년 저서에서 제안했던 문제였다. 또한 파스칼과 페르마에 앞서 이탈리아 수학자 카르다노(Gerolamo Cardano)는 1525년에 저술한 『기회(운)의 게임에 대한 책(*Book on Games of Chance*)』에서 확률을 일어날 경우의 수의 비율로 나타내고 논의를 함으로써 근대적인 확률 연구의 효시라고 여겨지기도 한다. 다만 이 책은 1663년이 되어서야 출판되었기 때문에 파스칼과 페르마가 서신을 주고받을 때에는 이 책의 내용을 몰랐을 것으로 추정된다. 갈리레이(Galileo Galilei)도 1620년 「주사위놀이에 대한 발견」이라는 논문에서 주사위 눈이 나올 확률적 개념을 고찰했다고 한다.

한편 최초로 출판된 확률론 서적은 1657년 출판된 네덜란드의 하위헌스(Christiaan Huygens)의 『기회(운)의 게임에서의 추론에 대하여(*On Reasoning in Games of Chance*)』라는 책인데, 파스칼과 페르마의 확률론에 대한 소개가 들어 있다. 네덜란드의 데 비트가 연금의 가치를 계산하게 된 것은 그로부터 10여 년이 흐른 뒤였다.

확률의 개념과 계산법이 알려지면서 확률에 대한 연구와 보험 실무에의 적용이 동시에 이뤄졌다. 아마도 가장 중요한 보험의 원리라 할 수 있는 대수의 법칙은 『추측의 기술(*Art of Conjecture*)』이라는 책에 기술되어 있다. 이 책은 스위스의 수학자 야콥 베르누이(Jakob Bernoulli)의 저작인데, 그의 사후 8년 뒤인 1713년에 조카 니콜라우스 베르누이(Nicolaus Bernoulli)가 출판했다. 대수의 법칙이란 전체 집단에서 표본을 많이 뽑을수록, 그 표본의 평균은 변동성이 줄어든다는 것을 말한다. 예를 들어 동전을 던지는 횟수가 많아지면 앞면이 나오는 경우의 수가 절반에 가까이 다가간다는 것이다. 대수의 법칙이 보험산업에 중요한 이유는 대수의 법칙이 의미하는 바는 보험의 풀을 증가시킬수록 단위당(보험물건당) 위험이 줄어든다는 것이기 때문인데, 그 결과 보험자가 위험을 감내하기 쉬워지기 때문이다.

한편 니콜라우스 베르누이의 동생 다니엘 베르누이(Daniel Bernoulli)는 1738년 상트페테르부르크(St. Petersburg)에서 열린 학회에서 효용(utility)이라는 개념을 의사결정의 기준으로 제안했다고 한다. 효용이 도입된 이유는 소위 상트페테르부르크 역설(St. Petersburg Paradox)이라고 불리는 것 때문인데, 이 역설은 니콜라우스 베르누이가 1713년에 생각해낸 것으로 알려져 있다. 이 역설을 이해하기 위해 다음과 같은 동전 던지기 도박을 생각해보자.

> 동전을 던져서 앞면이 처음 나오면 상금을 주고 도박이 끝나는데, 상금 액수는 몇 번 동전을 던져서 앞면이 처음 나오느냐에 따라 달라진다. 처음 던져 앞면이 나오면 상금 액수는 2원이다. 동전을 두 번 던져서 앞면이 처음 나온다면 상금 액수는 4(=22)원이 된다. 이러한 식으로 동전을 n번 던져서 앞면이 처음 나온다면, 상금 금액은 2n원으로 정해진다. 도박은 앞면이 나올 때까지 계속된다. 이러한 도박에 참가하기 위해서는 참가비를 지급해야 하는데 얼마까지 지급할 여지가 있을지를 생각해보자.

예를 들어 참가비가 1억 원이라면 과연 이 참가비를 내고 도박에 참가하는 게 합리적일까? 1억 원의 참가비가 말도 안 된다고 생각한다면, 1,000만 원 혹은 100만 원이라면? 아마도 합리적으로 수용 가능한 참가비를 계산하기 위해서는 상금의 기댓값을 먼저 계산한 후 이보다 작은 금액의 참가비를 고려해야 할 것이다. 이 도박의 상금 기댓값을 계산하기 위해서는 각 사건의 확률을 구해야 한다. 동전을 던져 앞면(또는 뒷면)이 나올 확률은 1/2이므로, 한 번 던져 앞면이 처음으로 나올 확률은 1/2, 두 번 던져서 앞면이 처음 나올 확률은 $(1/2)^2$(이 확률은 처음엔 뒷면이 나오고, 두 번째에 앞면이 나와야 하므로 각각의 확률 1/2을 곱해서 얻어진다), n번 던져서 앞면이 처음 나올 확률은 $(1/2)^n$이 된다. 상금의 기댓값은 가능한 상금 금액을 그 확률을 곱한 후 더해서 구하므로, $2(1/2) + 2^2(1/2)^2 + 2^3(1/2)^3 + \cdots = 1 + 1 + 1 + \cdots$ = 무한대가 나온다. 즉, 이 도박에 참가하면 상금의 기댓값이 무한대다. 위에서 1억 원의 참가비가 말이 안 된다고 했는데, 무한한 상금을 받을 수 있는 도박에의 참가비로

1억 원이 너무 높다는 것이었다. 이 결과는 얼핏 생각하면 좀 이상해 보이므로 역설이라고 불리게 되었다.

효용은 바로 이 역설을 해결하는 방법으로 제시된 것이었다. 사람은 금액의 기댓값으로 의사결정을 하는 것이 아니라 자신이 느끼는 주관적인 효용을 가지고 의사결정을 한다는 것이다. 역설을 해결할 수 있는 효용은 금액이 증가함에 따라 효용의 증가폭이 감소하는 오목한(concave) 곡선이어야 하는데, 이는 부자일수록 동일한 돈의 가치를 작게 느낀다는 의미이기도 하다. 베르누이는 로그함수를 효용함수로 제안하고 이 효용함수가 역설을 해결할 수 있음을 보여주었다. 즉 로그 효용의 기댓값을 구하면 1억 원의 참가비가 너무 높다는 점을 보여줄 수 있는 것이다. 베르누이는 효용의 기대값을, 수학적 기댓값에 대비되는 도덕적 기댓값(moral expectation)이라고 불렀는데, 효용의 기댓값은 20세기 들어 기대효용이라는 이름으로 재구축되어 현대 경제학의 초석이 된다.

수학자들은 미래에 일어날 다양한 사건에 각각의 확률을 부여하고 이들의 전체적인 모습을 확률분포라는 이름으로 부른다. 따라서 확률분포는 위험을 수학적으로 표시하는 가장 중요한 수단이다. 확률분포는 위험의 성격에 따라 다양한 모습을 띠게 되는데, 아마도 가장 중요한 위치를 차지하는 것은 정규분포(normal distribution)일 것이다. 정규분포는 프랑스의 수학자인 드모아브르(Abraham de Moivre)가 발견한 것으로 알려져 있는데, 그의 저서 『기회(운)의 원칙(*Doctrine of Chances*)』의 1738년 판에, 이항분포(binomial distribution)라는 확률분포에서 시행 횟수를 증가시키면 어떤 분포로 근접해 가는 현상을 보였는데, 그 분포가 바로 정규분포라는 것이다. 이 현상을 중심극한정리(Central Limit Theorem)라고 부르는데, 이항분포뿐 아니라 다른 분포의 경우에도 무작위로 표본을 추출하면 그 표본의 분포는 정규분포로 근접해 간다. 드모아브르는 정규분포를 보험 실무에 바로 적용했다. 그는 또 다른 저서인 『생존연금

(*Annuities upon Lives*)』에서 연금 가치를 계산할 때 사망률의 분포에 정규분포를 적용한 생명표를 이용했다.

사망률과 관련된 중요한 정보는 한 해에 생존한 사람이 그 다음해에 사망할 확률일 것이다. 이러한 접근법은 소위 조건부 확률의 개념인데, 이의 계산법은 영국의 수학자 겸 성직자인 베이즈(Thomas Bayes)가 발견했다고 한다. 소위 베이즈 정리로 잘 알려진 이 방법은 1763년에 영국의 왕립학회(Royal Society)에서 발표된 베이즈의 논문에 실려 있었다. 이때에는 이미 베이즈가 사망한 지 2년 후였는데, 수학자였던 프라이스(Richard Price)가 그의 논문을 보완해 발표한 것이었다. 베이즈 정리는 어떤 주어진 확률을 새로운 정보를 반영한 새 확률로 변환시키는 기법을 말하는데, 이때 주어진 확률은 사전적 확률, 새로운 확률은 사후적 확률로 불린다. 베이즈의 방법은 인구의 생존율 혹은 사망률의 계산뿐 아니라, 공학 시설의 실패율 계산이나 전염병의 확산, 그리고 의사결정론 등과 같은 다양한 분야에서 폭넓게 적용되고 있다.

앞에서 언급한 정규분포는 최소자승법(method of least square)과도 연관이 있는데, 최소자승법은 관찰값들로부터 진실된 값을 추정하는 방법의 하나로서, 관찰값들의 오차(의 제곱)를 최소가 되도록 추정한다는 것이다. 최소자승법은 1806년 프랑스의 수학자 르장드르(Adrien-Maire Legendre)가 지구의 모습을 측정하기 위한 방법으로 발표하게 되는데, 1809년 독일의 수학자 가우스(Carl Friedrich Gauss)는 오차가 정규분포를 따를 때 최소자승법으로 구한 값이 가장 적합하다는 것을 보여주었다. 곧이어 프랑스의 수학자 라플라스(Pierre-Simon Laplace)는 중심극한정리가 성립하면 최소자승법이 오차의 분포에 상관없이 가장 좋은 추정법임을 주장했다. 최소자승법은 당시에 천체의 관측을 통한 항해 중인 선박의 위치를 추정하는 방법으로서 중요한 역할을 하게 될 뿐만 아니라, 오늘날 경제학을 포함한 사회과학에도 널리 사용되는 회귀분석(regression analysis)의 초석이 된다.

벨기에의 수학자인 케틀레(Adolphe Quetelet)는 1835년 『인간과 그의 능력개발에 대해서 혹은 사회물리학에 대한 연구(*On Man and the Development of His Faculties, or Essays on Social Physics*)』에서 통계학을 자살이나 범죄와 같은 사회 현상을 설명하는 데에 사용할 수 있음을 주장했다. 그의 주요 개념인 '평균적인 인간(average man)'이란 정규분포에서 도출된 수학적 평균 개념이 적용된 것이다. 이러한 연구를 통해 케틀레는 사회학의 효시적 인물로 간주되곤 한다. 통계학의 사회적 활용은 점차 확대되어 현대의 인구주택조사나 선거출구조사로까지 이어진다. 참고로 사회학의 효시로 알려진 콩트(Auguste Comte)는 케틀레와 동시대의 인물이다. 그 또한 사회물리학이라는 용어를 사용하려 했으나, 케틀레가 그 용어를 선점했기에 사회학(sociology)이라는 용어를 새로 만들었다고 전한다.

케틀레의 평균적인 인간이 모범으로서의 인간을 의미했다면, 다윈(Charles Darwin)의 사촌인 골튼(Francis Galton)은 평균적인 인간이 아니라 우수한 인간을 강조했다. 즉 평균에 가까운 인간이 아니라 평균에서 멀리 떨어진 인간이 우수한 인간인 것이다. 이러한 견해는 우수한 인종을 골라내는 우생학으로 이어지고 급기야는 독일의 인종 청소의 이론적 배경이 되기도 했다.

이 밖에도 우리가 일반적으로 통계학 혹은 확률론으로 알고 있는 많은 내용이 보험과 서로 연관을 지으면서 발전되어왔다. 도박과 보험은 수학적으로는 다르지 않기에 통계학의 시작과 보험학의 시작은 사실상 같은 것이었다. 통계학이 보험계리 분야 이외의 다양한 분야에 응용되면서 많은 사람들의 기억 속에서 보험학과 통계학이 같은 뿌리였음이 잊혀져갔다.

보험계리학자

보험계리를 담당하는 사람을 보험계리사(actuary)로 부르는데, 우리는 앞에서 핼리, 드모아브르나 매클로린 등이 보험계리를 했음을 보았다. 보험산업에 보험계리인이라는 직함을 최초로 적용시킨 회사는 영국의 에퀴터블생명보험회사다. 원래 actuary는 라틴어 actuarius가 어원이며 속기사나 계정을 기록하는 사람을 지칭한 말이었는데, 근대에는 재판소의 재판 결정을 기록하는 사람을 일컫게 되었다(Ogborn, 1956). 그런데 에퀴터블생명의 창업자인 모레스(Edward Rowe Mores)가 그 용어를 회사의 최고경영자의 직함으로 사용하면서 보험업계에서 사용되기 시작했다.

에퀴터블생명보험회사의 설립에는 계리수학자들과 관련된 이야기가 전해진다. 수학자 도드슨(James Dodson)이 아미커블(Amicable)생명보험회사에서 보험을 사려 했으나 45세를 넘어 가입이 거절당했다. 당시에는 나이별로 보험료를 부과하지 않았고 45세 이상의 고령자에게는 아예 보험을 팔지 않았다. 이를 부당하다고 생각한 도드슨은 핼리의 생명표를 발전시켜 각 나이에 맞는 보험료를 계산함으로써 모든 사람에게 공평한(equitable) 보험을 만들고자 했다. 당시 회사의 설립은 의회의 허가를 받아야 가능했는데, 도드슨은 허가를 받지 못하고 사망했다. 추후에 그의 정신을 계승한 모레스 등이 회사를 설립하게 되었다.

모레스는 최고경영자 역할을 하면서 보험계리사라는 직함을 최초로 사용했다. 지금과 같이 보험계리 업무를 담당하는 최초의 보험계리사는 1775년에 임명된 모건(William Morgan)이다. 모건은 그 한 해 전에 외삼촌인 프라이스의 추천을 받아 에퀴터블생명에 입사했다. 프라이스는 베이즈의 논문을 발표했던 수학자다.

프라이스는 수학자 겸 목사이기도 했는데 영국 도시들의 인구 증가와 기대수명 등 인구통계학적 연구들을 수행했다. 프라이스는 사망 위험을 과대 평가하는 오류를 범했는데, 에퀴터블생명은 이 잘못된 결과를 바탕으로 생명보험료를 과대 책정하는 바람에 많은 이익을 얻을 수 있었다고 한다(Bernstein, 1998). 한편 프라이스의 연구 결과는 영국 정부가 연금을 설계하는 데에도 사용되었다고 한다. 연금은 사망 전까지 지급해야 하므로 생명보험과는 손익구조가 반대로 영향을 받기 때문에 에퀴터블생명과는 반대로 정부는 큰 손실을 입었다고 한다. 프라이스의 연구는 훗날 맬서스(Thomas Robert Malthus)의 『인구론』에 영향을 미쳤다고 한다.

영국의 계리학자 곰퍼츠(Benjamin Gompertz)는 19세기 전반에 활동했는데 사람의 사망 위험이 나이가 증가함에 따라 기하급수적으로 늘어난다는 소위 곰퍼츠 법칙을 제시했다. 이 법칙은 생명보험업계의 보험료 계산에 많은 영향을 끼쳤을 뿐만 아니라 시간의 흐름에 따른 다양한 성장 모형으로 활용되고 있다. 곰퍼츠 법칙을 이용하면 나이별 사망 위험을 계산할 수 있기 때문에 과거 프라이스가 직면했던 생명보험의 연령 제한과 같은 일을 회피할 수 있다.

또 다른 중요한 계리학자로 19세기 중반 이후 덴마크의 틸레(Thorvald Thiele)를 들 수 있다. 틸레는 통계학 전반에 중요한 업적을 남겼는데, 누적률(cumulant)이나 우도함수(likelihood function), 칼만필터(Kalman filter)와 같은 중요한 통계학 개념을 처음 도입하고, 또한 브라운운동(Brownian motion)을 수학적으로 처음 기술한 것으로도 알려져 있다. 보험계리적 업적은 생명보험의 가치 변동을 연속 시간의 흐름 속에 미분방정식으로 표현함으로써 보험의 가치 계산에 중요한 공헌을 했다는 점이다. 이 미분방정식 내용을 보면, 새로 납입되는 보험료와 보험금 지급 후 남은 보험 가치의 이자 증식 부분이 더해지고 지급되는 사망보험금이 차감되는 구조로 생명보험의 가치 변화가 표시된다.

20세기 들어 보험계리 분야의 위험이론(risk theory)이 발전하게 되는데 이의 초석은 스웨덴의 계리학자인 룬트베르크(Filip Lundberg)와 크라메르(Harald Cramér) 등에 의해서 다져졌다. 이들은 손실 발생 위험과 손실금액의 위험을 통합하여 전체 손실 위험의 측정을 크라메르-룬트베르크 모형으로 알려진 수학 모형으로 제시하고 보험자가 파산할 위험(probability of ruin)을 계산했다. 이러한 위험이론은 보험계리에서 중요한 이론이기도 하지만, 훗날 위험가치(Value at Risk, VaR)와 같은 기법에 영향을 줌으로써 금융업 전반의 위험관리기법에 응용된다.

영국의 계리학자 레딩턴(Frank Redington)은 영국의 프루덴셜(Prudential)생명보험회사에서 계리사로 활약(1928~1968)하게 되는데, 채권 투자와 관련되어 위험관리의 기법을 개발했다. 투자 분야에서 많이 쓰이는 이자율 면역화(immunization)와 자산부채관리(asset liability management) 등의 방법을 1950년대에 제안하여 위험 헷징(hedging) 연구의 선구자 역할을 했다. 이자율 면역화를 간단히 설명하면 다음과 같다. 일반적으로 생명보험회사는 보험료를 미리 받아 투자하고 그 과실금으로 미래에 약속한 보험금을 지급한다. 주요 금융 투자 수단이 채권에의 투자인데, 이자율이 변동하면 투자 자산의 가치와 보험금의 현재 가치(부채) 역시 변하게 된다. 이때 자산의 증가폭보다 부채의 증가폭이 크다면 기업으로서는 지급 불능의 위험에 처할 수도 있다. 따라서 투자와 보험 포트폴리오를 잘 짜서 자산과 부채의 변동폭이 같도록 만든다면 기업의 지급 능력은 이자율 변동에 따라 바뀌지 않을 것이다. 바로 이것이 자산부채관리의 핵심인 면역화 방법이다. 이 방법은 보험회사뿐 아니라 은행과 같이 자산과 부채가 이자율 변동에 영향을 받는 곳에서 위험관리기법으로 유용하게 사용되어왔다.

스위스의 계리학자 한스 뷜만(Hans Bühlmann)은 1967년 논문에서 경험 자료의 묶음으로부터 얻을 수 있는 손실의 평균에 일정한 가중치를 반영하여 기존의 손실 기댓값을 조정하는 식을 제시했다. 이 가중치는 그 값의 신뢰도(credibility)에 따라 결정된다. 이 식은 뷜만 모형이라고 불리는데 신뢰도 연구의 중요한 모형이 된다. 특히 보험시장에서 사용되는 경험요율(experience rating)의 산정에 중요한 공헌으로 여겨진다.

보험과 경제학

보험학은 시작 시점부터 수학자들의 무대였다. 수학자들의 관심은 위험 자체를 어떻게 이해하고 평가하느냐에 주로 집중되었다. 20세기에 들어서면서 보험학은 새로운 전기를 맞게 되는데 그것은 바로 경제학과의 접목을 통해서다. 20세기 초까지의 경제학 역시 위험이나 불확실성을 본격적으로 다루지 않았고 신고전학파 경제학의 이상적인 세상 속에서 사회를 바라보았다. 독자들이 경제학 원론을 공부해봤다면 소비자 행동이나 기업의 생산 결정 그리고 균형과 같은 개념을 배웠을 것인데, 그게 바로 신고전학파 경제학의 내용이며 불확실성의 요소는 들어가지 않는다.

20세기 전반에 들면서 경제학이 위험을 고려하는 움직임이 진행되면서 신고전학파 경제학과 구분되는 사고가 싹트기 시작했다. 중요한 예가 나이트(Knight, 1921)와 케인스(Keynes, 1921, 1936, 1937)다. 나이트와 케인스는 위험과 고도의 불확실성에 관심을 가졌다. 나이트는 이를 기업 이론에 적용했고, 케인스는 화폐 수요와 일반 수요에 적용함으로써 케인스 경제학의 초석을 놓게 된다.

보험학 요소가 경제학에 유입되면서 비로소 경제학은 현대 경제학의 면모를 갖추게 되었다. 현대 경제학의 고전적 경제학과의 주요 차별점은 불확실성과 정보 문제를 다룬다는 점이다. 정보 문제란 뒤에서 다시 다루겠지만, 계약 당사자 사이에 알고 있는 정보가 다르다는 것으로서 보험 분야에서 중요하게 취급된 문제였다.

보험학에도 경제학이 접목되면서 전통적인 위험 자체에 대한 연구뿐 아니라 사람, 시장과 경제를 함께 고려하는 내용을 갖추게 되었다. 특히 경제학은 거래, 계약, 사람의 행동에 대한 통찰력을 제공해주는 학문인 만큼, 위험에 직면한 사람, 조직, 사회의 행동에 대한 이해도를 높이는 데 기여하게 되었다. 통상적으로 위험과 보험 기제에 대한 경제학적 연구 분야를 보험경제학이라고 부른다. 여기서는 보험경제학의 주요 연구 분야를 간단히 설명하고자 한다.

우선 보험경제학의 관심 사항은 사람이 위험에 대해 어떤 태도와 행동을 하느냐 하는 것인데, 이를 분석하는 경제학적 수단이 소위 기대효용(expected utility)이다. 기대효용은 1738년 베르누이가 제안한 도덕적 기댓값의 경제학적 표현으로서, 효용(utility)의 기댓값, 즉 평균으로 이해하면 간단하다.

기대효용은 수학자 폰 노이만(John von Neumann)과 경제학자 모르겐슈테른(Oskar Morgenstern)이 저서인 『게임과 경제행동이론(*Theory of Games and Economic Behavior*)』(1944, 1947)에서 제안했다. 그런 연유에서 기대효용에 사용된 효용을 종종 폰 노이만-모르겐슈테른 효용이라고 부르기도 하는데, 베르누이에서 시작된 효용 개념이므로 베르누이 효용이라고도 한다. 경제학에서는 사람들의 의사결정에 관심이 있는데, 신고전학파의 효용 극대화라는 의사결정의 목표가 위험하에서는 기대효용 극대화로 바뀌게 된다. 위험에 직면한 사람들은 기대효용을 최대로 하는 의사결정을 하게 된다는 것이다. 신고전학파의 효용함수가 여러 대안을 효용의 크기 순서로 한 줄로 세울 수 있듯이, 위험이 있는 대안들은 기대효용의 크기의 순서대로 한 줄로 세울 수 있다. 그리하여 가장 큰 기대효용을 주는 대안을 선택하면 된다. 이 의사결정의 원칙은 보험을 구매하는 경우에 이용되지만, 위험을 내포한 모든 의사결정에도 이용될 수 있다. 기대효용을 필두로 경제학에서는 위험을 본격적으로 고려할 수 있게 되었다.

경제학은 개인의 의사결정과 더불어 시장에서의 균형 결과에도 관심을 갖는다. 위험이 존재할 때 수요와 공급이 만나서 이뤄지는 균형에 대한 연구는 드브류(Gerard Debreu)와 애로우(Kenneth Arrow)에 의해서 시도되었다(Arrow and Debreu, 1954; Debreu, 1959). 이들은 위험하의 상품을 미래 가능한 사건별 상품의 결합된 형태로 간주했다. 사건별로 쪼개진 상품을 대상으로 기존의 신고전학파의 일반 균형 모형을 적용함으로써 위험하의 균형이 가능할 수 있음을 보였다. 그런데 상품을 가능한 사건별로 쪼개서 볼 때 상황조건부 상품(contingent commodity)이라고 부르는데, 이러한 접근법은 위험하에서 상품을 분석하는 중요한 방법으로 자리 잡는다. 특히 증권 같은 금융 자산의 경우에는 미래의 위험에 따라 현금 흐름이 달라지므로 이들을 상황조건부 자산/증권으로 간주하면 분석하기가 편해진다. 이러한 접근법으로 증권을 바라보게 되면 이를 애로우-드브류 증권이라고 부르기도 한다. 상환조건부 접근법은 금융시장에서의 투자나 가치 결정에 중요한 기여를 하게 된다.

대수의 법칙이 수학적인 위험의 법칙이라면 이 법칙을 경제학적인 틀에서 다룬 것이 노르웨이 학자 보어치(Karl Borch)의 1962년 논문이다. 각자의 위험에 직면한 사람들이 위험을 어떻게 나눠 갖는 것이 효율적인지를 연구한 것이다. 대수의 법칙과 마찬가지로 위험을 풀을 형성해 모으고 그 풀의 결과를 바탕으로 위험을 재분배하는 것이 가장 효율적임을 보였다. 대수의 법칙이 의미하는 바가 위험을 합칠 때 평균 위험이 감소하는 것임을 생각한다면, 이 논문의 결과가 놀랍지 않을 것이다. 이 결과는 상호성의 원리(mutuality principle)라고 불리며 보험의 중요한 원리 중 하나로 간주된다.

한편 애로우와 프라트(John Pratt)는 사람의 위험 회피 정도를 측정하는 지표를 개발하기도 했는데, 소위 애로우-프라트 (절대)위험회피도

지표(Arrow-Pratt measure of (absolute) risk aversion)는 경제학에서 위험하에서의 행동을 분석할 때 반드시 고려해야 하는 지표로 자리매김했다. 이 지표는 사람이 위험을 싫어하는 정도는 효용함수의 모양이 얼마나 휘어 있는지와 관계가 있다는 점에 착안하여 수학적으로 표시한 것이다.

노르웨이의 학자 모씬(Jan Mossin)은 1968년 논문에서 위험에 직면한 사람이 위험을 전가시키기 위해 보험을 얼마나 사야 하는지를 기대효용하의 의사결정 과정으로 고찰했다. 이 논문은 보험 구매가 기대효용과 위험회피도 지표와 어떻게 서로 관계 맺는지를 잘 보여준다.

위험의 종류는 실로 다양하지만, 크게 두 가지로 분류해볼 수 있다. 하나는 외부적으로 주어진 위험이고, 다른 하나는 내부적으로 만들어진 위험이다. 전자가 대체로 자연적인 위험인 경우가 많다면, 후자는 사람들 사이의 관계에서 만들어지는 위험인 경우가 많다. 후자가 발생하는 중요 이유는 나와 관계하고 있는 상대방의 행동이나 성격에 대한 불확실성이 존재하기 때문이다. 사람들 사이의 상호 교류가 많고 사회적 분업이 활발한 현대에서는 후자의 중요성이 더욱 커지고 있다.

현대 경제학에서도 이러한 불확실성을 다루는데 크게 두 분야로 나눠볼 수 있다. 상호 교류와 영향에 집중해 분석하는 분야가 소위 게임이론(game theory)이고, 정보의 문제로 분석하면 정보경제학(information economics)이라고 불린다. 사실상 보험학의 시작이 도박에 대한 관심이었는데, 게임은 도박의 일종으로 볼 수도 있다. 다만, 수학자들이 초창기에 관심을 가졌던 주사위 던지기와 같은 위험은 자연적인 위험이라고 볼 수 있지만, 사람들 사이의 게임에서는 상호 작용에 따라 유동적인 결과를 만들어내기 때문에 훨씬 복잡하다. 게임이론 역시 수학에서 시작했지만, 효용과 균형의 개념을 적극 활용한 경제학에서 꽃을 피우게 된다. 기대효용이 처음 알려지게 된 것도 수학자 폰 노이만과 경제학자 모르겐슈테른의 공저인 게임이론에 대한 책이었음을 상기하자. 그 뒤

1950년 수학자 내쉬(John Nash)가 내쉬 균형(Nash equilibrium)이라는 개념을 통해 게임을 분석하는 틀을 제공한 후 경제학에서 집중적으로 연구되었다. 내쉬 균형이란 두 사람이 게임을 할 때, 각각이 선택한 전략이 상대방이 선택한 전략에 대응해서 봤을 때 최적인 경우를 말한다. 서로가 최적인 전략을 선택했으므로 상대방이 바꾸지 않는 한 내가 전략을 바꿀 이유가 없다. 따라서 일단 이 상태가 나오게 되면 이 상태는 바뀌지 않고 유지된다. 바로 이것이 경제학에서 말하는 (물리학에서 차용한) 균형의 개념이다.

정보경제학은 보험에서 오랫동안 인지되어왔던 두 가지 문제를 경제학적으로 분석한다. 보험업계는 보험계약이 두 종류의 새로운 위험을 만들어낸다는 점을 인지했는데 이를 도덕적 위태(moral hazard)와 역선택(adverse selection)이라고 불렀다. (이 둘에 대한 자세한 논의는 뒤에서 다시 한다.) 도덕적 위태는 보험 구매 등으로 위험을 전가한 사람이 위험을 증가시키는 행동을 하는 경우를 일컫는 말이다. 예를 들어 자동차보험을 구매한 사람이 주의를 덜 기울여 운전함으로써 결과적으로 사고의 위험을 증가시키는 경우를 말한다. 도덕적 위태에는 소극적인 위험 증가 행위뿐 아니라 보험 사기로 불리는 것도 포함된다. 역선택이란 보험회사의 입장에서 고위험자(high risk)와 저위험자(low risk)를 구분하지 못하기 때문에 생기는 문제를 일컫는다. 보험회사는 저위험자를 선호하지만, 보험을 더 절실히 사고자 하는 사람은 고위험자다. 그 결과 예상보다 더 많은 고위험자가 보험을 구매함으로써 보험회사가 예상보다 높은 위험을 떠안게 되는 경우를 역선택이라 한다. 도덕적 위태나 역선택은 상대방에 대한 정보 부족이나 통제 불가능으로 인해 발생하므로 경제학에서는 정보 비대칭(information asymmetry)이라고도 한다.

도덕적 위태에 대한 경제학적 분석은 애로우에서 시작된다. 애로우는 보험의 문제를 경제학에 도입한 학자로 정보의 문제를 생각한 것도 놀라운 일은 아니다. 애로우는 1963년 논문에서 건강보험을 산 사람들이 병원 치료를 더 많이 받는 도덕적 위태로 인해 시장이 효율적으로 작동하지 못함을 지적했다. 폴리(Mark Pauly), 비크리(William Vickrey), 멀리스(James Mirrlees), 홈스트롬(Bengt Holmström) 등의 경제학자가 그 뒤를 이어 도덕적 위태의 경제학 연구의 지평을 넓혔다.

역선택의 경제학적 접근은 애컬로프(George Akerlof)의 1970년 논문에서 본격적으로 시작된다. 이 논문은 중고차 시장에 나오는 차의 품질이 왜 나쁜지를 설명한 것으로, 보험에서의 역선택의 논리가 적용되었다. 마치 보험회사가 고위험자와 저위험자를 구분하지 못하듯이, 중고차 구매자는 고품질 차와 저품질 차를 구분하지 못한다. 한편 고위험자가 (가격이 동일하다면) 보험을 더 사고 싶어 하듯이, 저품질 차의 소유자 역시 (가격이 동일하다면) 차를 더 팔고 싶어 한다. 그 결과 저품질의 차가 중고차 시장에 넘쳐나게 되는 것이다. 이 논문 이후 스펜스(Michael Spence), 로스차일드(Michael Rothschild), 스티글리츠(Joseph E. Stiglitz) 등의 경제학자들은 역선택의 문제를 계약상으로 해결하는 방법으로 신호전달(signaling)과 심사(screening) 방법을 제시했다. 신호전달은 정보를 갖고 있는 사람이 그 정보를 알려주는 것이고, 심사는 정보가 없는 사람이 그 정보를 얻기 위해 계약 조건을 적절히 설계하는 것을 말한다.

생각해보면 사람과 사람의 모든 계약이나 거래에는 항상 정보와 상호 작용에 따른 위험의 문제가 뒤따른다. 사실상 이러한 위험 요소가 없다면 계약이라는 것이 있을 필요도 없을 것이다. 계약은 상대방을 구속하기 위한 장치로 사용된다 해도 과언이 아니다. 이제 정보와 상호 작용의 문제는 단순히 보험 분야뿐 아니라 경제 전반의 현상을 이해하는 데 중요한 분석 수단이 되었다. 또한 현대 경제학과 신고전학파를 구분 짓는 중요한 잣대가 되었다.

끝으로 보험학이 금융시장을 연구하는 재무학에 끼친 영향을 간단히 살펴보고자 한다. 재무학은 경제학의 한 분야로 간주되는데 그래서 때로는 재무경제학(financial economics)이라고도 불린다. 그런 의미에서 위에서 살펴본 경제학의 큰 범주에 속한다고 볼 수 있다. 금융이란 자금이 필요한 사람에게 자금이 중개되는 기제를 말하는데, 그 속성상 채무자가 빌린 자금을 갚을 때까지 채권자는 시간을 두고 기다려야 한다. 과연 채무자가 약속을 지킬 것인가 하는 것이 채권자의 최대 관심사이자 위험 요소이기도 하다. 금융은 자금의 중개를 매개로 위험이 전가되는 것이다. 그런 의미에서 금융은 위험의 고려 없이는 제대로 이해할 수 없다. 과거의 채무노예는 바로 그 채무 불이행 위험에 대한 담보였음을 상기하자.

현대 재무학은 마코위츠(Harry Markowitz), 모디글리아니(Franco Modigliani), 밀러(Merton Miller) 등에 의해 시작되었다. 마코위츠는 1952년 논문에서 포트폴리오 이론(portfolio theory)을 발표했는데, 포트폴리오를 구성하는 금융 자산의 수를 늘리면 포트폴리오의 위험이 줄어든다는 것이었다. 이는 대수의 법칙을 포트폴리오 투자에 대입시킨 것이라 할 수 있다. 이 포트폴리오 이론은 금융시장의 투자 이론의 초석이 된다. 또한 이 이론으로부터 금융자산가격이론의 기본이 되는 자본자산가격결정모형(capital asset pricing model, CAPM)이 1960년대 초에 트레이노(Jack Treynor), 샤프(William Sharpe), 린트너(John Lintner), 그리고 위에서 본 모씬과 같은 일군의 학자들에 의해 자연스럽게 도출되었다.

모디글리아니와 밀러는 1958년 공저 논문에서 기업의 자본구조는 기업 가치와 무관하다는 소위 MM이론을 발표했다. 기업이 사업 활동을 위해서 부채와 주식 등으로 자본을 조달하게 되는데 자본구조라 함은 이 둘의 비율로 이해하면 된다. 즉, 부채가 많든 적든 기업의 가치에는 영향이 없다는 것이다. 물론 현실적으로 그렇다는 건 아니고 정통적인(신고전학파) 경제학이 생각하는 이상적인 세상에서 그렇다는 것인데,

모든 사람이 합리적이며 모든 정보를 똑같이 다 공유하고 있으며 거래하는 데 비용이 들지 않는 세상을 말한다. 이상적인 세상에서는 금융 자산이란 실물에 대한 소유와 분배를 나타내는 증서이므로 실물의 그림자에 불과하다. 모든 사람이 실물 가치(즉 기업 가치)를 정확히 알고 이것만을 중요시하므로, 금융 측면(자본 구조)은 무시해도 된다는 것이다. 이 논문 자체는 금융의 무용론을 주장하는 것처럼 보이지만, 현실에서 금융은 중요하므로, 그 중요한 이유를 설명하는 것이 재무학의 한 부분인 기업 재무(corporate finance)로 자리 잡았다. 금융의 핵심 문제가 위험이라면, 금융과 실물 가치가 MM이론과 달리 서로 영향을 주는 가장 중요한 이유가 바로 도덕적 위태나 역선택 같은 정보의 문제 때문임은 우연이 아니다. (또 다른 중요한 이유는 사람들이 항상 합리적으로 행동하지는 않는다는 점일 것이다.) 기업 재무에 관심이 있는 독자라면, 정보의 문제를 빼놓고 기업 재무에서 할 얘기가 무엇이 있을까를 생각해보기 바란다. 그러면 정보 문제의 중요성을 쉽게 알 수 있을 것이다.

금융 위험의 헷지나 금융 자산의 가격 결정, 그리고 금융 공학과 같은 재무학의 분야들은 포트폴리오 이론과 위에서 살펴본 보험계리적, 경제학적 연구 결과들이 금융시장과 접목된 바탕 위에 쌓아올려졌다. 최근에는 재무학의 발전이 기존의 보험계리학에도 영향을 줌으로써 두 분야의 교류가 활발하다.

맺음말

보험은 상반되는 두 얼굴을 동시에 지니고 있다. 한편으로 보험은 위험으로부터 보호해주는 보호막이 되어 주었으나, 다른 한편으로는 도박의 다른 이름에 불과했다. 이는 보험이 도박과 마찬가지로 우연성에 의해 손익이 정해지기 때문이다. 2008년 금융위기의 뒤에는 금융기관의 위험관리가 자리하고 있었다. 이를 보면 보험을 도박과 별반 다르지 않다고 여긴 중세 유럽과 이슬람적 시각이 틀린 것은 아니었음을 깨닫게 된다. 보험은 또한 위험관리와 연금을 통해 주식회사와 자본주의의 발전에 중요한 공헌을 했고 현대에는 금융으로서 자본주의의 핵심 역할을 하지만, 동시에 사회보장과 사회보험이라는 기능을 통해 사회주의적인 성격도 지니고 있다.

보험의 이중성은 지금도 우리 앞에 현존한다. 보험은 금융의 세 영역인 은행, 증권, 보험 영역 중에서 소비자 불만이 가장 많은 분야다. 다른 한편으로는 사회보장을 통해 국민에게 기본적인 안전망을 제공해준다.

인류의 문명기에서부터 현재까지도 국가가 제공한 보험과 구제는 가난한 자들을 금융의 피해로부터 보호해주는 역할을 했다. 그런데 지금은 보험이 금융의 일부로 편입되어 소비자 불만의 대상이 되었다. 왜 이렇게 되었을까? 어쩌면 보험이 금융으로 변질되면서 보험의 근본 정신인 상부상조의 원칙이 퇴색되고, 그 대신에 이익 추구의 원칙이 보험을 지배했기 때문은 아니었을까? 상부상조란 공유하고 함께 나누는 것(sharing)을 말한다. 이는 좋은 일도 포함되지만 나쁜 일과 위험이 더 중요한 의미를 가질 것이다. 이는 더 넓게는 공동체의 기초 자산을 같이 나누는 것이다. 이러한 공유와 나눔이 시장 내의 거래로 바뀌면서 계산적인 교환으로 바뀌게 되었다. 이제 경제학에서 위험의 공유(risk sharing)는 위험의 거래(risk trading)를 통해서 이뤄지게 되었다.

보험의 역사는 역설적인 보험의 모습을 보여준다. 사적보험과 공적보험이 충돌하고, 위험관리적 보험과 도박으로서의 보험이 충돌한다. 더 나아가 보험의 계산적·기술적인 측면과 심리적·사회적·도덕적 측면이 충돌한다. 이것은 보험이 위험을 다루는 한 숙명적인 것일지 모른다. 왜냐하면 위험은 그만큼 다양한 얼굴을 가졌기 때문이다.

위험과
도덕 혹은 정보

제7장

위험과 도덕적 위태

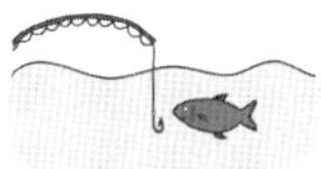

인류가 사회 생활을 하고 문명이 발전하면서 서로간의 관계가 더욱 긴밀해지면서 사람이 야기하는 위험, 즉 인적 위험(man-made risk)의 중요성도 커져왔다. 여기서는 그중 사람 간의 계약관계에 초점을 맞추어 정보 문제/위험(information problem/risk)을 고찰해보기로 한다. 정보 문제는 크게 도덕적 위태(moral hazard)와 역선택(adverse selection)으로 구분한다. 자세한 설명은 다시 하겠지만, 두 개념을 경제학적 접근법으로 구별하자면, 도덕적 위태는 상대방의 행동(action)이 내가 원하는 대로 행해지지 않기 때문에 손해가 발생하는 경우를 말하고, 역선택이란 상대방의 상태나 유형(type)을 내가 알 수 없는 상황에서 상대방이 거짓말을 함으로써 손해가 발생하는 경우를 일컫는다. 두 경우 모두 상대방은 자신의 행동이나 유형을 알고 있는 반면, 나는 그에 대한 정보가 없기 때문에 발생한다는 점을 강조하여 정보 비대칭(information asymmetry)의 문제라고도 부른다. 즉, 도덕적 위태는 행동에 관한 정보 비대칭의 문제이고 역선택은 유형에 대한 정보 비대칭의 문제로 분류된다.

한편 경제학에서는 도덕적 위태와 역선택의 문제를 도덕성이나 윤리에서 떼어내어 생각하는 경향이 있다. 그리하여 이들을 그저 (도덕성과 상관없는) '정보의 문제'로 정의한다. 그러나 정보의 문제는 단순히 정보가 비대칭으로 존재한다는 점뿐만 아니라, 상대방이 볼 수 없다는 이유로 거짓말을 하거나 어긋난 행동을 하기 때문에 발생한다. 또한 누가 문제를 일으키고, 누가 통제하느냐에 따라 동일한 행동에 대해서 다른 해석이 가능하다. 즉, 정보의 문제는 도덕성의 문제이기도 하다. 사람 사이의 문제는 도덕성을 무시하고 해결할 수는 없다. 이런 점이 간과된다면 도덕적 위태와 역선택에 대한 이해와 논의는 언제나 불충분한 것이 될 것이다.

정보 문제는 늘 인류와 함께 있어왔지만, 도덕적 위태와 역선택이라는 용어는 보험에서 시작된 것이었다. 그만큼 보험시장에서 정보 문제는 중대한 고려 사항이었다. 좀 더 자세히 알아보도록 하자.

도덕적 위태의 개념

건물에 대한 화재보험을 가입해서, 건물이 불에 타면 그 손실에 상응하는 보상을 받을 수 있다고 해보자. 그러면 화재를 예방하려는 의지, 노력, 주의력 혹은 동기 부여(인센티브, incentive)는 보험에 가입하지 않았을 때에 비해 줄어들 것으로 짐작할 수 있다. 화재가 난 후에도 이를 진압하고자 하는 동기 부여 역시 줄어들 수 있다. 심한 경우 만약 보상액이 건물가치보다도 더 높을 때에는, 사람에 따라서는 화재를 유발하고자 하는 인센티브를 가질 수도 있다. 도덕적 위태란 이렇듯 보험을 갖고 있는 사람이 위험을 줄이고자 하는 행동이 감소하거나 혹은 위험을 증가시키는 행동을 하는 경우를 말한다. 일반인에게는 도덕적 위태보다는 도덕적 해이라는 표현이 더 익숙할 수 있는데, 학계에서 오랫동안 사용되어온 도덕적 위태 대신 도덕적 해이가 알려진 이유는 신문 · 방송 매체에서 도덕적 해이라는 단어를 쓰면서 일반에게 퍼지게 되었기 때문이다.

도덕적 위태는 종종 도박을 포함하는 개념으로도 사용된다. 도박 중독을 도덕적으로 문제가 있는 것으로 보는 시각과 일맥상통하는 것이다. 도박을 도덕적 위태에 포함시키는 것도 하나의 방법일 수 있겠으나 학문적으로는 보통 이 둘을 구분하므로, 여기서도 도박은 도덕적 위태와는 구분되는 것으로 보고자 한다. 다만 개념적으로 구분한다고 해서 이 둘이 관련성이 없다는 것은 아니다. 예를 들어 화재보험에 가입했을 때 화재 위험을 증가시키는 행위(즉 도박)를 하는 것은 도덕적 위태에 해당하기 때문이다. 도덕적 위태란 일방의 행동이 상대방에게는 손실의 위험을 증가시키는 것이기 때문에 도덕적 위태를 도박과 분리해 생각하기는 어렵다.

보험 분야에서의 위태(危殆, hazard)란 말은 원래 위험을 증가시키는 상태나 조건을 일컫는 말로서, 사람의 정신과 행위에 기인하는 위태를 도덕적 위태로 표현하며, 물질적인 상태에 기인하는 위태를 물리적 위태(physical hazard)라고 표현한다. 눈이 쌓여 미끄러운 도로나 불에 타기 쉬운 목재 건축물 등과 같은 것이 물리적 위태의 예라고 할 수 있다.

도덕적 위태는 근본적으로 인간의 이기적인 본능에 기인하는 것으로 보인다. 어떤 행동에 따른 악영향이 내게 떨어지는 때보다 남에게 떨어지는 때에, 내가 주의를 기울일 동기는 줄어들 것이기 때문이다. 도덕적 위태의 이유가 무엇이든 보험자의 입장에서는 도덕적 위태를 예상하지 못한다면, 실제 위험에 비해 위험을 과소평가하게 될 것이고 그 결과 보험료가 너무 적게 책정됨으로써 손실을 입게 될 것이다. 따라서 보험회사들이 도덕적 위태에 촉각을 세우고 이를 방지하고자 하는 것은 놀라운 일이 아니다.

도덕적 위태를 사고 발생 시점과 관련하여 분류하는 경우, 사고가 발생하기 전에 일어나면 사전적(ex-ante)인 도덕적 위태로, 사고가 발생한 후에 일어나면 사후적(ex-post)인 도덕적 위태로 분류하기도 한다. 앞에서 언급한 화재보험의 예에서 화재 예방에 주의를 기울이지 못하는 경우는 사전적 도덕적 위태이며, 화재가 난 후 진압에 주의를 기울이지 않으면 사후적 도덕적 위태가 되는 것이다. 한편 도덕적 위태를 그 적극성에 따라 분류할 수도 있다. 이때에는 단순한 부주의나 동기 부여 감소와 같이 소극적인 경우에는 정신적 위태(morale hazard)로 분류하고, 도덕적 위태는 적극적인 경우로 고의적이거나 악의적인 경우에 한정하기도 한다. 소위 보험 사기(fraud)라는 것은 후자에 속하는 경우라 할 수 있다.

화재보험뿐 아니라 다른 보험의 경우에도 도덕적 위태는 존재한다. 건강보험이나 상해보험의 경우를 보면, 일부러 병에 걸리거나 사고를 당하지는 않는다 해도, 일단 병에 걸리거나 사고를 당했을 때 고가의 병원 치료를 받거나 입원을 필요 이상으로 오래 한다든가 하는 경우처럼 사후적인 도덕적 위태의 문제가 발생할 여지가 많다. 사실상 건강보험의 경우 도덕적 위태를 어떻게 줄일 수 있을까 하는 것이 많은 나라의 정부와 보험업계의 중요한 관심사이기도 하다.

생명보험의 경우에는 어떨까? 생명보험을 샀다고 해서 자신의 목숨을 가볍게 여기지는 않을 것이므로 상대적으로 도덕적 위태는 별로 없을 것으로 추측할 수 있다. 그러나 생명보험의 경우에도 도덕적 위태에서 자유롭지 못하다. 생명보험의 보험금은 사망자가 아닌 유족과 같은 타인에게 지급되기 때문에 때로는 불미스러운 살인이나 사고가 유발되기도 한다. 또한 자살로 인한 보험금 지급을 방지하기 위해서, 자살의 경우에는 생명보험을 지급하지 않거나, 지급을 하더라도 보험계약 후 일정 기간 동안에 발생하는 경우에는 예외로 하는 조건을 붙이기도 한다. 사실상 역사적으로도 생명보험과 관련된 도덕적 위태는 심각한 수준이어서 종종 생명보험이 금지되기도 했다.

도덕적 위태라는 이름

도덕적 위태라는 표현은 도덕과 위태의 결합으로 만들어진 용어인데 이 두 단어는 주의 깊게 살펴볼 필요가 있다. 우선 위태의 영어 표현은 해저드(hazard)로서 불어의 hasard/hasart에서 따온 것인데 이는 원래 주사위 놀이나 도박을 의미했다(Baker 1996; Rowell and Connelly, 2012). 이 불어는 그 전에 중세 아랍어 야사라(yasara)에서 나온 말이라고 하는데 야사라 역시 주사위 놀이의 의미를 내포했다. 즉 위태라는 말은 주사위 놀이를 의미하는 것이었는데, 그 의미가 도박에서의 운이나 불확실성 등으로 확대되고, 16세기 이후에 손실의 위험이나 위태의 의미로 사용되게 되었다고 한다(Online Etymological Dictionary, 2017).

영어의 모랄(moral)이라는 용어는 우리 말로 도덕적이라고 번역하지만 이를 이해하기 위해서는 어원적 고찰이 유용하다. 우선 도덕적이라는 말은 '윤리적 혹은 타인에게 적절하게 행동하는'이라는 의미가 있다. 이는 라틴어 모랄리스(moralis)에서 유래된 것인데, 모랄의 현대적 의미이기도 하다. 그런데 과거에 모랄은 사람의 기질이나 성격에 기인하는 것이라는 또 다른 의미로도 사용되었다. 이는 라틴어 모스(mos)에서 유래된 용어라고 한다. 모스는 태도, 관습, 습관, 실용 등의 의미로도 사용되었는데, 법이나 신에 의해 정해지는 것이 아니라 사람의 의지, 변덕, 심성에 의해 정해진다는 의미였다(Rowell and Connelly, 2012).

이 두 번째 의미의 모랄이 중세와 근대 유럽에서 사용되었다. 자본주의 경제학의 시조로 알려진 애덤 스미스는 도덕 철학자(moral philosopher)였는데, 사람의 의지에 의해 움직이는 실용적인 경제학을 도덕 철학자가 연구했다는 것은 모랄의 이중적인 뜻을 알면 이해하기 어렵지 않다. 또한 도덕과학(moral science)은 현대적인 표현으로는 사회과학(social science)에 해당한다. 경제학은 도덕과학의 분과라고 할 수 있는

데 또 다른 중요한 분과는 바로 통계학, 즉 보험계리다. 다니엘 베르누이가 상트페테르부르크에서 발표한 효용의 개념을 도덕적 기댓값(moral expectation)으로 부른 이유도 효용이 윤리적으로 고귀하다는 의미가 아니라 효용이 사람의 심성에 따라 정해진다는 의미다.

통계학은 끝내지 못한 도박의 상금 나누기에서 시작되었다. 도덕과학자들이 확률과 통계를 세상에 드러내고 보험에 적용시킨 것이 도박에서의 확률 계산에서부터였다. 주사위 놀이가 위태의 어원이고, 보험이 도덕적 계산의 결과라면 그러한 도덕과 위태가 함께 엮인 단어인 '도덕적 위태'가 보험에서 나오는 것은 당연하다 하겠다. 이를 두고 법학자 베이커(Baker, 1996: 248)는 "어떠한 단어의 조합이 심각하고 과학적이며 대단히 적절한 — 진정으로 도덕적인 — 보험산업의 근거를 더 잘 표현할 수 있을까?("What combination of words could better signify the serious, scientific, and highly proper—indeed "moral"—grounding of the insurance enterprise?")라고 논평한다.

도덕적 위태라는 용어는 언제부터 사용되었을까? 베이커 등에 따르면, 1862년 발간된 『미국화재보험안내서(*American Fire Insurance Guide*)』에서 처음 사용한 것으로 확인된다고 한다. 도덕적 위태는 아니어도 도덕성 위험(risk of a moral character)과 같은 표현은 그 이전에 영국에서 사용되고 있었다고 한다(Ducat, 1865. Baker, 1976 재인용).

1867년판 『애트나화재보험핸드북가이드(*Aetna Guide to Fire Insurance Handbook*)』는 도덕적 위태가 사람의 기질(character)과 유혹(temptation)에 기인한다는 점에 주목한다(Baker, 1996). 화재보험이 야기하게 될 유혹에 넘어갈 수 있는 사람의 기질을 미리 찾아내는 것이 중요한 점으로 소개되었다. 예를 들면 보험가입자가 좋은 습관을 갖고 있는지, 또 오랜 거주자인지 혹은 뜨내기인지, 사업가의 경우라면 사업의 수익성이 어떤지 등을 통해 보험가입자의 기질을 판단하고 있다. 아울러 보험계약은 보험가입자가 손실의 발생으로 이익을 내려는 유혹이 발생하지 않도록 설계되어야 함을 강조한다. 또한 많은 보험금은 정상적인 사람에게도 범죄 동기를 유발시킴으로써 도덕적 위태를 증가시킬 수 있음을 지적한다.

그런데 기질과 유혹에 따른 도덕적 위태는 현대적 용어로는 구분해서 부른다. 기질은 그 사람의 유형에 해당하며, 유혹은 인센티브, 즉 동기 부여를 의미한다. 따라서 기질에 따른 문제는 역선택이라 부르며, 도덕적 위태는 유혹에 따른 문제에 국한해 부른다. 즉, 도덕적 위태가 처음 회자되던 시점에는 역선택이란 용어는 사용되지 않았고, 도덕적 위태의 개념 안에 포함되어 사용되었던 모양이었다.

도덕적 위태가 화재보험을 중심으로 논의가 된 반면, 역선택은 생명보험 분야에서 주목했다. 역선택의 개념은 19세기 말에 정립되기 시작했는데, 건강이 나쁜 사람들이 건강한 사람보다 생명보험을 사려는 경향이 더 높다는 점을 지적했다(McClintock, 1892; Dawson, 1894). 도덕적 위태와 역선택이 모두 언급된 것은 1922년이 되어서였다(Patterson, 1922).

경제학에서는 헤인즈(Haynes, 1895)가 처음으로 보험 구매에 따른 도덕적 위태에 대해 언급한 것으로 알려져 있는데, 이 도덕적 위태는 역선택이 포함된 것이었다. 이후 나이트(Knight, 1921)는 도덕적 위태를 기업의 형태를 설명하는 데 이용했는데, 합명회사와 같은 파트너십(partnership) 기업 형태의 경우, 기업 규모가 커짐에 따라 증가하는 도덕적 위태의 문제를 적절히 통제하기 어렵기 때문에 주식회사가 유리한 기업 형태가 된다는 점을 주장했다. 경제학자들이 도덕적 위태의 중요성을 인지하고는 있었지만, 본격적인 논의는 1960년대 들어 애로우(Arrow)와 폴리(Pauly)가 시작했다고 볼 수 있다. 애로우(1963)는 논문에서 건강보험에서 도덕적 위태로 인한 과잉 진료로 이어짐으로써 시장의 실패를 초래한다고 보았다. 그 대안으로 공적건강보험과 의사의 직업 윤리의 확립 등을 제안했다. 이 논문에 대한 비판을 통해 폴리(1968)는 공적건강보험은 도덕적 위태에 따른 문제를 해결할 수 없음을 주장하고, 보험가입자가 손실의 일부를 떠안게 하는 부분보험이 해결책임을 강조했다.

도덕적 위태의 (보험적 그리고 근본적) 해결 방법

도덕적 위태가 발생하는 근본적인 이유는 사람의 행동이 끼치는 손실이 당사자가 아닌 남에게 전가되기 때문이다. 따라서 이러한 행동을 방지하거나 줄이는 것이 해결 방안이 될 것이다. 해결 방안은 크게 두 가지로 생각해볼 수 있다. 첫 번째 방법은 정보를 얻는 것이다. 상대방의 행동에 대한 정보를 얻고 도덕적 위태의 행동이 밝혀지면 그에 적절한 벌칙을 부과하면 될 것이다. 사고가 나면 보험회사에서 사고 경위를 조사하거나 보험 사기 여부를 조사하는 것 등이 이에 해당한다.

두 번째 방법은 계약의 설계를 적절히 함으로써 도덕적 위태로 인한 비용을 낭사자가 감수하게 하는 방법이다. 화재보험의 경우 화재로 인한 손실액을 전부 보상하지 않고 일부만 보상해주면, 화재로 인한 손실을 어느 정도는 보험가입자가 감당하게 되므로 화재 예방에 주의를 기울이게 될 것이다. 폴리가 제안한 부분보험이 바로 여기에 해당한다. 보험업계에서 주로 사용하는 부분보험의 형태는 크게 보험금 공제(deductible)와 공동보험(coinsurance)이 있다. 보험금 공제는 사고 손실액이 일정 한도를 넘을 경우에만 그 초과분에 대해서 보상하는 방법이며, 공동보험은 손실액의 일정 비율을 보험가입자가 감당하게 하는 방법이다.

위 두 방법의 근거는 이해하기 어렵지는 않지만 현실적으로 완전하게 도덕적 위태를 해결하기는 어렵다. 첫 번째 방법인 정보의 획득은, 가능하기만 하면 도덕적 위태의 근본적인 문제를 해결할 수 있을 것이다. 다만 정보의 획득에는 비용이 들기 때문에 정보를 완벽히 얻기는 어렵다. 따라서 비용과 효과를 대비해서 적정한 정보 획득의 수준을 정해야 할 것이다. 두 번째 방법인 부분보험은 위험을 공유함으로써 도덕적 위태의 문제를 완화하고자 하는 것이다. 도덕적 위태는 손실을 타인에게 전가하고 본인은 그 위험을 감당하지 않을 때 발생하는 것이기 때문에 부분보험을 통해 위험의 일부를 감당하게끔 함으로써 문제를 해결하고자 하는 것이다. 이 방법 역시 도덕적 위태를 완전히 해결하지는 못한다. 도덕적 위태를 완전히 해결하기 위해서는 위험을 전부 당사자가 부담하게끔 해야 하는데 이는 보험을 제거해야 가능한 것이다. 그 경우에는 보험의 순기능까지도 막아버리기 때문에 이 또한 바람직한 것은 아니다. 가장 좋은 방법은 보험의 순기능과 도덕적 위태의 역기능을 비교해 적절한 수준의 위험 공유를 정하는 것이다.

다른 관점에서 도덕적 위태의 해결 방안을 좀 더 생각해보면, 위에서 언급한 첫 번째 방법은 도덕적 위태의 행동이 포착되면 그에 따라 처벌할 수 있다는 것을 전제로 한다. 처벌은 계약 내에서 자율적으로 이뤄질 수도 있지만, 종종 법, 제도와 공권력에 의존하게 된다. 보험 사기가 대표적인 예다. 우리는 일반적으로 보험 사기를 공권력이 해결해야 하는 범죄의 부류에 포함시킨다. 하지만 보험 사기를 도덕적 위태의 일부로 본다면 도덕적 위태 중 어느 부분을 법으로 해결해야 하고 어느 부분을 당사자 간에 해결해야 하는지 구분하는 것이 항상 명확하지는 않다. 한편 위의 두 번째 해결 방법은 주로 계약 내에서 위험을 공유하는 식으로 도덕적 위태를 해결하는 것인데, 이러한 계약하에서도 도덕적 위태는 발생할 수 있다. 그럴 경우, 이를 처벌해야 하는지 역시 명확한 것은 아니다. 왜냐하면 이미 위험 공유라는 장치를 통해 도덕적 위태를 받아들인 것이므로 도덕적 위태에 대한 처벌은 이중 처벌의 가능성이 있다. 위의 관찰은 법과 보험의 관계에 대한 좀 더 심각한 고찰이 필요함을 느끼게 한다.

도덕적 위태의 확장

현대 사회에서는 사람들이 끊임없이 서로 관계를 맺고 협동하고 갈등한다. 이러한 사람들 사이의 관계는 명시적(explicit) 혹은 암묵적(implicit)인 계약의 관점에서 설명하는 것이 종종 편리할 때가 있다. 이러한 계약들은 위험의 공유나 전가를 내포한다. 위험의 내포 역시 위험 헷지나 보험 계약처럼 명시적일 수도 있지만, 물건의 구매나 타인에 대한 신뢰처럼 암묵적일 수도 있다. 물건을 구매하는 경우에는 그 물건이 약속한 기능을 제대로 수행할 것이라는 기대를 갖는 것인데, 구매 행위는 물건의 기능이 기대에 부응할지에 대한 위험을 감수하는 것이다. 타인에 대한 신뢰 역시 그 타인이 내가 기대하는 행동이나 결과를 가져올지에 대한 위험을 감수하는 것이기도 하다. 이렇듯 위험의 전가와 공유는 사회관계에 있어 빼놓고 생각할 수 없는 기제다.

도덕적 위태가 위험 전가에 따른 인간의 이기적인 본능에서 발로하는 현상이라면, 도덕적 위태는 보험시장의 범위를 벗어나 모든 사회적 관계와 계약의 경우에 확대 적용되는 것은 놀라운 일이 아닐 것이다. 여기서는 몇 가지 예를 살펴보도록 하자.

기업

우선 기업을 생각해보자. 우리는 위에서 도덕적 위태가 합명회사나 주식회사 같은 기업의 형태를 설명하는 중요한 요소임을 언급했다. 이는 기업 이론의 범주에 들어가는 얘기인데, 이에 대해서는 추후에 다시 논의하므로 여기서는 생략한다. 그 대신 좀 미시적으로 기업 관련 계약관계에 초점을 맞춰 살펴보도록 한다. 기업은 여러 이해관계자가 다양한 명시적이거나 암묵적인 계약으로 엮인 것으로 해석할 수 있다. 이러한 계약의 집합체인 기업이니만큼 정보의 문제 또한 도처에 존재한다. 경영자는 기본적으로 외부 투자자의 자금을 운영하고 그 수익을 배분해야 할 책무를 띠고 있다. 주주에게는 배당과 자본이득으로, 채권자에게는 이자와 원금을 갚아야 할 책무가 있다. 그러나 외부의 투자자는 경영내부를 제대로 알 수 없기 때문에 경영자의 도덕적 위태가 발생할 여지가 많다. 이러한 점은 애덤 스미스도 『국부론』에서 지적한 바 있는 주식회사의 기본적인 도덕적 위태의 문제다. 우리는 위에서 도덕적 위태를 해결하는 방안은 크게 두 가지라고 했다. 첫 번째 방법인 정보의 획득과 벌칙의 예는 회계의 외부 감사, 사외이사제도, 경영자의 법적 의무, 주주 소송과 같은 다양한 법적 주주권 등을 들 수 있다. 두 번째 방법인 위험의 공유는 경영자에게 부여하는 성과 보너스나 주식/옵션 인센티브 등을 들 수 있다. 물론 이러한 노력은 언제나 미완성이다. 1997년 한국의 외환위기나 2008년 금융위기 등의 경제적 위기 시에 가장 많이 나오는 단어가 도덕적 위태임은 놀라운 일이 아니다.

기업에서의 도덕적 위태는 경영자에게만 국한된 것은 아니다. 채권자는 기업에 자금을 빌려주면 채무 불이행의 위험을 안게 된다. 기업이 사업을 잘 영위해서 차입금을 갚으면 좋지만, 그렇지 못할 경우에는 채무 불이행의 사태에 빠지게 된다. 문제는 기업 그리고 주주는 유한 책임을 진다는 점이다. 따라서 기업의 채무 금액이 기업가치보다 큰 경우에는 채권자는 그 차이의 손실액을 감당해야 한다. 기업과 주주의 입장에서는 손실을 채권자에게 떠넘기는 것이므로 도덕적 위태가 발생할 여지가 생긴다. 채권자는 채무 불이행의 비극적 결과가 나오기 전에 스스로를 보호하려는 장치를 하게 된다. 예를 들어 기업의 파산 시 자신의 권리를 가능한 한 우선 순위로 올려놓는 것이다. 또 다른 보편적인 방법은 이자를 정기적으로 지급하게 하는 것이다. 이자를 꼬박꼬박 갚으면 자금력이 어느 정도 있는 것으로 판단한다. 만약 이자를 갚지 못할 경우에는 채권자는 기업 경영에 직접 관여할 법적 권리가 발동된다. 만기까지 손놓고 기다리면 기업의 자금이 더욱 나빠질 위험이 있으니 미리 개입하여 자신의 권리를 보호하는 장치로 해석할 수 있다.

경영자는 투자자와만 계약관계에 있는 게 아니라 기업 내부의 노동자와도 계약관계에 있다. 노동자는 경영자의 지시와 권위에 따라 일을 수행하지만, 경영자 역시 그에 합당한 보상을 해줘야 한다. 기업이 어려울 때 월급을 주지 않거나 손쉽게 해고를 하는 경우는 기업의 위험을 노동자에게 떠넘기는 것이다. 기업이 인수합병될 때 노동자를 해고하는 경우 역시 주주의 이익을 보호한다는 명분으로 노동자에게 기업의 위험을 떠넘기는 것이다. 이러한 위험의 전가가 얼마나 계약에 반영되어 있는지에 관해서는 항상 갈등의 소지가 있다. 주주의 이익과 노동자의 이익의 우선 순위는 명확하게 정해지지 않는다. 노동자에게 위험을 전가할 수 있다는 점은 경영자나 주주의 도덕적 위태를 유발할 수 있다. 그럼에도 노동자는 상대적 약자의 지위에 있기 때문에 주주나 경영자의 도덕적 위태에 적극적으로 대응하기 어렵다. 그 결과 노동자의 권리 보호는 많은 부분 노동조합과 법을 통해서 이뤄진다.

기업 사이의 계약이나 인수합병의 경우에도 도덕적 위태를 통제하려는 목적이 있을 수 있다. 예를 들어 한 완제품 제조기업이 하청업체로부터 부품을 납품받아 제품을 생산하는 경우, 하청업자는 이 부품을 생산하기 위해서는 고가의 시설을 설치해야 한다고 해보자. 만약 하청업체가 이 시설에서 생산하게 될 부품을 이 완제품 제조기업 외에 다른 기업에는 팔 수 없는 경우라면, 시설을 설치한 후에 하청업체는 (그 기회를 이용하려는) 완제품 제조기업에 예속될 가능성이 있다. 만약 그러한 예속을 하청업체가 원하지 않아 시설 투자를 하지 않게 되면 완제품 제조기업에도 손해가 발생할 것이다.

이를 해결하는 방법 중 하나는 두 기업 간에 장기 계약 등을 통해 도덕적 위태를 예방하는 것이다. 즉 일정 기간 동안 일정한 가격으로 일정량의 부품을 구매하도록 계약하는 것이다. 또 다른 방법은 완제품 제조기업이 하청업체를 인수하여 병합하는 것이다. 이렇듯 생산 단계에 있는 기업 간의 결합을 수직적 결합(vertical integration)이라고 하는데, 상대방 기업의 도덕적 위태로 인한 생산 차질을 방지하기 위해 사용될 수 있다. 기업이 결합되면 부품의 생산을 제조기업 내부에서 통제함으로써 도덕적 위태에 따른 문제를 통제할 수 있다.

사회안전망

20세기 이후는 사회보험을 포함해 사회안전망을 확보하는 것이 정부의 중요 책무로 여겨지는 시대다. 사회안전망의 기본 원리는 사회적으로 불이익을 받는 계층의 손실을 사회 전체에 넘기는 것이므로, 보험의 원리가 적용된다. 그리고 도덕적 위태가 따라온다. 사회보험의 중요한 축인 국민건강보험을 생각해보자. 폴리가 언급한 바와 같이 사회보험이라고 해서 도덕적 위태가 해결되지는 않기 때문에 과잉 진료를 완전히 없애기는 어렵다. 이러한 도덕적 위태는 결국 건강보험료의 증대로 이어지게 된다. 만약 도덕적 위태가 전혀 통제되지 못한다면 보험료는 걷잡을 수 없을 정도로 커질 수도 있다. 건강보험이 치료비의 100%를 보상해주지 않는 이유는 바로 도덕적 위태에 대한 염려 때문이다. 또한 보험이 적용되는 약이나 치료 방법 등에 제한을 두는 것도 크게는 도덕적 위태를 통제하기 위한 것이다. 고용보험이 일정 기간만 보험금을 지급하고 일자리 탐색을 요구하는 것 역시 도덕적 위태를 통제하고자 함이다.

그런데 사회보험에서의 도덕적 위태의 통제는 한 번 생각해볼 것이 있다. 건강보험에서의 도덕적 위태는 사회보험이라고 해서 없어지지는 않으며, 어떤 의미에서는 민영보험이 더 잘 통제할 의지가 있다. 위에서 살펴본 다양한 해결 방법을 동원해서 보험가입자에게 도덕적 위태 행위의 비용을 부과할 수 있기 때문이다. 사회보험에서 건강보험을 다루는 제일 중요한 목적은 국민의 기본권인 건강권을 사회적으로 보장해주기 위함이다. 건강권의 보장을 민영보험에 맡기면, 도덕적 위태를 해결하기 위한 방법들을 통해 보험가입자에게 위험을 넘기기 때문에, 때로는 사회적 약자에게 필요한 보장이 이뤄지지 않을 수 있다. 이런 관점에서 보면 역설적으로, 국민건강보험은 도덕적 위태를 해결하기 위해서 존재하는 게 아니라, 도덕적 위태를 해결하지 않기 위해 존재한다고 볼 수 있다. 과도한 도덕적 위태의 해결은 기본권의 과도한 침해라는 부작용을 일으키기 때문이다.

공적부조 역시 부조금 수준이 낮거나 혜택의 수준이 낮은 이유 중 하나는 도덕적 위태를 방지하고자 함이라 할 수 있다. 이때의 문제는 도덕적 위태의 심각성과 손실(혹은 낮은 소득)의 보상 중 어디에 더 중점을 둘 것이냐에 있다. 특히 사회안전망의 주요 관심 대상은 가난하거나 치료비가 부족한 사람들이기 때문에 도덕적 위태의 잣대를 심하게 적용하면 이들의 고통은 심각해질 것이다.

사회안전망의 기본 정신이 위험과 손실을 사회가 공유하는 것이라면 이는 도덕적 위태 역시 감수하겠다는 것이기도 하다. 어느 수준의 도덕적 위태를 감수해야 할지는 사회의 포용성(tolerance)과 연대성(solidarity) 등에 따라서도 달라질 것이다.

금융시장

금융시장은 도덕적 위태의 온상이라 해도 과언이 아니다. 그 이유는 금융의 본질 자체를 생각하면 알 수 있다. 금융의 기본은 채권자가 채무자에게 돈을 빌려주고 일정 기간 후에 상환받는 부채 거래다. 여기에 두 가지 도덕적 위태를 초래할 요인이 있다. 하나는 부채 거래의 목적물이 돈이라는 것이고, 다른 하나는 일정 기간이 지나야 된다는 것이다. 돈이라는 것은 이동이 자유롭고 어떠한 물건으로도 교환이 가능하며 소유주의 꼬리표가 달려 있지 않다. 채권자는 이렇게 자유롭게 변신하는 돈을 일정 기간 동안 남에게 주고 기다려야 한다. 그 기간 동안 채무자는 마음만 먹으면 언제든지 그 돈을 들고 잠적할 수 있다.

따라서 법이나 제도적인 장치가 없다면 부채 계약은 가까운 친지나 지인들 사이에서나 가능할 것이다. 모르는 남남들 사이에서는 부채 계약이 성사되기 어려울 것이며, 만약 성사된다면 채무 변제는 순전히 채무자의 양심에 달린 것이다. 역사적으로 법이나 제도가 적절한 역할을 하지 못할 때 부채노예가 성행했음을 생각해보면 부채 계약의 어려움을 이해할 수 있을 것이다.

현대에 와서 다양한 금융 법규와 제도가 정비되면서 금융시장과 기능이 점점 더 확대되어왔다. 슘페터와 같은 학자는 자본주의의 본질을 금융시장에서 찾기도 한다. 금융시장의 무한한 확장성이 자본주의의 모습을 대변하는 것이다. 20세기 후반 들어 금융의 폭발적 성장과 새로운 금융기법이 개발되면서 금융시장이 확대되었지만, 불행히도 도덕적 위태의 그림자도 같이 커지고 확장되어왔다.

금융시장의 확대는 부채 거래의 확대와 더불어 도박의 확대와 함께 이뤄진다. 모든 정보가 공유되는 경제학적으로 이상적인 세상에서 금융의 역할은 실물 경제를 반영하고 자금흐름의 교통 정리를 하는 장치에 불과하다. 금융시장에서 (남들보다 더 큰) 이익을 (꾸준히) 얻는 것은 불가능한 것이다. 금융 투자를 통해 이익을 얻는다는 것은 금융시장이 이상적인 세상이 아니라야 가능하다. 불행히도 이상적이 아닌 금융시장이란 정보 비대칭으로 인한 도덕적 위태가 만연한 시장이라 할 수 있다. 금융시장을 확대시킨 부채와 도박 그리고 도덕적 위태의 삼박자는 궁극적으로 금융위기를 향해 달려가게 되어 있다. 도덕적 위태는 끊임없이 제3자에게 손실을 떠넘기는 형태로 나타난다. 그리하여 종국에는 금융과는 별 상관 없던 일반인이 그 손실을 감내하는 결과를 가져온다. 이는 종종 구제금융이나 금융안정화라 불리며 경제를 위기에서 구하기 위한 결단으로 묘사된다. 우리가 1997년 외환위기나 2008년 금융위기에서 보았던 바로 그 현상이다.

중앙은행과 예금보험

중앙은행은 국가의 통화를 발행하고 통화정책을 수행하는 기관이다. 통화의 중요성에 비추어 중앙은행은 대체로 국가 기구로 운영된다. 현대와 같은 중앙은행 시스템은 1694년 영국은행(영란은행, Bank of England)에서 시작되었다. 영국은행은 일단의 상인들이 국왕에게 자금을 빌려주고 그 대가로 국정화폐를 발행할 독점권을 얻으면서 설립되었다.

중앙은행은 통화를 발행하고 관리하는 일이 주요 업무인데, 19세기 후반 이후 금융의 안정성을 위한 최후의 대부자(lender of last resort) 역할을 수행해왔다. 최후의 대부자 역할이란 현금이 필요한 은행이나 금융기관에 중앙은행이 통화와 유동성을 공급해줌으로써 통화와 금융의 안정성을 제고하는 것을 말한다. 중앙은행이 최후의 대부자 역할을 한다는 것은 은행들에는 유동성에 대한 보험을 갖고 있는 것과 마찬가지다. 일반적으로 은행은 예금주에게서 받은 예금액의 일부를 제3자에게 대출을 해주고 이자를 받아 이익을 올린다. 이러한 것을 소위 부분지급준비제도(fractional reserve banking)라고 부른다. 부분지급준비제도하에서는 은행들은 예금받은 금액보다 적은 금액을 은행에 비치해두고 있기 때문에, 예금주들이 한꺼번에 예금 인출을 한다면 그 은행은 지급할 현금이 부족하게 될 것이다. 평상시에는 예금주들이 동시에 예금을 인출하는 경우가 없기 때문에 문제가 생기지 않지만, 금융위기가 발생하는 경우에는 불안한 예금주들이 앞다투어 예금을 인출하고자 한다. 이러한 경우 은행은 자금 부족 사태에 직면하고 중앙은행이 최후의 대부자로서 자금을 대여해주게 되는 것이다.

이와 같이 최후의 대부자 역할은 은행 시스템의 안정적인 운영을 위한 보험이라 할 수 있다. 그런데 여기에 도덕적 위태가 발생한다. 은행은 안정적으로 대출을 하기보다는 성공 시 수익성은 높지만 위험이 큰 대출을 감행할 여지가 생기기 때문이다. 모든 은행이 비슷한 행동을 보이게 되면, 금융 전체로는 금융 불안을 키우는 경우도 발생할 것이다.

예금주 역시 최후의 대부자가 존재한다면 은행의 신용도에 상대적으로 덜 신경을 쓰게 될 것이다. 이러한 점 역시 도덕적 위태의 모습을 갖고 있다. 더욱이 현대의 은행 시스템은 예금보험(deposit insurance)이라는 보험장치를 통해 예금주들을 일정 범위 내에서 보호하고 있다. 예금보험이란 은행이나 보험회사 등 금융기관이 지급불능을 겪거나 파산하는 경우에 예금주나 보험가입자들에게 정해진 금액까지는 보장해주는 것을 말한다. 이러한 장치는 예금주들에게 안전장치를 제공해주는 보험기능을 해준다. 여기에 수반되는 도덕적 위태는 금융기관이 예금 유인을 위해 과도한 이자를 약속한다든가, 위험이 높은 대출을 한다든가 하는 것과 아울러 예금주들이 부실한 금융기관임을 알고도 높은 이자 지급을 약속받고 예금을 하는 경우를 들 수 있다.

비슷한 경우를 소위 대마불사(too-big-to-fail)에서도 찾아볼 수 있다. 대마불사란 기업이 시장 전체에 미치는 영향력이 크면 그 기업이 망하게 놔두기 어렵다는 점을 일컫는 말이다. 대마불사는 일반 기업보다는 대규모 금융기관, 특히 은행에 적용되기 쉬운데, 그 이유는 대규모 은행이 문을 닫으면 자금결제 시스템의 마비와 수많은 예금주와 관련 투자자들에게 엄청난 피해를 안겨주기 때문이다. 대마불사 역시 기업의 크기와 파괴력이 그 기업에 대한 보험 역할을 하고 있는 것으로 해석할 수 있다. 대마불사를 믿고 대기업이 과도한 위험을 추구하는 부작용, 즉 도덕적 위태를 종종 관찰할 수 있다.

직업 윤리

현대 사회에서 우리는 수많은 인증이나 자격증의 홍수 속에서 살고 있다. 여기서의 인증이라 함은 KS처럼 국가 혹은 단체가 일정한 품질을 공인하는 경우와 의사, 변호사 등과 같은 전문가 집단의 자격증도 포함된다. 이러한 인증 자체는 뒤에서 살펴보는 역선택의 해결 방안이기도 하지만, 한편으로는 정기적으로 재인증을 받아야 하거나, 전문가 집단이 제정한 식업 윤리 규정을 지켜야 한다는 점 등은 도덕적 위태를 방지하고자 하는 노력으로 생각할 수 있다. 경제학자 애로우가 건강보험의 도덕적 위태의 해결 방안으로 제안한 것 역시 이러한 윤리 규정이었다. 경제학에서는 도덕적 위태가 도덕성과 관련이 없다는 점을 강조하지만, 윤리 규정의 제정은 도덕적 위태의 해결 방법을 도덕성의 회복에서 찾고 있는 것이다. 한동안 잊혀졌던 도덕성의 중요성이 다시 소환되고 있다.

도덕적 위태와 도덕성

도덕적 위태에서 도덕적이라는 것의 어원에 이중적인 의미가 있다는 것은 이미 언급했다. 그러나 그것이 도덕적 위태가 도덕성과 관련이 없다는 것은 아니다. 보험시장에서 도덕적 위태는 끊임없이 도덕성과 연관되어 논의되었다. 그런데 경제학으로 오면서 도덕적 위태는 도덕성과 관련이 없는 것처럼 간주되어버렸다. 폴리(1968)는 건강보험에서의 도덕적 위태를 논하면서 도덕적 위태는 도덕적 불충(moral perfidy)의 결과가 아니라 합리적인 경제적 행동의 결과임을 주장했다. 비록 애로우(1968)가 답신에서 합리적 행동이라고 해서 도덕적 불충이 아니라고 할 수는 없다고 반박했으나, 경제학의 주류는 애로우의 반박이 아니라 폴리의 주장을 받아들였다.

필자는 이에 대해 두 가지 상반된 느낌이 있다. 우선은 폴리의 주장대로 도덕적 위태를 항상 도덕성의 문제로만 간주할 수는 없다는 점이다. 도덕적 위태의 해결을 개인의 도덕성에만 맡기거나 도덕적으로 비난만 하고 기다리는 것은 바람직하지 않다. 도덕적 위태는 개인의 합리적인 행동의 결과이므로, 동기 부여 등의 도구를 통해 효율적으로 통제하려는 노력이 필요하다.

다른 한편으로는 애로우의 말에 공감할 뿐만 아니라 사실 좀 부족하다고 느낀다. 폴리가 얘기하는 합리적인 경제적 행동이란 자신에게 이익이 되는 것을 정확히 계산해서 행동하는 이기적인 것을 말한다. 즉 합리적이고 이기적으로 자신의 몫을 챙기는 것은 도덕성과 무관하다는 주장이다. 이러한 주장은 지극히 비상식적인 것으로 보인다. 왜냐하면 사리 분별을 못하는 어린아이나 지적 장애인에게 도덕성의 잣대를 들이대지는 않기 때문이다. 오히려 도덕성 문제가 발생하는 때는 합리적으로 사고할 수 있는 사람이 자신의 이익만을 챙기려고 할 때인 것이다.

합리적이고 이기적인 행동이야말로 도덕성 문제를 일으킬 가능성이 크다. 도덕적 위태가 항상 도덕성의 문제라고 할 수는 없겠지만, 합리적이고 이기적이기 때문에 도덕성과 관련이 없다는 해석은 경제학 사고의 단순성을 보여주는 단면이다. 이러한 사고 방식은 도덕적 위태에 대해 죄의식을 느끼지 않게끔 만드는 부작용이 수반된다.

합리적이고 이기적인 행동이라는 것이 도덕성을 면제해주는 것은 아니다. 그리고 경제학에서 원하는 바와는 달리 사람들은 도덕적 위태를 도덕성과 결부시킨다. 합리적 이기심과 도덕성은 동일한 1차원적 직선상의 양 끝점에 있는 것이 아니다. 이들은 다차원적인 인간 속성의 요소들인 것이다. 인간의 행위는 도덕적 판단에서 자유로울 수 없다.

보험과 도박

많은 보험학 교과서에는 보험과 도박을 반대 개념으로 설명하고 있다. 그러나 보험과 도박은 수학적으로나 경험적으로도 구분이 명확히 되지는 않는다. 보험이 도박으로 이용되어온 것은 이미 고대 로마시대에서도 발견된다. 그러한 이유로 종종 보험계약은 도박으로 간주되어 금지되곤 했다. 우리가 지금 보험을 도박과는 다른 것으로 인식하게 된 것은 당연한 것이 아니라, 보험을 도박과 분리시키고자 했던 사회적, 특히 보험업계의 노력의 결과다. 여기서는 그 근대적 노력의 단면을 살펴보고자 한다.

영국은 1745년 해상보험법(Marine Insurance Act)과 1774년 생명보험법(Life Assurance Act)을 제정했다. 이 법들의 주요 목적은 보험이 도박으로 사용되는 것을 금하고자 하는 것이었다. 1774년 생명보험법은 흥미롭게도 도박법(Gambling Act)이라고도 불린다. 이 법들에서는 그 용어를 직접 사용하지는 않았으나, 피보험 이익(insurable interest)의 개념을 정립하게 되는데 이 개념은 이후 보험시장에 막대한 영향을 주게 된다. 피보험 이익이란 용어는 1806년 영국의 재판에서 처음 사용되었다고 한다.

피보험 이익이 존재한다는 것은 보험 대상에 사고가 일어났을 때 보험수익자의 입장에서 피해가 있어야 함을 의미한다. 즉, 사고가 안 났다면 보험수익자가 얻는 혜택이나 이익이 있었을 텐데, 사고로 인해 피해가 생기게 되는 것이다. 이 법들은 피보험 이익이 없으면 보험이 무효임을 규정했다. 또한 보험 대상의 사고로 인해 내가 입는 피해액 이상의 보험 담보 역시 무효다.

피보험 이익은 지금도 적용되는 중요한 개념으로, 내가 어떤 보험을 가입하고자 한다면 그 보험 대상과 관련된 피보험 이익이 있어야 가능하다. 예를 들어 나와 관련 없는 제3자의 사망은 나에게 피해를 주는 것이 아니므로 그 사람에 대한 생명보험을 내가 가입할 수는 없다. 손해보험의 경우도 마찬가지로 나와 상관 없는 집의 화재보험을 내가 가입할 수는 없다. 또한 내 집의 화재보험을 가입했다고 해도 집의 가치 이상으로 과도하게 보험금을 받는 것은 제한된다.

18세기 피보험 이익의 개념이 도입된 배경에는 보험을 도박의 수단으로 이용하는 경향에 대한 반작용이었다. 당시 도박으로서의 보험은 해상보험과 생명보험 등 모든 분야에서 발견되었다. 그 대표적인 예가 해상보험의 선구자였고 한동안 독점적인 지위를 누려왔던 로이즈였다. 영국의 해양 세력의 확장과 더불어 로이즈는 호황을 누렸으나 1760년대 후반 7년전쟁이 끝나면서 해상보험의 수익성 또한 감소했다. 이에 로이즈의 보험자들이 과도한 이익 보장이나 증류주인 진(gin)의 음주사망 위험 보장 등 도박성 계약을 첨가하면서 로이즈는 도박장으로 비난을 받기에 이르렀다. 이러한 도박성에 반발한 일군의 보험자들이 1769년 기존의 로이즈에서 나와 새로운 로이즈 커피하우스(New Lloyd's coffee house)를 만들고 도박 없는 보험을 인수하기에 이르렀다(Lloyd's, 2017).

당시 보험의 도박성을 보여주는 일례를 보자. 1771년 로이즈 보험 상품 중 하나는 당시에 런던에 거주하던 프랑스 군인인 데옹(Chevalier D'Eon)의 성(性)이 여성이면 보험금을 지급한다는 도박이었다고 한다(Clark, 2002). 데옹을 여성으로 확신한 보험가입자가 보험금을 받기 위해 1777년 소송까지 이르게 되었다. 비슷한 소송이 다음해 다시 일어나자 재판관인 맨스필드(Mansfield)는 데옹의 성에 대한 모든 도박을 무효화하기에 이르렀다.

타인의 생명에 대한 도박 또한 사회적 비난거리였다(Clark, 2002). 한 예로 1770년 두 귀족의 아들들이 서로 친구였는데, 자신의 아버지가 먼저 사망할 경우 상속 재산으로 상대방의 빚을 대신 갚아주는 내기를 하기로 했다. 그런데 두 아버지의 나이가 스무 살 이상 차이가 났으므로 나이를 감안한 공정한 도박금을 산정하는 과정에서 의견이 좁혀지지 않아 이 둘의 도박은 성립되지 않았다. 그런데 이를 지켜본 제3자가 대신 도박에 참여하게 되었는데, 추후에 도박금 지급에 대한 소송이 진행되었다. 이 소송이 세간에 알려지면서 목숨을 담보로 하는 도박에 대한 사회적 비난이 심해졌다. 18세기 후반의 해상보험법과 생명보험법은 이러한 사회적 분위기 속에서 제정되었다.

보험과 도박은 구조적으로 별 차이가 없기 때문에 이 둘을 근본적으로 구분하려는 노력은 설득력이 떨어진다. 예를 들어 보험은 손실에 대한 보상이고 도박은 이익을 추구한다든가, 생명보험은 저축이고 도박은 투기라는 것은 지금도 종종 들을 수 있지만 그다지 설득력이 있는 것이 아니다. 보험과 도박의 구분은 근본적인 것이 아니라 제도적인 것이다(Baker, 1997). 즉 도박이라는 것은 보험이 하지 않는다는 것이다. 보험업계는 이러한 제도적 구분을 위해 끊임없이 노력해왔다. 보험법을 통해 도박과 도덕적 위태를 보험에서 배제하려는 노력 역시 보험이 도박과는 다르며 도덕적으로 우월하다는 인식을 심어주는 데 도움을 주었다. 이러한 노력의 결과로 서구에서도 19세기 말 이후 보험이 도박과는 다른 것이라는 인식이 자리 잡기 시작했다.

보험과 도박이 이제는 완전히 구분되는 것일까? 불행히도 때때로 일어나는 사건들은 보험과 도박은 본질적인 면에서 다르지 않다는 점을 상기시켜준다. 생명보험과 도박의 구분은 정산시장(settlement market)의 도입으로 의미가 퇴색되었다. 정산시장이란 생명보험 계약자가 제3자인 투자자에게 자신의 보험증권을 팔 수 있는 시장을 말한다. 정산시장의 도입은 생명보험 계약자가 치명적인 병에 걸렸을 때 자신의 보험을 팔아서 치료비에 이용할 수 있게 하자는 의도에서 도입되었다. 일반적으로 해약을 할 경우에 보험계약자가 받을 수 있는 금액은 매우 적기 때문에, 투자자에게 높은 금액을 받고 보험을 팔 수 있다면 보험계약자에게 유리한 점이 있다. 한편 그 투자자는 생명보험 계약자가 사망할 때에 보험금을 대신 받게 된다. 혹은 구매한 보험증권을 시장에서 다른 투자자에게 또 팔 수도 있다. 문제는 생명보험을 구매한 투자자는 더 이상 피보험 이익을 갖고 있지 않다는 점이다. 보험계약자에게 자신의 보험을 처분할 권리를 준다는 점에서 긍정적인 측면이 있기는 하나, 투자자에게는 타인의 목숨에 도박을 거는 것이다.

또 다른 예를 들어보자. 기업들은 경영자뿐 아니라 일반 피고용인의 생명보험을 기업을 보험금 수령인(보험수익자)으로 해서 가입할 수 있다. 이러한 보험은 청소부보험(janitors insurance)이라고도 하는데, 기업소유생명보험(corporate-owned life insurance, COLI)의 일종이다. 보험 가입의 근거는 피고용인의 사고나 사망으로 인해 기업이 입을 손해에 대한 보상이라는 것이다. 가입 당시에서는 피보험 이익이 인정될 수 있지만, 피고용인이 퇴사한 후에도 보험은 유지되며 당사자와의 논의 없이도 보험 가입이 가능하다는 점에서 미국에서 한동안 도덕적 논란이 되었다

(Sandel, 2012). 정산시장이나 청소부보험의 문제점은 타인의 생명을 투자와 도박의 대상으로 삼는다는 도덕성 문제다.

보험이 도박으로 이용되는 예는 생명보험뿐만이 아니다. 2008년 금융위기를 증폭시킨 역할을 한 신용부도스왑(credit default swap, CDS)은 채무자의 부도로 인한 채권 투자 손실에 대해 보상해주는 보험계약이다. 그런데 전통적인 보험이 아니라 자유롭게 매매가 가능한 증권의 형태로 발행되었기 때문에 투자 손실과 무관한 제3자가 그 보험을 갖고 있을 수 있다. 여기서도 피보험 이익은 무시되고, 보험이 도박의 대상이 된 것이었다.

보험의 이름으로 여전히 행해지는 현대의 도박은 18세기 영국에서 금지했던 도박과 다르지 않다. 이러한 사실에 비추어본다면 보험이 도박과 다르다는 인식은 본질적인 것에 기인하지도 않고 또, 제도적인 것에 기인하지도 않는다. 그저 보험시장이 일반인에게 심어준 하나의 환상일지도 모른다.

도덕적 위태는 쌍방에서 가능하다

도덕적 위태는 보험업계가 보험가입자의 위험 증가 행동에 주목하면서 제기한 주제였다. 그러나 도덕적 위태의 문제는 계약 쌍방에서 발생할 수 있는 문제다. 보험가입자는 추후에 사고가 생길 경우 보험금의 보상을 기대하면서 보험자에게 보험료를 먼저 지불한다. 보험자는 보험금 지급의 약속을 지킬 의무가 있다. 이는 마치 부채 계약에서 채무자가 빚을 갚아야 할 의무가 있는 것과 같다. 사실상 보험가입자는 채권자, 보험자는 채무자의 지위를 갖는다. 일반 부채 계약에서는 채무자의 도덕적 위태에 초점이 맞춰져 있는데, 보험계약에서는 채권자의 도덕적 위태에 초점이 맞춰져 있는 것은 아이러니가 아닐 수 없다.

채무자인 보험자의 가장 중대한 도덕적 위태는 사고가 났을 때 보험금을 지급할 자금이 부족한 경우다. 이를 보험용어로 지급 불능(insolvency)이라고 부른다. 부채 계약에서 채무자의 채무 불이행과 같은 경우다. 지급 불능은 예를 들어 자산을 방만하게 운용하거나 보험 위험을 잘못 계산해서 발생할 수 있다. 보험 기간이 길수록 이러한 도덕적 위태의 문제는 커질 수 있다. 우리는 1997년 외환위기와 같은 경제위기 때 보험회사들이 문을 닫는 경험을 했다. 서구에서도 마찬가지로 금융위기나 경제위기 때 보험회사들이 문을 닫는 경우를 종종 볼 수 있다.

또 하나의 중요한 도덕적 위태는 보험 관련 정보를 왜곡해 해석하여 보험가입자에게 피해를 주거나 보험금을 지급해야 함에도 불구하고 이런저런 이유로 지급하지 않는 경우다. 금융 관련 소비자 불만 중 대다수가 보험 분야임을 생각해보면, 이러한 도덕적 위태가 적지 않음을 짐작하게 한다. 최근의 자살 관련 재해사망보험금 지급 관련 분쟁에서 보험회사들은 약관에 명시된 지급 규정조차 지키지 않는 행태를 보이면서 보험자의 도덕적 위태에 대해 다시 한 번 경종을 울리는 계기가 되었다.

보험가입자의 도덕적 위태를 지적하면서 보험자 스스로의 도덕적 위태는 무시한다면 주장의 도덕성을 인정받을 수 없을 것이다. 보험가입자의 도덕적 위태만큼이나 보험자 스스로의 도덕적 위태를 통제하려는 노력을 같이 기울여야만 보험업계의 신뢰가 쌓일 것이다.

보험계약의 경우에 보험가입자뿐 아니라 보험자의 도덕적 위태 역시 문제가 될 수 있는 것처럼, 기타 다른 사회 관계나 계약에서도 도덕적 위태는 양쪽에 존재할 수 있다. 기업 이익의 하락이 노동자의 도덕적 위태에 기인하는지 아니면, 주주나 사용자의 무모한 투자 결정이라는 도덕적 위태에 기인하는지 정확히 알 수는 없다. 또한 관계가 서로 복잡하게 얽혀 있으면 도덕적 위태의 문제는 선의의 제3자에게 영향을 주기도 한다. 금융위기 시에 평범한 국민이 그 피해를 떠안게 되는 것에서 그 예를 찾아볼 수 있다.

맺음말

도덕적 위태는 사람들이 사회생활을 하면서 늘 우리의 주변에 있어왔던 문제였다. 협동을 하거나 계약을 하는 경우 우리는 타인에게 좋든 싫든 의존하게 된다. 이러한 의존은 도덕적 위태를 잉태한다. 어쩌면 도덕성이라는 것이 도덕적 위태를 방지하기 위해 나온 개념일지도 모른다. 경제학에서 도덕적 위태를 합리적인 행동이라고 정의한다고 해서 도덕성의 문제와 분리되는 것은 아니다.

도덕적 위태에 대해서는 경제학적 연구가 중요하고 의미가 있지만, 연구 결과의 해석에는 주의가 필요하다. 그 이유는 경제학은 편의를 위해 단순화된 제약과 가정을 전제로 모형을 분석하기 때문에 복잡한 현실을 다 고려하기 어렵기 때문이다. 이를테면 경제학은 인간은 이기적이며, 결과만을 중시하고, 또 금전적인 것만을 신경 쓴다는 등의 가정을 한다. 예를 들어 도덕적 위태를 줄이기 위해서는 인센티브가 필요한데, 경제학에서는 이 인센티브를 금전적인 것으로 표현된다. 이 결과를 해석할 때 인센티브는 반드시 금전적인 것으로만 해야 한다고 해석하면 이는 오류인 것이다. 또한 경제학적 분석은 효용함수가 사고 전과 후에 동일하다고 가정하지만, 심각한 사고 후에 효용 자체에 변화가 생길 수도 있다(Hong and Seog, 2014). 한편 병원 치료를 받을 때 치료 의사 결정은 환자가 정하는 게 아니라 상당 부분 의사의 몫이다. 전문 지식이 부족한 환자는 의사를 신뢰하고 따를 수밖에 없다(석승훈, 2010; Finkelstein, 2014). 이 점이 의사의 윤리성이 중요해지는 이유이기도 할 것이다(Arrow, 1963).

경제학에서는 건강보험 구입 후 진료의 증가가 도덕적 위태로 측정되고 비효율성을 야기한다고 해석하지만, 추가적인 치료로 인해 좀 더 효과적인 치료방법의 적용이나 새로운 질환의 발견과 치료로 이어질 수도 있다. 즉 치료비의 증가라는 것이 반드시 비효율성을 의미하는 것은 아니다(Seog, 2012). 또한 모든 사람이 경제학적 합리성으로 의사결정을 하는 것도 아니다. 따라서 단순한 경제학적 결과를 현실에 적용할 때 현실의 복잡성을 고려하지 않으면 잘못된 처방을 내리기 쉽다.

어쩌면 도덕적 위태를 가능한 한 없애야 하는 어떤 것으로 간주하는 것 자체가 더 큰 문제를 일으킬 수도 있다. 사회는 서로 의지하고 신뢰하면서 유기적 통합을 이루는 곳이다. 서로 불신하고 의존 없이 각자 살아가면 도덕적 위태를 없앨 수 있겠지만 이는 바람직한 사회 모습은 아닐 것이다. 부모가 자녀의 도덕적 위태를 완전히 해결한다고 해서 좋은 가정이 되는 것은 아닐 것이다. 결국은 도덕적 위태란 없애야 하는 게 아니라 어느 정도까지 허용해야 하느냐의 문제일지 모른다. 어느 정도의 도덕적 위태를 허용해야 좋은 사회라 할 수 있을까? 사회적 약자에게 주는 도움을 도덕적 위태를 문제 삼아 거부한다면 이를 좋은 사회라 할 수 있을까? 이러한 일이 일어나면 사회적 연대와 신뢰라는 더 큰 가치는 훼손될 것이다. 좋은 사회의 척도는 도덕적 위태가 얼마나 적으냐가 아니라, 얼마나 많은 도덕적 위태를 포용할 수 있느냐에 달려 있을 수 있다. 더 나아가 사회적 특권층의 도덕적 위태는 통제하고, 약자의 도덕적 위태는 포용하는 사회가 좀 더 바람직한 사회가 아닐까. 도덕적 위태를 이유로, 감당하기 어려운 고통을 받게 되는 사람이 사회적 약자라면 이는 안타까운 일이다. 소위 갑질이라는 것의 상당 부분은 강자가 약자의 도덕적 위태를 해결한다는 명목으로 자행되는 것임을 상기하자.

제8장

위험과 역선택

여기서는 도덕적 위태와 더불어 또 하나의 중요한 정보 문제인 역선택(adverse selection)에 대해 살펴보자. 앞에서 언급한 바와 같이, 도덕적 위태는 상대방이 내가 원하는 대로 행동하지 않기 때문에 손해가 발생하는 경우를 말하고, 역선택이란 상대방의 상태나 유형을 내가 알 수 없는 상황에서 상대방이 거짓말을 함으로써 손해가 발생하는 경우를 일컫는다. 도덕적 위태의 대상인 행동은 상황에 따라 여러 가지 이름으로 나타날 수 있는데 예를 들면 노력, 작업 강도, 투자 결정, 주의 등의 이름으로 불릴 수 있다. 역선택의 대상인 유형 역시 상황에 따라 위험 수준, 능력, 성실성, 생산성 등의 이름으로 불릴 수 있다.

무엇으로 불리든 간에 도덕적 위태와 역선택을 구분하는 중요한 잣대는 당사자가 임의로 변경할 수 있느냐 여부다. 도덕적 위태는 당사자가 그 행동을 결정할 수 있는 반면, 역선택은 당사자가 이미 갖고 있는 유형이라 임의로 변경하지 못한다는 것이다. 따라서 동일한 이름이라도 경우에 따라서는 도덕적 위태나 역선택으로 분류될 수 있다. 예를 들어 위에서 도덕적 위태의 예로 노력을 언급했지만, 만약 노력을 얼마나 하느냐가 그 사람의 주어진 습성에 따른 것이라면 이때는 역선택의 문제가 되는 것이다. 물론 현실적으로 유형과 행동은 서로 영향을 주고 얽혀 있어서 명확히 구분하기 어려울 순 있다. 여기서는 역선택에 집중해서 살펴보도록 한다.

역선택의 개념

우리는 앞에서 도덕적 위태가 처음 회자되었을 때 역선택을 포함한 개념으로 사용되었음을 말했다. 결국 도덕적 위태나 역선택은 둘 다 상대방을 속이는 행위이므로 동일한 도덕적인 문제로 간주했다고 해서 놀라운 것은 없다. 역선택은 생명보험 분야에서 주목하기 시작했다. 생명보험을 구입했다고 해서 자신의 목숨을 고의로 더 위태롭게 하는 경우를 생각하기는 어렵기 때문에, 손해보험에서 염려하는 것처럼 사고 위험을 증가시키는 도덕적 위태의 문제는 발생하지 않는다. 물론 생명보험에서도 도덕적 위태는 발생하는데, 타인의 생명에 대한 도박이나 보험 사기의 경우에 발생한다. 생명보험에서의 정보 문제는 건강이 나쁜 사람들이 건강한 사람보다 생명보험을 사려는 경향이 더 높은 반면, 보험자는 이 둘을 구별하지 못한다는 점에서 발생한다.

물론 역선택의 문제는 생명보험만의 문제는 아니고 손해보험에서도 발생할 수 있다. 좀 더 일반적으로 표현하자면, 보험자가 고위험자(high risk)와 저위험자(low risk)를 구별하지 못할 때 역선택이 발생한다. 다음의 간단한 예를 통해 역선택의 문제를 살펴보자.

생명보험에 가입하고자 하는 사람이 있는데, 그 사람의 건강 상태를 보험자가 알 수 없다고 해보자. 보험자의 입장에서 건강 상태가 나쁜 사람은 고위험자로, 건강 상태가 좋은 사람은 저위험자로 분류된다. 만약 위험의 유형을 알 수 있다면 고위험자에게는 높은 보험료를 부과하고, 저위험자라면 낮은 보험료를 부과하면 보험가입자의 입장에서도 공정하므로 불만이 없을 것이다. 그런데 위험 유형을 알 수 없다면 보험자의 입장에서는 두 위험의 평균 정도를 계산해서 보험료를 책정하게 될 것이다. 그런데 문제는 이 평균적인 보험료는 위험 유형에 따라 다르게 느껴진다는 점이다. 고위험자에게는 자신의 위험에 비해 싸다고 느끼고, 반대로 저위험자에게는 비싸게 느껴질 것이다. 그에 따라 저위험자는 보험에 가입하지 않는 반면, 고위험자만 보험에 가입하는 결과가 생길 수 있다.

그런데 평균 보험료는 고위험자와 저위험자 모두 가입할 때를 상정해서 책정된 것이기 때문에, 고위험자만 보험에 가입한다면 보험자의 입장에서는 손해를 보게 된다. 이에 대응하여 보험자는 결국 보험료를 올리게 될 것이다. 물론 그 경우에도 고위험자는 제값을 주는 것이므로 여전히 보험에 가입할 것이다.

이상의 예에서 알 수 있는 역선택의 문제는 보험료를 정확히 조정하지 못한다면 보험자는 손실을 입게 된다는 점이다. 물론 장기적으로 위험에 따라 조정하면 되겠지만 최소한 단기적으로는 손실을 입게 된다. 역선택의 문제가 해결되지 못해 보험자의 손실이 지속되면 보험시장에서 아예 철수할 수도 있다.

두 번째의 문제는 저위험자가 보험 가입을 하지 않는다는 점이다. 보험 가입을 안 한다는 것은 위험 전가의 혜택을 포기함을 의미한다. 보험자나 저위험자 모두 가격만 맞으면 보험 거래를 하고자 함에도 불구하고 정보 문제로 인해 불가능하게 된다. 이는 사회 전체적인 관점에서 손실이라고 할 수 있다. 경제학적 표현으로는 시장의 실패라고 하는데, 이는 시장이 수요자와 공급자를 제대로 연결해주지 못함으로써 비효율성이 발생하는 경우를 일컫는다.

경제학적으로 역선택의 문제가 아컬로프(Akerlof, 1970)가 중고차 시장에서의 역선택 문제를 다루면서 본격적으로 시작되었다. 보험시장에서의 역선택이 보험자가 고위험자와 저위험자를 구별 못해서 생기는 문제라면, 중고차 시장에서는 중고차의 품질이 고품질인지 저품질인지 구매자가 구별하지 못해서 생긴다. 위의 보험시장 예와 마찬가지로 역선택으로 인해 저품질의 중고차만 거래가 되고 고품질의 중고차는 시장에서 퇴출하는 비효율성이 발생한다.

역선택의 (보험적 그리고 근본적) 해결 방법

역선택의 해결 방안도 도덕적 위태의 해결 방안과 비슷하다. 첫 번째 방법은 역선택의 근본적 이유는 정보의 부재이기 때문에 이의 해결을 위해 정보를 얻는 것이다. 보험계약을 할 때 보험가입자는 자신의 위험 상태를 보험자에게 알리도록 되어 있다. 생명보험이나 건강보험을 들 때에는 과거 병력이나 현재 어떤 병이 있는지 등 정보를 적게 되어 있다. 손해보험에 가입할 때에도 사고의 위험과 관련된 정보를 알려줘야 한다. 이를 계약 전 알림 의무 혹은 고지 의무라고 부른다. 틀린 정보를 적거나 중요한 사실을 감추면 보험계약은 무효가 될 수 있다.

정확한 사실을 정직하게 밝혀야 한다는 것은 보험계약의 특성상 매우 중요한 요건이다. 이를 특별히 최대신의성실(utmost good faith, uberrima fides)이라고 부른다. 통상적으로 계약 당사자들 사이에는 신의성실(good faith, bona fides)의 원칙이 적용되는데, 이는 서로에게 공정하고 정직하게 대해야 한다는 원칙이다. 보험계약의 경우에는 '최대'라는 수식어가 첨가됨으로써 일반적인 신의와 성실보다 더 높은 수준의 신의성실이 요구된다. 이러한 용어의 사용은 보험에서 정보의 중요성을 간접적으로 보여주는 것이라 할 수 있다. 이 원칙은 주로 역선택과 관련하여 언급되기는 하지만, 도덕적 위태의 경우 역시 적용된다고 볼 수 있다. 도덕적 위태의 행동도 결국은 상대방에게 정보를 속이기 때문에 문제가 되는 것이기 때문이다.

물론 보험가입자에게 정확한 정보를 요구하는 것과는 별도로 보험자가 직접 정보를 얻는 것도 가능한 방법이다. 건강보험에 가입할 때 건강검진을 하게 하는 것이 그 방법에 해당한다. 때로는 보험가입자가 자신의 위험에 대해 잘 모를 수도 있기 때문에 보험자가 전문적인 지식을 동원해 위험의 수준을 직접 정하는 경우도 있다. (물론 이때는 보험가입자 역시 정보를 알지 못하므로 역선택의 경우는 아니다.)

보험가입자의 위험에 관한 정보를 얻으면 보험자들은 위험 수준에 따라 보험가입자들을 분류하는데 이를 위험 분류(risk classification)라고 부른다. 보험자들은 위험 분류를 기준으로 보험료를 정하고 보험을 관리하게 된다.

두 번째 해결 방법은 계약의 적절한 설계를 통해 보험가입자가 진실을 밝히도록 하는 방법이 있다. 경제학에서는 이 방법을 크게 두 종류로 구분한다. 하나는 스펜스(Spence, 1973)가 제안한 신호전달(signaling)이고, 또 다른 하나는 로스차일드와 스티글리츠(Rothschild and Stiglitz, 1976)가 제안한 걸러내기(screening) 방법이다. 신호전달은 정보를 알고 있는 보험가입자가 자신의 정보를 밝힘으로써 자신에게 유리한 계약을 체결할 수 있을 때 하는 방법이다. 걸러내기 방법은 정보를 모르는 보험자가 계약의 설계를 통해 보험가입자의 정보를 걸러내는 방법을 말한다. 보험시장에서는 걸러내기 방법이 더 의미 있는 것으로 여겨진다. 또 한 가지 언급할 점은 신호전달과 걸러내기의 용어가 가끔 혼용되기도 한다는 점이다. 신호전달이 좀 더 넓은 의미로 사용되어 걸러내기를 포함하는 의미로도 사용되는 듯하다.

신호전달은 자신의 유형에 관한 정보를 상대방에게 전달하는 것을 말한다. 예를 들어 내가 담배를 피우지 않는다면 그 사실을 보험회사에 알리는 것을 말한다. 그러데 정보 전달이 손쉽게 된다면 애초에 역선택의 문제가 존재하지도 않았을 것이다. 따라서 신호전달의 의미가 있는 경우는 손쉽게 신호전달이 되지 않는 경우, 즉 비용이 발생하는 경우다. 또 하나 중요한 점은 내가 저위험자라는 사실을 전달하는 데 있어 고위험자가 따라 할 수 없도록 해야 한다는 점이다. 예를 들어 그저 나는 담배를 피우지 않는다고 말하는 것은 고위험자도 그대로 따라 할 수 있기 때문에 신호전달의 의미가 반감된다는 것이다. (물론 보험회사는 그러한 것을 고지하게 한 후 추후에 거짓으로 판명 나면 벌칙을 가하는 식으로 정보 공개를 유도할 수는 있는데 이는 앞에서 다룬 사항이므로 중복해서 언급하지 않도록 하자.)

따라서 신호전달은 비용을 가능한 최소로 들이면서 다른 유형의 사람이 따라 하지 못하게 해야만 효율적인 것이 된다. 스펜스(1973)는 이러한 상황을 노동자가 취업하는 경우를 상정해서 논의하고 있는데, 학력이 높다는 것을 신호전달의 방법으로 해석하고 있다. 다만 여기서 학력이 높다는 것은 학업을 통해 능력을 증가시키는 것과는 무관하고, 그저 학업 비용을 증가시키는 행위를 의미한다. 고학력이 능력의 증대와 무관하게 신호전달의 방법이 되는 이유는 능력이 낮은 사람은 낮은 임금을 받을 확률이 높기 때문에 학업 비용을 지출하는 것은 손해가 나기 때문이다. 이를 보험시장에 유추해보자면, 예를 들어 건강보험 가입 시에 비흡연자임을 병원 검사를 받아 증명서를 제출하면 보험료를 감면해준다고 한다면, 비흡연자만이 검사 비용을 부담하면서라도 검사를 받을 것이다. 신호전달을 통해 유형이 구분되긴 하지만, 신호전달 비용이 능력이 높은 사람에게 발생한다는 점에서 역선택의 비효율성이 완전히 사라지지는 않는다.

걸러내기는 경제학에서 종종 메뉴 방식이라고도 하는데, 다음과 같은 것을 말한다. 예를 들어 보험계약자에게 보험자가 두 종류의 계약을 제시하고 (즉 메뉴), 그중 하나를 고르라고 한다고 해보자. 이때 하나의 계약은 (단위당) 보험료가 비싸지만 위험 보장은 많이 하는 반면, 다른 하나는 보험료는 싸지만 위험 보장은 적게 하도록 한다. 두 계약의 설계를 적절히 함으로써 고위험자는 보험료가 비싸도 보장이 많은 계약을 선호하고, 저위험자는 위험 보장이 적지만 보험료가 낮은 걸 선호하게끔 할 수 있다. 그 이유는 저위험자에 비해 고위험자가 상대적으로 보험료 대비 위험 보장에 더 민감하기 때문이다.

도덕적 위태의 계약 설계를 통한 해결 방법과 비교해보면 구체적인 내용에는 차이가 있긴 하지만 공통점이 있다. 위험이 일정 부분 보험가입자가 감당한다는 점이다. 도덕적 위태의 경우에는 위험을 증가시키는 행동에 따른 벌칙의 방법으로 부분보험이 이용되는 반면, 역선택의 경우에는 위험을 구분하기 위한 방법으로 부분보험이 이용된다.

도덕적 위태의 경우와 마찬가지로 정보의 획득과 계약 설계의 방법 모두 완전히 역선택을 해결하지는 못한다. 정보 획득에는 비용이 들고, 계약 설계 방법 역시 부분보험이 이용됨으로써 완전한 위험의 헷지가 이뤄지지 못한다. 이러한 해결 방안들은 부분적으로 역선택의 문제를 완화하는 것이다. 위험 분류 역시 완벽하게 위험을 구분하는 것은 아니므로, 동일한 분류에 속한 보험가입자들의 위험이 동일하지는 않다. 한편 역선택의 피해는 대체로 저위험자(좋은 유형)에게 귀착된다. 신호전달 비용을 감당하거나 걸러내기에서 부분보험을 감수하는 유형은 저위험자인 것이다. 또한 분류의 부정확성으로 인해 저위험자가 고위험자로 분류되어 피해를 입는 것 역시 비용이라 할 수 있다.

한편 역선택을 대하는 보험회사의 태도는 도덕적 위태와는 사뭇 다르다. 도덕적 위태는 심한 경우 보험 사기로 분류되어 법적인 처벌을 요구한다. 그에 비해 역선택은 보험을 무효로 함으로써 보험금 지급을 금지하는 정도로 그친다. 아마도 도덕적 위태는 적극적인 행위가 수반되기 때문으로 보이는데, 역선택보다 도덕적 위태의 경우에 더 심각하게 도덕성을 문제 삼는 것으로 보인다.

역선택의 확장

도덕적 위태가 보험 분야를 벗어나 사회 전반에 설명력을 갖고 있는 것처럼 역선택 역시 마찬가지다. 다양한 사회적 관계와 계약관계에서 도덕적 위태의 문제만큼이나 역선택의 문제도 다양하다.

기업

스펜스가 역선택의 해결책으로 신호전달을 제안했을 때 기업이 노동자를 고용하는 노동시장을 상정했듯이, 역선택은 기업과 관련해서 빼놓을 수 없는 고려 사항이다. 스펜스의 논문에서처럼 학력이 실력과 직접 관련이 없는 경우에도 신호전달의 의미가 있는 것이라면, 좋은 학교를 우수한 성적으로 졸업하는 것이 실력과 직접 관련이 있는 것으로 해석되는 현실에서는 학력이야말로 중요한 신호전달이다. 최근에는 학력만으로도 모자라서 다양한 자격증 획득으로 자신의 능력을 나타내고자 한다. 기업에서도 우수한 직원을 뽑기 위해 다양한 방법으로 정보를 얻고 분류하기 위해 심혈을 기울인다.

때로는 신호전달의 부정확성의 비용이 커질 수도 있다. 예를 들어 학생이 높은 학점을 얻을 목적으로 이미 알고 있는 내용의 수업을 듣는다면 개인적으로는 신호전달의 의미가 있겠지만, 사회적으로는 낭비의 결과를 가져올 수 있다. 또한 자격증을 과도하게 따는 것 역시 개인적으로는 신호전달의 의미가 있을지 모르지만 사회적으로는 의미가 없을 가능성이 있다.

물론 기업과 관련된 역선택의 문제는 노동시장에 국한되지 않는다. 다른 예로 품질보증을 들 수 있다(Seog, 2010). 기업이 상품을 만들어 소비자에게 팔았다고 해보자. 경우에 따라서는 상품의 품질을 소비자가 제대로 알기 어렵다. 오랫동안 사용해야 하는 텔레비전이나 냉장고 같은 내구재나 의사의 진료와 같은 경우는 하자가 뒤늦게 발견될 수도 있다. 사실 보험상품도 이러한 부류에 속하는데, 보험 구매 당시에는 보험상품의 품질을 직접 확인할 수 없고 사고가 난 후에야 보험상품의 품질을 제대로 알게 될 것이기 때문이다.

이런 상품의 품질에 불확실성이 존재하면 소비자는 구매를 꺼려하거나 가격을 낮추려 할 것이다. 이러한 때에 기업은 자신의 상품에 품질보증을 해 신호전달을 할 수 있다. 즉, 제품에 하자가 있으면 무상으로 보상해주는 약속을 통해 상품의 품질에 대한 신호를 전달할 수 있다. 물론 경우에 따라서는 품질이 나쁜 경우에도 사후의 하자 보수 비용이 덜 든다면 품질 보증을 할 수는 있다. 이런 경우에는 품질 보증으로 품질을 분류하지는 못하더라도 소비자에게 돌아가는 피해는 없어지므로 그 자체로도 의미는 있게 된다.

만약 고품질의 상품을 생산하는 기업의 입장에서 자사 상품이 저품질의 상품과 구별되길 원한다면, 저품질의 상품이 따라 할 수 없을 정도의 보상 방안을 마련하면 될 것이다. 장기적으로는, 다른 기업이 따라 하지 못하도록 제품에 대한 명성(reputation)과 신뢰를 얻는 것도 중요한 방안이 된다. 명성과 신뢰는 단기간에 쌓아지는 것이 아니므로 새로운 진입 경쟁 기업과 차별 짓는 중요한 수단이 될 것이다. 성공한 기업들이 소비자 우선이나 신뢰 혹은 품질을 앞에 내세우는 이유는 다른 기업과의 차별을 강조하는 것인데, 이는 역선택의 관점에서 신호전달의 의미로도 해석할 수 있다.

한편 기업은 자본을 조달하고 그 자본을 바탕으로 사업을 영위하는 조직이다. 그런데 기업에 자본을 기탁하는 자본가들은 주식(지분) 혹은 부채의 형태로 자금을 대여한다. 이때 기업의 수익성이나 파산 위험 등을 고려해서 대여 가격을 정한다. 주식이라면 발행 가격에 반영되고, 부채라면 이자율에 반영된다. 기업의 수익성이 낮을 것 같으면 낮은 주가나 높은 이자를 부과해야 할 것이다. 그런데 여기서 역선택의 문제가 발생한다. 경영자는 기업의 미래 수익성에 대해 잘 알지만 외부의 자본가는 잘 알지 못하기 때문이다. 어떻게 기업의 수익성을 더 정확히 알아내서 대여 가격에 반영시킬 수 있을까가 자본가의 주요 관심사가 된다. 이에 대한 접근법 중 위에서 본 바와 같이 하나는 정보를 획득하는 것인데, 투자설명회나 실물 조사 등을 통해 수익성 정보를 얻는 것이다. 이러한 조사를 전문적으로 하는 기관을 통해 자문을 구하는 것도 방법인데, 증권회사, 신용평가회사, 회계법인이나 법무법인 등이 그러한 역할을 담당한다.

그러한 정보 획득과는 별개로 자금 조달 방법이 주식의 형태냐 혹은 부채의 형태냐에 따라 기업의 수익성에 대한 신호전달이 될 수 있다. 그 이유는 주식의 형태라면 구 주주가 미래의 수익을 새 주주와 비례대로 나눠야 하는 방식이며, 부채의 형태라면 원리금 이상의 미래의 수익은 모두 구 주주에게 귀속된다. 따라서 구 주주의 입장에서는 미래의 수익성이 좋다면 부채의 형태로 자금을 조달하는 것이 유리할 것이고, 수익성이 나쁘다면 주식의 형태로 자금을 조달하는 것이 유리하다. 이러한 자금 조달의 선호도를 경제학에서는 자금조달 우선순위(pecking order)라고 부른다. 외부 자본가가 현명하다면 이러한 기업의 자금 조달 방법으로부터 수익성을 유추할 수 있을 것이다. 물론 자금 조달의 이유는 다양하므로 주식 발행은 좋고 부채 발행은 나쁘다는 등식이 성립하지는 않지만, 역선택을 통해 기업의 자금 조달을 이해할 수 있다.

사회안전망

사회보험은 역선택의 문제에 대처하는 방안으로 이용될 수 있다. 건강보험의 도덕적 위태를 고찰할 때 사회보험으로도 도덕적 위태를 해결할 수는 없음을 지적했다. 그런데 역선택의 경우에는 사회보험이 좀 더 의미가 있다. 건강보험에서 역선택 문제는 도덕적 위태만큼이나 심각할 수 있다. 건강이 나쁜 사람은 건강이 좋은 사람에 비해 보험을 가입하고자 하는 인센티브가 강하다. 만약 건강보험을 민영보험회사가 판매한다면, 보험회사는 위에서 언급한 다양한 방법으로 위험 정보를 얻고 위험을 분류함으로써 대응할 수 있다.

그런데 정작 중요한 문제는 그다음에 발생한다. 만약 보험가입자에게 과거 병력이 있거나 현재 병이 있으면 보험을 살 수 없을 것이다. 그런데 건강이라는 것은 국민의 삶의 질 측면에서 기본권으로 인식되고 있다. 만약 건강보험이 없다면 병원 치료비를 스스로 감당해야 하는데, 중대하거나 장기 간병이 필요한 질환의 경우라면 웬만한 가정에서는 감당하기 어려운 부담이 된다. 여기서의 문제는 위에서 살펴본 바와 같은 역선택이 초래하는 문제라기보다는 역선택에 대응하는 민영보험회사의 대응 방안이 초래하는 문제다.

이러한 문제는 사회보험을 통해 해결할 수 있다. 사회보험은 사회의 관용과 연대라는 보험의 기본 정신에 입각하여 과거 병력이나 현재 병이 있어도 상호 부조의 이름으로 보험의 풀 안에 포함시키는 것이다. 혹자는 사회보험이 역선택을 해결하는 것으로 보기도 하지만, 역선택을 해결하는 것은 사실상 사회보험이 아니라 민영보험이다. 사회보험은 역선택을 포용하는 것일 뿐 역선택을 해결하는 것은 아니다.

사회 건강보험의 예는 역선택을 해결하는 것보다 포용하는 것이 사회적으로 바람직할 수 있음을 보여주는 것이다. 비슷한 예를 도덕적 위태의 경우에서도 언급했다. 도덕적 위태나 역선택의 해결 방안으로 앞에서 살펴본 것들은 사실은 개인적인 이해관계에서의 해결 방안이다. 때로는 이기적인 해법보다 포용하는 것이 사회적으로는 더 중요할 수 있다.

사회안전망의 한 축인 공적부조도 역선택 관련 이슈로 종종 관심을 받는다. 공적부조는 사회적 약자에게 도움을 주는 것인바, 상대적으로 약자가 아닌 사람에게 부조가 가면 정작 필요한 사람에게 돌아가는 몫이 부족한 상황이 발생할 수 있다. 이에 따라 소득 수준 등의 수급 자격에 대한 조사가 필요하다. 물론 어느 정도의 소득 수준까지 수급 자격을 부여해야 하는지에 대해서는 이견이 있을 수 있다.

그런데 그와는 별도로 경우에 따라서는 보편적 복지라는 측면에서 수급 자격을 조사하지 않고 줘야 한다는 의견도 있다. 수급 자격을 따지지 않는다는 것은 대상을 분류하지 않는다는 것인데, 이는 역선택을 허용한다는 것으로서 경제학적으로는 바람직하지 않다. 그럼에도 이를 주장하는 사람들은 분류하는 것 자체가 사회적 약자에게 박탈감과 자괴감을 준다는 이유를 든다. 이러한 분류에 따른 간접적인 비용은 일반적인 경제학에서는 고려하지 않는 사항이다. 경제학이 이러한 비용을 추가로 고려한다면, 분류에 따른 약자의 심리적·사회적 박탈감과, 분류를 했다면 가능했을 약자에게 지급될 더 많은 지원금 간의 적정한 타협점을 찾고자 할 것이다. 어찌 됐든 그 결과는 위에서 살펴본 역선택의 해결 방안과는 차이가 날 것이다. 사회안전망은 역선택을 단순히 해결하는 것뿐 아니라 사회적 포용과 연대라는 또 다른 사회적 가치를 함께 고려하는 것이다.

금융시장

금융시장은 정보 문제가 만연한 곳이므로 도덕적 위태뿐만 아니라 역선택도 그에 못지않게 중요하다. 우리는 앞에서 자본시장에서 기업이 자금을 조달할 때 주식 혹은 부채의 방법이 투자자에게 어떤 신호전달의 의미가 있는지 살펴보았다. 금융시장의 또 하나의 축인 은행과 관련해서도 역선택은 중요하다. 역선택의 문제를 일반인이 가장 쉽게 느낄 수 있는 예는 아마도 은행 대출 이자율일 것이다. 은행에서 대출을 할 때에는 차입자의 위험 상태에 대한 정보가 가장 민감한 이슈다. 고위험자에게는 높은 이자를 부과해서 위험 감수에 대한 보상을 받고자 한다. 차입자가 부동산 구입 시에 돈을 빌리면 부동산을 담보로 설정하게 되는데, 차입자가 돈을 갚지 못해도 담보로 설정된 부동산을 처분해서 돈을 회수하면 되므로 이자는 매우 낮다. 담보가 없거나 위험이 높을수록 이자율은 올라간다.

또한 은행은 주기적으로 이자의 지급을 요구한다. 이자의 지급은 차입자의 재정 상태, 즉 위험에 대한 정보를 얻는 방법 중 하나다. 만약 차입자가 제때에 이자를 갚지 못하면 은행은 그 상황을 파악해서 원금을 회수할 방법을 모색하게 된다. 이자 지급은 원금을 갚을 능력에 대한 부분적인 신호전달이 되는 것이다.

그런데 때로는 이자율을 높여서 대출해주기보다는 대출을 아예 안 해주는 경우가 있다. 예를 들어 돈을 갚지 못할 확률이 매우 높다면 이자율을 아무리 높여도 원금을 회수하기 어려울 수 있다. 이는 역선택과 관련이 있는데, 이자율이 주어졌을 때 그 이자율에 비해 위험이 높은 고위험자들은 기꺼이 차입하고자 할 것이지만, 저위험자는 차입을 꺼릴 것이다. 이자율을 높이면 높일수록 더 높은 고위험자만 모여들게 된다(Stiglitz and Weiss, 1981). 이는 보험시장에서 주어진 보험료에 대해 고위험자가 더 모이는 것과 같은 이치다. 결국 은행은 이자율을 계속해서 높이기보다는 어느 정도의 이자율을 정하고 대출금의 양을 조절하게 된다. 그리고 일정 이상의 위험이 예상되면 이자율을 높여 대출하는 대신 아예 대출을 중단한다. (이자율을 너무 높이면 차입금을 갚지 않을 유인이 생기는 것도 이유가 될 수 있다.)

이러면 돈이 필요한 사람들이 은행에서 돈을 구하지 못하게 됨으로써 사금융 시장이 형성될 여지가 생긴다. 이 사금융업자들은 기본적으로 고위험자를 상대하기 때문에 높은 이자를 요구한다. 또한 고위험자는 차입금을 갚지 않을 확률이 높기 때문에 다양한 자금 회수 방법을 동원한다. 종종 사금융업자의 불법적으로 높은 이자율과 대출금 회수가 사회적 문제가 되곤 하는데, 그들이 그렇게 행동하는 근본적인 이유는 역선택과 무관하지 않다. 물론 사금융업자의 불법적인 행위가 역선택으로 다 합리화되는 것은 아니다.

인증과 자격증

우리는 앞에서 인증이나 자격증을 도덕적 위태와 관련하여 논의하면서 인증이나 자격증 자체는 역선택을 해결하는 방안이라는 점을 언급했다. 윤리 규정이 도덕적 위태를 줄이고자 하는 것이라면, 인증은 역선택의 문제를 줄이고자 하는 것이라고 할 수 있다.

의사 자격증이 있어야만 진료를 할 수 있도록 하는 것은 의학적 능력이 없는 사람에게 진료를 받게 될 경우의 피해를 줄이기 위해 최소한의 능력에 대한 정보를 주는 것이다. 분야에 따라서는 인증이나 자격증이 없어도 관련 일을 할 수도 있다. 그런 경우에도 인증은 품질이나 능력을 전달하는 신호전달의 도구로서 여전히 사용된다. 점점 더 많은 인증과 자격증이 생겨나고 있음은 세상이 점점 더 복잡해짐을 나타냄과 동시에 정보의 문제 역시 심화되고 있음을 대변한다.

때로는 인증의 신호전달 역할이 정확하지 못해서 문제가 되곤 한다. 노동시장에서 자격증의 취득은 구직자의 능력을 보여주는 것이기도 하지만 자격증 취득 자체가 목적이 되는 것으로 비춘다면 오히려 역효과를 가져올 수 있다. 개인적 차원을 벗어나, 신호전달이 국가적 차원에서 문제가 되면 사회적 혼란을 초래할 수 있다. 대표적인 예가 국민의 건강과 안전에 관한 인증이다. 국민의 건강이나 안전과 관련된 인증은 주로 정부가 책임을 진다. 설혹 공식적인 인증 자체가 필요하지 않다 해도 정부는 안전성에 대해 계속해서 추적 조사하여 안전을 확보해야 한다. 그러나 최근에 사회적 문제가 되었던 전염병의 확산이나 가습기 살균제 사태와 같은 경우에서 보듯이 정부의 무능이나 실패는 치명적일 수 있다. 복잡해지고 다변화되는 세상에서, 정보 확인과 신호전달을 담당하는 정부의 역할 수행이 점점 더 힘들어 보인다.

역선택은 쌍방에서 가능하다

역선택은 계약 상대방의 정보가 부족해서 발생하는 문제인데, 정보 부족의 문제는 쌍방에서 모두 일어날 수 있는 일이다. 보험에서의 역선택이 주로 보험가입자가 위험 정보를 제대로 알려주지 않는 문제로서 보험자가 제기해온 문제지만, 역선택은 보험자에게도 존재하는 문제다.

보험가입자의 입장에서 보험자가 야기하는 역선택은 우선 보험자의 재무 안정성과 관련이 있다. 보험계약이라 함은 보험가입자가 사고가 발생했을 때 보험자에게서 보험금을 받는 것을 약속하는 것이다. 따라서 보험자는 보험금을 지급할 재무 능력을 확보하고 있어야 한다. 그러나 보험자의 지급 능력은 동일하지 않아서, 보험금 지급 능력이 좋은 저위험자와 그렇지 않은 고위험자가 존재한다. 그런데 재무적 곤경에 처한 보험자, 즉 고위험자의 입장에서는 보험을 하나라도 더 팔아서 재원을 확보하고자 할 것이다. 즉, 고위험자인 보험자는 보험 판매의 의욕이 더 강하다고 볼 수 있다. 그리고 더 낮은 보험료를 받고라도 보험을 팔고자 할 것이다. 이런 현상은 보험계약자에게 역선택이 있는 경우, 고위험자가 보험 구매 의욕이 더 강한 것과 일맥상통한다. 보험가입자가 그러한 사실을 알지 못한다면, 싼 보험료를 내는 보험을 선택함으로써 정작 필요한 때에 보험금을 받지 못하는 사태가 발생할 수 있다. 물론 저위험자인 보험자라도 보험 판매 이후에 자산의 방만한 운용으로 지급불능에 빠질 수도 있는데, 이 점은 도덕적 위태의 관점에서 논의한 바 있다.

또 다른 역선택의 예는 보험자가 보험가입자에게 보험계약의 내용을 거짓이나 중대한 실수로 인해 부정확하게 안내하는 경우다. 그 결과 보험가입자가 원하지 않는 보험에 가입하게 될 수 있다. 이 경우의 역선택은 명시적으로 보이지는 않지만, 보험의 내용을 제대로 이해하지 못하는 보험가입자에게 거짓 정보를 주는 것이므로 역선택의 범주에 넣어도 큰 무리가 없다고 생각한다. 보험 약관의 내용이 전문적이고 또한 당장 확인되지 않는 일에 대한 것이기 때문에, 보통의 보험가입자가 보험의 내용을 정확히 이해하는 것은 거의 불가능하다. 이에 따라 보험자는 보험계약 당시에 중요한 내용을 정확하게 보험계약자에게 고지해야 할 의무가 있다. 단순히 약관에 내용이 있다는 점으로는 보험자의 의무를 면하지 못한다. 또한 약관의 내용이 애매한 경우에는 보험가입자에게 유리하게 해석해야 한다는 규제 역시 보험자의 역선택을 통제하고자 하는 노력의 결과다. 금융 분야의 소비자 불만의 대다수를 차지하는 보험 관련 불만은 보험의 불완전 판매에서 비롯되는 것이 많은 것으로 알려져 있는데, 불완전 판매라는 것이 바로 부정확한 보험 내용의 고지에서 비롯되는 것이다.

보험계약에서의 역선택을 방지하는 노력 중 하나로 최대신의성실의 원칙이 적용된다는 점을 위에서 언급했다. 이 원칙은 주로 보험가입자가 자신의 관련 정보를 보험자에게 정확하게 고지해야 함을 강조해서 논의되곤 한다. 그러나 보험가입자뿐 아니라 보험자에게도 이 원칙은 적용되어야 함을 간과해서는 안 된다. 어떤 의미에서는 보험가입자의 역선택보다 보험자의 역선택이 더 심각할 수 있다. 그 이유는 보험자는 다양한 방법으로 역선택을 통제할 능력이 있지만, 보험가입자는 그럴 능력이나 유인이 없기 때문이다. 개개인의 보험가입자가 보험자의 내부 정보를 정확히 알 수도 없지만 알기 위해 노력하는 것에도 한계가 있기 때문이다. 이러한 이유로 보험자의 역선택이나 도덕적 위태와 같은 정보 문제의 해결은 대체로 정부 기구나 유관 단체에 의존하게 된다. 이러한 기구들이 제 역할을 다할 때에야 보험시장이 효율적으로 작동할 수 있을 것이다.

순선택

역선택이 보험자에게 본질적으로 문제가 될 수 있음은 부인할 수 없지만, 보험자가 역선택 문제를 해결하지 못한다고 할 수도 없다. 정보의 획득과 계약의 조정을 통해 보험회사들은 보험계약자의 역선택을 적절히 통제하고 있다.

위에서 살펴본 해결 방법 중 두 번째 방법으로 언급한 계약 설계 접근법은 경제학에서 선호하는 방법이긴 하지만 실제적인 유용성은 떨어져 보인다. 위험 관련 정보를 비교적 정확히 얻을 수 있는 상황에서, 굳이 복잡하고 비효율적인 계약 설계 조정을 통해 위험을 구분할 필요가 없기 때문이다. 계약 설계 방법에 따르면 저위험자는 충분한 보험을 구매하지 못하는 반면, 고위험자는 원하는 만큼 보험을 구매한다. 이는 현실과는 배치된다. 현실에서는 고위험자는 보험 가입이 거절되는 반면, 저위험자는 보험 가입이 용이하다. 경제학적 계약 설계적 방법은 현실적 설명력이 떨어져 보인다.

보험회사들이 주로 애용하는 역선택 해결 방법은 첫 번째 방법인 정보의 획득이다. 정확한 정보를 얻고 정보를 업데이트함과 동시에 거짓 정보임이 밝혀지는 경우의 처벌(계약 무효화 등)을 통해서다. 보험자들은 보험가입자들의 정보를 여러 가지 방법으로 비교적 정확하게 유추할 수 있다. 자동차 보험을 살 때 우선 운전 경력, 자동차의 안전도 등에 대한 정보를 바탕으로 위험을 분류한다. 동일한 위험군에 속한 사람들에게는 사실상 동일한 보험계약이 제공된다. 또한 운전자가 사고를 유발하면 그의 위험은 수정되어 위험 등급이 올라가고 보험료도 증가하게 되는데, 이렇게 사고 경험에 따라 보험료가 조정되는 것을 경험요율(experience rating)이라고 부른다. 만약 보험가입자가 자동차 안전이나 운전자에 대해 틀린 정보를 제공했다면 사고가 났을 때 보험금 지급이 거절될 가능성도 있다. 때로는 보험자가 보험가입자보다 더 정확한 정보를 알 수도 있다. 자동차 보험의 경우에 자동차가 어느 정도의 사고 위험성이나 안전성을 갖고 있는지 보험가입자보다 보험자가 더 잘 아는 경우가 많다.

건강보험도 마찬가지다. 건강보험 가입 시에 제공해야 하는 많은 정보와 건강 검진 결과를 통해 보험자는 보험가입자의 위험에 대해 보험가입자보다 더 잘 알 수도 있다. 전형적인 역선택의 예로 간주되는 흡연 여부만 보더라도 그렇다. 보험가입자의 흡연 여부는 보험가입자가 더 잘 알겠지만, 자신의 건강 상태를 더 잘 아는 쪽은 병원 진료 결과를 더 잘 해석할 수 있는 보험자일 수 있다.

보험자의 적극적인 정보 획득과 그 정보를 반영한 결과 역선택의 문제는 고위험자가 보험시장에서 퇴출되는 결과로 나타난다(Seog, 2009). 획득한 정보를 바탕으로 보험자는 고위험자의 보험 가입을 거부하고, 은행은 고위험자에게 대출을 거부한다. 보험 분야에서는 이렇게 저위험자가 더 많은 보험을 가입하는 경우를 순선택(advantageous selection)이라는 용어로 표현하기도 한다. 순선택은 보험자의 적극적인 저위험자 골라내기의 결과일 수도 있고, 저위험자가 (어떤 이유로) 위험을 더 싫어해서 보험을 보다 적극적으로 구매한 결과일 수도 있을 것이다(Finkelstein and McGarry, 2006; Fang, Keane, and Silverman, 2008).

공적건강보험이 민영보험에서 소외된 고위험자에게 보험 가입의 기회를 주는 역할을 한다는 점을 설명했다. 역선택이 문제인 것은 맞지만 이의 (합리적이고 이기적인) 해결책 역시 또 다른 문제를 야기할 수 있다. 도덕적 위태와 마찬가지로 역선택도 계약의 일방에만 발생하는 것이 아니고 양쪽에서 다 발생 가능하며, 다른 관계와 서로 얽히면서 복잡한 양상을 띠기도 한다. 이론보다 현실은 언제나 더 복잡하다.

맺음말

도덕적 위태와 더불어 역선택은 19세기 후반부터 보험시장에서 본격적으로 회자되기 시작했다. 정보의 문제는 고대로부터 존재했건만, 왜 19세기 후반에서야 그러한 용어가 만들어지고 사용되었을까? 19세기 후반에는 보험산업이 도약하던 시기다. 근대에 이르기까지 보험은 보험 계리적 방법의 부재와 도박적 수단으로의 이용 등으로 도덕적으로나 실제적으로 사람들의 믿음을 얻지 못했다. 근대 이후 보험 계리적 위험 분석 방법의 발달과 자료의 축적 등으로 보험자들이 손익을 계산할 수 있게 된 19세기 이후, 보험산업은 보험을 다른 소비재와 마찬가지로 도덕성 문제에서 자유로운 상품으로 각인시키고자 했다. 그리하여 도박, 거짓말, 사기 등의 비도덕성을 보험에서 털어내려는 노력을 하게 되면서 도덕적 위태와 역선택을 강조하기에 이르렀다. 뒤늦게 보험산업이 시작된 우리나라도 보험과 도덕성의 갈등이 통과 의례처럼 진행되었다. 20세기 중후반까지도 생명보험을 사는 것은 마치 그 사람의 죽음을 통해 이익을 챙기려는 것으로 해석되곤 했다.

보험가입자의 역선택은 보험자의 해결 의지와 노력으로 어느 정도 해결 가능하다. 그러나 그러한 해결법은 보험자의 이기적인 해결법이다. 이 해결법은 건강보험에서 보듯이 또 다른 문제를 야기할 수 있다. 어쩌면 역선택이 야기하는 진정한 문제는 역선택을 어떻게 해결하느냐가 아니라 이기적 해결책과 포용 사이의 갈등 문제일지도 모른다.

보험가입자의 역선택만큼이나 보험자의 역선택도 중요하다. 보험자의 역선택은 보험가입자들이 직접 해결하기 어렵다는 점에서 더욱 심각할 수 있다. 보험자 역선택은 결국 보험가입자의 대리인인 정부 기구의 규제와 감시, 그리고 유관 단체의 자율적인 자정 노력에 맡겨지게 된다.

경제학에서는 정보의 문제를 도덕성과 분리시키고자 했으나, 우리는 여전히 도덕성과 관련이 있음을 본다. 상대방을 속이는 것이 합리적인 결정이라고 해서 거짓말하는 행위를 도덕적인 잣대를 빼놓고 바라볼 수 있을까? 또한 상대방을 비난하는 자가 스스로 비난받을 일을 범한다면 그 또한 도덕성에서 자유로울 수 있을까?

위험과 자본주의

제9장

위험과 자본주의

자본주의는 수많은 사람들이 관심을 갖고 논의해온 주제다. 우리가 현재 살고 있는 세상은 자본주의 체제이기에 이에 대해 관심을 갖는 것은 당연하고도 중요할 것이다. 여기서는 자본주의의 본질이나 원리에 대해 위험이라는 주제를 가지고 조금 다른 각도에서 보고자 한다. 필자는 자본주의를 좀 더 잘 이해하기 위해서는 자본주의가 추구하는 위험의 전가 방식에 주목해야 한다고 생각한다. 어쩌면 그것이 자본주의의 본질일지도 모른다고 생각해본다.

자본주의의 태동

유럽의 대항해 시대는 황금과 종교적 열망이 섞이면서 15세기 후반에 시작되었다. 포르투갈과 스페인은 이슬람 상인들이 중개했던 동양의 향신료를 직접 교역하기 위해, 그리고 전설 속의 황금의 나라와 기독교 왕국에 직접 닿기 위해 항해를 시작했다. 그들은 종교와 황금에 대한 열망으로 목숨을 걸고 대서양을 항해함으로써 서아프리카와 인도양을 거쳐 동양에 닿는 항로를 개척했다.

항해 노선 발견의 경쟁은 아메리카 대륙으로의 항로 개발로 이어졌고, 그곳에 존재했던 문명의 파괴와 원주민을 학살했다. 그 후 막대한 양의 금과 은의 채굴, 노예무역과 사탕수수 재배 등 경제적 착취가 이어졌다. 이렇게 해서 얻은 금과 은은 유럽으로 들어왔고, 이익에 눈을 뜬 지주와 상인들은 교역과 착취를 통해 점점 더 시장을 확대해나갔다. 시장의 확대는 주식회사 조직과 금융의 발전과 더불어 이루어졌으며, 과학과 농업의 발전도 이루어졌다. 또한 18, 19세기 산업혁명을 통해 생산능력은 급속도로 증가했다. 이러한 유럽 세력의 확대는 아메리카뿐 아니라 동양과 아프리카 등 전 세계를 유럽 국가들의 식민지로 만들게 되었다.

자본주의가 왜, 어디에서 시작되었는지에 관한 많은 연구가 있지만 역사적 사실이 늘 그렇듯이 어느 하나의 사건이나 현상을 꼬집어서 말하기는 어렵다. 특히 자본주의와 같은 거대한 사회적 변혁은 더욱 그러할 것이다. 그럼에도 몇 가지 중요한 점이 자본주의 태동의 원인이나 단초로 제시되었다. 위에서 간략하게 언급한 대항해, 아메리카의 금은, 해상무역, 노예무역, 이윤추구, 주식회사, 금융, 기독교 등이 대표적인 자본주의 초창기의 연결 고리로 언급되곤 한다. 이러한 요인들이 서로 영향을 주면서 현재의 자본주의의 모습을 갖추어왔을 것이다. 우리의 목적은 자본주의의 시작 요인을 찾고자 하는 게 아니라, 그 요인들의 뒤에 위험과 보험의 기제가 어떻게 작동하고 있었는지를 살펴보려는 것이다.

기독교: 이자 대 보험

중세의 선진 지역인 이슬람 지역에서는 상업 활동이 활발했다. 위험은 단순한 역경을 의미하는 게 아니라 이익이 될 수도 있는 신의 하사품으로 여겼으며, 역경을 극복함으로써 이익을 얻을 수 있는 대상으로 여겼다. 이러한 상업적인 진취성과 과학의 발전은 상업과 무역의 발전을 가져왔으며, 상업을 지원하고 위험을 공유/분담하는 금융기법들도 개발되었다. 환어음은 국가 단위를 넘어서 활발히 사용되었고 주식회사와 비슷하게 끼라드(qirad)와 같은 지분 투자 기법을 통해 자금을 조달했다.

이슬람 상인들과 중개무역을 담당했던 북부 이탈리아 도시들에서는 이러한 기법들을 모방하고 발전시켰다. 중세에서 근대로 들어서면서 유럽 내 상업의 발전과 더불어 환어음의 사용 또한 활발해지고 위험 전가의 기법들도 발전했다.

때로는 중세 이슬람 무역 체제를 상업 자본주의라고 부르기도 하지만, 우리가 생각하는 현대적 자본주의가 이슬람권에서 나온 것은 아니다. 상업과 시장 거래가 활성화되었지만 이슬람권에서 현대적 자본주의가 시작되지는 않았다. 많은 이들이 초기의 자본주의는 네덜란드와 영국(특히 스코틀랜드)에서 발흥했다고 생각한다.

베버(Max Weber, 1930)는 네덜란드와 영국의 칼뱅주의(Calvinism)에 주목했다. 베버는 종교개혁 이후의 개신교, 특히 칼뱅주의의 영향을 자본주의의 중요한 초기적 특징으로 생각했다. 칼뱅주의는 노동과 금욕을 강조하고 재산의 축적을 중요시 여겼다. 노동과 금욕, 검약을 통해 재산을 축적했고, 이렇게 축적된 재산이 사업의 확장을 위한 자본으로 사용될 수 있었다는 것이다. 칼뱅주의가 없던 이슬람교 지역이나 동아시아에서는 시장이 발달했음에도 자본주의가 발생하지 않았다는 것이다.

칼뱅주의가 노동과 재산의 축적을 강조했다는 점에서 자본주의에 기여했을 수 있다. 그런데 금융이 활성화되고 사업가들이 사업을 벌이고 재산을 축적한 것은 이슬람 지역도 마찬가지다. 단순히 재산이 축적되고 금융이 활성화되었다고 해서 자본주의가 나오는 것은 아닌 것이다.

유럽과 이슬람 지역의 차이점은 개신교에서는 중세에 금지한 이자를 허용했다는 점이다. 일반적인 부채 계약이라는 것은 이자 지급/수취를 약속하고 자금을 빌리는/빌려주는 계약이다. 이자라 함은 차입자의 재산 상태와 상관없이 일정 금액을 지불하는 것을 말한다. 이러한 부채 계약에서 위험은 차입자에게 전가된다. 예를 들어 차입자가 부채 계약으로 차입한 자금으로 사업을 한다고 해보자. 사업에는 위험이 따르기 때문에 수익이 좋을 수도 있고 나쁠 수도 있다. 수익이 좋을 때는 이자와 원금을 지불하고 나머지 수익이 모두 차입자에게 귀속되므로 부채 계약을 하면 차입자에게 많은 수익이 돌아갈 것이다. 그에 비해, 수익이 나쁠 때에는 이자와 원금을 갚고 나면 차입자에게 돌아가는 몫이 별로 없거나, 심할 경우에는 원리금을 갚을 돈이 없을 수도 있을 것이다. 후자의 경우 금융에서는 부도(default)라고 부른다.

이에 비해 수익의 일정한 비율을 대출자에게 지급하기로 약속하는 지분 형태로 자금을 빌린다고 해보자. 부채의 경우와 비교했을 때, 사업의 수익성이 좋으면 대출자에게도 비율대로 많은 금액이 지급되므로 차입자에게 돌아가는 몫은 줄어들 것이다. 한편 수익이 나쁘면 대출자에게도 비율대로 적은 금액이 지급될 것이므로 차입자에게 돌아가는 몫은 상대적으로 많을 것이다(덜 줄어들 것이다).

이처럼 부채 자금 조달의 경우에 차입자의 입장에서 자신에게 돌아가는 몫의 변화 폭이 확대되는 것을 알 수 있는데 이를 경영학에서는 지렛대 효과(leverage effect)라고 부른다. 지렛대처럼 변동을 크게 증폭시키기 때문일 것이다. 부채의 지렛대 효과는 두 가지 상반된 효과가 있다. 하나는 동기 부여를 강하게 한다는 것이다. 수익이 높을 때 차입자에게 돌아가는 몫도 커지므로 수익성이 높은 사업을 수행하고자 하는 욕구가 커지게 된다. 이 효과는 부채 계약을 통한 사업에 긍정적인 요인으로 작용한다.

다른 효과는 차입자가 위험을 감당해야 한다는 것이다. 수익이 낮을 경우에도 정해진 금액을 갚아야 하기 때문에 차입자에게 돌아가는 손실의 피해는 커지게 된다. 이 위험의 감수는 부채 계약을 통한 사업에 부정적인 요인이 될 것이다. 부채는 사업 확장에 긍정적인 효과만 있는 게 아니라 부정적인 효과도 있기 때문에, 지속적으로 부채를 늘려서는 사업을 확대하기 어려울 것이다.

그런데 만약 이 위험을 차입자가 감수하는 것이 아니라 제3자에게 넘길 수 있다면, 동기 부여의 효과만 남게 되고 사업과 이윤 추구의 효과는 극대화될 것이다. 이 역할을 수행하는 게 바로 보험이다. 초기 자본주의 시대에 유럽에서 보험은 다양한 방법으로 확대되어갔다. 보험시장뿐 아니라 주식회사나 사기 등의 방법이 동원되었다. 보험의 기능 자체는 위험을 줄이는 것이지만, 제3자에게 위험을 전가시킨 사람은 새로운 위험을 추구할 여지가 생긴다. 따라서 보험 기능의 확대는 단순히 위험을 감소시키고 끝나는 게 아니라 이익을 위한 새로운 위험의 추구를 가능케 했다. 위험을 감소시키는 보험은 역설적으로 이익과 위험을 증가시키는 역할을 할 수 있는 것이다.

대항해를 시작한 포르투갈과 스페인은 구교인 로마 가톨릭의 나라였지 개신교의 나라는 아니었다. 이들은 황금과 교역에 대한 세속적인 욕망과 종교적 열망이 혼합되어 항해를 지속해 나아갔다. 지구의 끝에서 무서운 괴물에게 희생될 수도 있다는 두려움을 욕망과 열망으로 극복했다. 종교를 궁극적인 보험으로 생각한다면 대항해 시대를 연 인물들은 중세 기독교가 제공한 보험에 의지해서 위험을 감당했다고 생각할 수 있을 것이다.

자본주의가 개신교 지역에서 발흥했다고 해서 중세 기독교가 자본주의에 기여하지 않은 것은 아니다. 사실상 중세 기독교는 매우 중요한 측면에서 자본주의에 기여했다. 그 이유 중 하나는 중세 기독교에서 이자는 금지했으나 위험의 보유에 따른 이익은 허용했다는 점이다. 중세 기독교의 이러한 입장은 의도하지 않게 보험과 같은 위험 전가 기법의 발전을 촉진했다. 보험 기제는 해상보험과 같이 위험을 담보하는 역할을 하기도 했지만, 연금과 같이 종종 부채 거래를 우회하는 방법으로 활용되기도 했다. 역설적이게도 이렇게 중세 기독교의 자극을 받아 발전된 보험이 궁극적으로 중세 기독교를 부정하는 자본주의의 밑거름이 되었다. 베버의 주장대로 개신교가 자본주의 정신을 대표한다고 생각할 수도 있지만, 자본주의의 뿌리는 이미 중세 기독교에서 자라고 있었던 것이다.

중세 기독교가 자본주의에 기여한 또 다른 점은 법인의 개념을 도입했다는 것이다. 1250년 교황 인노켄티우스 4세(Innocentius IV)는 교회법에서 가공의 사람(persona ficta)이란 개념을 도입했다. 이 개념은 교회와 수도원에 적용했고, 그 개념의 적용 범위가 점차 확대되어갔다. 계약의 주체가 될 뿐만 아니라 죽지 않는 존재로서의 법인의 개념은 훗날 주식회사의 중요한 특징이 된다.

주식회사와 위험 전가

대항해 시대의 시작은 포르투갈과 스페인이었지만, 17세기 이후 전성기는 네덜란드를 거쳐 영국이 주도했다. 개신교를 받아들인 네덜란드와 영국은 재산 축적이라는 세속적 욕망을 한껏 드러냈다. 네덜란드와 영국은 포르투갈과 스페인과 비교해 종교가 다를 뿐만 아니라, 해외무역을 행하는 방식에서도 중요한 차이가 있었다. 이들 나라에서는 상인들이 주식회사를 구성해서 해외무역을 시행했는데 여기에서 근대적 주식회사가 시작되었다. 무역상들은 투자자를 모집해서 주식을 발행해 투자자금을 받고 그 자금을 기반으로 무역을 했다.

주식회사는 자본주의 특징을 고스란히 간직하고 있다. 첫째, 주식이란 도구를 통해 자본을 생성하고 축적하기에 용이하다.

둘째, 주주는 유한책임의 제도하에 회사의 책임을 제한적으로만 감당한다. 유한책임은 주주가 자신이 투자한 자금 내에서만 책임을 진다는 의미로서, 회사 수익이 아무리 나빠도 주주는 자신의 투자금 이상으로 걱정할 필요가 없다. 유한책임이란 사실 주주의 투자금 이상의 손실은 다른 이해관계자에게 전가하는 보험 기제와 다름 없다.

셋째, 무역상들은 해상보험을 통해 무역의 위험을 전가할 수 있었다. 런던 로이즈에서 보험업자들은 해상 위험을 본격적으로 담보하여 보험상품화했다. 화재보험이나 생명보험, 연금 등도 이 시기에 경쟁적으로 개발되고 발전되었다.

넷째, 주식회사는 채권을 발행하여 자금을 조달할 수 있었다. 주식회사에서 주식을 발행하는 점이 중요한 것이긴 하지만, 부채 역시 주식 못지않게 중요하다는 점은 종종 간과된다. 네덜란드 동인도회사는 최초의 근대적 주식회사이기도 하지만, 주식과 채권을 발행한 최초의 회사이기도 하다. 이 시기에 이자 지급은 더는 죄가 되지 않았다. 이자 지급의 부채 계약은 채권자의 입장에서 보면 정보 비용을 절약할 수 있는 장점이 있다. 그 이유는 사업의 구체적인 수익금액을 알지 못해도 정해진 이자와 원금만 받으면 되기 때문이다. 물론 주주의 유한책임에 따른 부도의 위험이 있긴 하지만, 수익금에 비례해서 배당을 받는 주주와 비교하면 상대적인 장점이 있다.

한편 주식회사의 입장에서 부채의 중요성은 지렛대 효과로 인해 무역의 위험을 적극적으로 추구할 동기를 부여한다는 점이었다. 여기에 해상보험은 손실의 위험을 보험자에게 전가할 수 있기 때문에 이익 추구를 위한 위험 감수를 더욱 용이하게 만들었다. 게다가 주주들의 유한 책임은 투자자들의 부채에 대한 부담을 완화해줌으로써 상인들의 위험 추구에 적극적으로 자금을 지원하고 위험 추구에 동참하게 했다. 제한된 위험만을 감수하게 된 주주들은 스스로도 주식 투기를 통해 추가적으로 위험을 추구했다.

주식회사는 주식으로 자본을 조달한 조직으로 단순하게 이해될 조직이 아니었다. 주식회사는 주식을 기초로 자본을 조달하되 부채를 통해 추가 자본을 획득하고, 다양한 위험 전가 기법을 활용하여 무모한 위험의 추구도 가능케 한 조직이었다. 위험 추구는 상인뿐 아니라 그런 위험에 자본을 공여한 주주와 채권자 역시 동참한 것이었다. 또한 주식회사의 위험을 전가받은 보험업자들은 보험상품을 두고 이윤을 추구하는 일종의 도박을 한 것과 같았다. 이 시기에 보험이 도박과 그다지 구별되지 않았다는 것을 상기하자. 채권자들도 다르지 않았다. 그들 역시 부도의 위험을 감수하며 이자라는 이윤을 추구한 도박을 하게 된 것이다.

그 결과 주식회사를 둘러싼 이해관계자들은 스스로 위험을 추구하면서 동시에 위험을 타인에게 전가하기도 했다. 바로 이 점이 주식회사가 자본주의를 특징 짓는 조직이라 볼 수 있는 것이다. 자본주의 아래에서 사람들은 위험을 끊임없이 타인에게 전가하고 또 다른 위험을 찾아 나선다. 이때 타인에게 넘기고자 한 위험은 손실의 위험인 것이며, 스스로 추구하는 위험은 이익의 위험인 것이다. 자본주의란 위험이 추구되며 전가되는 기제들이 경제 시스템을 관통하며 계속해서 위험을 확대 및 재생산하는 체제인 것이다.

보험계리: 위험의 가격표

위험은 손에 잡히지도 눈에 보이지도 않는다. 위험이 눈에 보이게 되는 순간, 그것은 더는 위험이 아니라 고통과 손실의 모습으로 나타난다. 따라서 위험을 생산하고 전가한다는 것은 보이지 않는 위험을 현실로 가져오는 상상력이 있어야만 가능하다. 더욱이 보험상품이란 그러한 위험을 거래하기 위해 만든 것인데, 보험상품에 가격표를 붙이는 것은 유령에게 가격표를 붙이는 것만큼이나 어려운 일이었다. 보험이 상품화되고서도 상당 기간 동안 정확한 가격을 구할 수 없었다. 이러한 요소는 보험을 오랫동안 도박처럼 여기게 하는 하나의 원인이 되었다.

위험의 가격을 모른다는 것은 보험상품에만 해당하는 것은 아니었다. 주식이나 부채 역시 위험을 감수하고 전가하는 기제였기에, 이들의 정당한 가격 역시 위험의 가격을 모르고서는 구할 수 없는 것이었다. 가격을 모르지만 활발하게 거래가 되었다는 점에서, 주식, 채권, 보험 등 주식회사를 둘러싼 위험 전가 기제들은 모두 도박적 요소를 빼놓고는 이해될 수 없는 것이었다. 위험의 감소와 전가는 도박과 연결되었고 보험과 도박은 동전의 양면처럼 분리되지 않았다. 도박의 패자는 잊혀지고 승자는 인구에 회자되며 새로운 도박꾼을 유혹했다. 그리하여 점점 더 많은 사람들이 도박에 뛰어들게 되었다.

위험의 가격을 정확히 모른 상태에서의 위험 거래는 그저 도박과 다름 없다. 마침내 위험의 가격은 17세기 확률론과 더불어 수학자, 계리학자들에 의해 본격적으로 개발되기 시작했다. 처음엔 과학적 관심이 우선이었지만 서서히 연금, 생명보험 그리고 손해보험에 적용되기 시작했다. 또한 정부가 국민을 통치하는 데 없어서는 안 될 수단으로까지 발전하게 되었다.

위험이 눈에 보이지 않았기 때문인지, 보험계리의 발전이 자본주의의 발전에서 빼놓을 수 없는 중요한 것이라는 점이 종종 간과되곤 한다. 계리는 다음과 같이 자본주의의 경로를 바꿔놓았다. 첫째, 계리는 위험의 가격을 정확히 계산하게 해줌으로써 위험 거래를 활성화시켰다. 자본주의의 본질이 위험의 거래에 있다면, 보험계리의 발전이야말로 자본주의의 보이지 않는 밑거름을 제공해주었던 것이다.

둘째, 보험계리는 위험 거래에 정당성을 부여했다. 계리는 정확한 위험 가격의 계산뿐 아니라 과학적인 위험관리를 통해서도 위험 거래의 정당성을 부여했다. 대수의 법칙이나 중심극한정리 같은 통계학적 결과들은 보험이 도박과 구별될 수 있음을 수학적으로 뒷받침했다. 아울러 보험을 도덕적 위태나 도박과 구별 지으려는 노력이 이어지면서 보험의 정당성을 확보해나갔다.

셋째, 계리와 통계학은 무역에 나선 항해하는 선박의 위치를 추정하는 데 도움을 주었다. 선원들은 최소자승법 같은 통계학적 추정법을 이용하여 항해 중인 선박의 위치를 추정할 수 있었다. 그리하여 위험을 줄이면서 더 빨리 목적지에 갈 수 있었다. 항해의 신속성과 안전성은 높은 무역 수익으로 이어졌기에, 무역상들은 현상금을 걸고 수학 문제의 해법을 공모하기도 했다. 자본주의 초창기를 특징 지었던 위험의 전가와 주식회사의 해외무역의 뒤에는 보험계리의 보이지 않는 지원이 있었다.

또 다른 중요한 점은 위험을 계산할 수 있다는 것 자체가 엄청난 부수 효과를 가져왔다는 것이다. 사업에는 언제나 위험이 따르는데, 위험을 정확히 계산하지 못한다면 사업의 수익성 역시 정확하게 예측할 수 없을 것이다. 베버는 자본주의의 특징으로 합리적 계산(rational calculation)을 꼽고 있다. 합리적 계산은 시장에서의 가격이나 사업가의 이윤 등을 합리적으로 숫자로 계산하는 것을 의미한다. 자본주의 이전에는 가격이나 이익에 둔감했지만, 자본주의 시대에 합리적인 사고 방식을 하고 자신의 이익을 계산할 수 있었다는 것이다.

그런데 생각해보면 상인들은 자본주의 이전에도 물건값을 산정하고 이익과 비용을 계산할 수 있었다. 합리적 계산이라는 것은 어찌 보면 그저 시장과 상인의 특징일 뿐 자본주의에 고유한 것이라고 보기는 어렵다. 개성 상인이나 중세의 이슬람 상인들이 비합리적이거나 계산에 서툴렀다고 할 수 있을까? 자본주의를 이전 시기와 구별 짓는 진정한 합리적 계산이 무엇인지 생각해보면, 그것은 단순히 가격이나 시장, 계약에서의 합리적 계산이라기보다는 바로 위험에 대한 계산이 아닐까 한다. 자본주의 이전에는 가격, 이익과 비용에 위험을 체계적으로 계산해 넣을 수 없었다. 17세기 이후의 자본주의 경제에서만 위험에 대한 합리적 계산이 가능했던 것이다. 그리하여 좀 더 장기적인 이윤 추구의 계획 수립이 가능하게 되었다. 위험을 고려한 이익의 산정과 가격 결정, 그리고 위험의 전가와 새로운 위험의 추구야말로 이전 시대와 구별되는 자본주의의 가장 중요한 특징인 것이다.

노예, 노동시장과 위험 전가

자본주의 초기의 노예 매매는 유럽 자본가들에게 많은 이윤이 남는 사업이었다. 영국이나 네덜란드의 회사들은 아프리카에서 원주민들을 포획하여 아메리카 대륙에 노예로 수출했다. 노예로 팔려간 사람들은 광산, 사탕수수농장, 목화밭 등에서 노동을 착취당했다. 노예 매매는 자본가에게 자본 축적의 기회를 제공해주었다. 또한 비인륜적이긴 했지만 자본가에게는 사람도 상품이 될 수 있음을 보여주었다.

그런데 노예는 상품으로서 한 가지 약점이 있었다. 그것은 구매자에게 필요한 노동력만 살 수 있는 것이 아니라 사람 자체를 사야 한다는 점이었다. 노예주는 노예의 삶에 필요한 의식주를 제공해주어야 함을 의미한다. 이는 상품으로서의 노예가 비효율적임을 의미하는 것이었다. 노예의 비인륜성과 비효율성은 궁극적으로 노예의 폐지로 이어진다. 그 대신 필요한 노동력은 노동시장에서 거래되기 시작했다.

중세 유럽의 농민들은 영주나 지주들의 이윤 추구에 따라 경작지에서 격리되어 도시로 들어가 프롤레타리아가 되었다. 이들 역시 노동시장에 편입되어 노동력을 팔 수밖에 없었다. 이제 필요한 노동력은 노동시장에서 거래가 되는 결과를 가져왔다. 자본가는 임금을 주고 노동자의 노동력을 구매했다. 노동자는 임금을 받고 의식주를 스스로 해결해야 했다.

마르크스(Karl Marx, 1867, 1885, 1894)는 산업혁명기의 자본주의에서 노동자가 생산품으로부터 분리되고 착취당하는 구조로서의 자본주의를 비판했다. 또한 자본가의 경쟁 심화로 인한 이윤율 저하가 노동력 착취와 노동자의 피폐로 이어짐을 경고했다. 마르크스가 주목한 노동시장은 어떤 의미에서는 노예시장의 왜곡된 변형이다. 노예시장에서는 노동력과 인격이 분리되지 않은 상품이 거래된 반면, 노동시장에서는 (최소한 개념적으로는) 노동력만 거래되는 시장이다. 고용주는 더는 노동자에게 의식주를 직접 해결해주지 않는다. 고용주는 노동력을 사용하는 대가로 임금을 지급하면 끝이다. 노동자는 임금으로 스스로 의식주를 해결해야 한다. 마치 보험료를 지급하고 위험을 보험자에게 넘기듯이, 고용주는 임금을 지급하고 삶의 위험을 노동자에게 넘기는 것이다. 노예시장과는 달리 노동시장에서 자본가는 보험자의 역할을 할 필요가 없다. 노동자는 자신의 위험을 스스로의 책임하에 감당하게 되었다.

그런데 노동시장에서의 근본적인 문제는 마르크스가 강조한 바와 같이 노동력과 인격이 분리되지 않는다는 것이다. 노동력의 제공은 사람이 하는 것인데 사람은 인격에 다름 아니기 때문이다. 생산 수단과 분리되어 있는 노동자에게 노동은 자유롭게 선택할 수 있는 것이 아니다. 노동자는 낮은 임금을 강요받거나 해고를 당하는 경우에 생존과 생활의 위험을 감당하기 어렵다. 자본주의 시대에 대부분의 생계가 시장을 통해서 이뤄지기 때문에 생산 수단이 없는 노동자나 수요처를 찾지 못하는 생산자는 위험을 감당할 능력이 부족하게 될 것이다. 이러한 처지에 떨어진 사람들은 회생하기 어렵다. 이는 궁극적으로 부와 삶의 양극화를 초래할 여지를 남기게 된다. 양극화는 노동자에게 위험을 전가함으로써 초래되는 사회의 어두운 단면을 보여준다.

금융시장과 위험 전가

금융시장의 중심은 부채다. 우리가 시장에서 거래하며 지불하는 화폐는 본질적으로 (중앙은행 혹은 정부의) 부채이며, 은행 거래의 대부분은 부채 형태로 이뤄진다. 또한 시장에서는 수많은 채권이 거래되고 부채 계약이 맺어지고 있다. 또 하나의 주요 축인 주식시장은 주식회사의 발전과 더불어 자본시장의 한 축으로 확대되어왔다. 일반적으로 금융 중에서 장기적인 금융을 자본이라 분류한다.

금융시장은 자본주의의 핏줄로 불릴 만큼, 자본주의는 금융을 주축으로 이뤄진 경제체제다. 금융은 기본적으로 자금이 투자자로부터 차입자에게 공여되고, 차입자는 정해진 계약대로 수익을 투자자에게 되돌려준다. 이자의 형태로 되돌려주면 부채 계약이고, 지분 형태로 되돌려주면 주식을 포함한 지분 계약이다. 그런데 부채든 주식이든, 자금의 이전이 시차를 두고 일어난다. 이것이 의미하는 바는 계약 시점에서 미래의 불확실성을 직면해야 한다는 것이다. 금융의 본질은 자금의 이전이겠지만, 금융 계약에서 가장 중요한 것은 위험을 계산하는 것이다.

여기서 또 다시 보험계리의 중요성을 확인할 수 있다. 위험을 정확히 계산할 수 있어야만 금융시장이 단순한 도박에서 벗어나 더욱 풍부해질 수 있기 때문이다. 금융시장에서 부채와 주식의 투자자들은 서로에게 위험을 전가하거나 전가받으면서 끊임없이 위험을 재생산한다. 이 과정을 통해 금융시장은 자금을 효율적으로 이동시킬 수 있는 장점을 갖고 있지만, 그 반면에 도박과 사기 등과 같은 어두운 면도 갖고 있다. 자본주의 금융의 역사는 사실상 투기, 거품과 붕괴를 빼놓고는 이해하기 어렵다. 튤립 거품(1637), 미시시피 거품(1720), 남해 거품(1720) 등의 자본주의 초기의 거품과 붕괴에서 최근의 아시아 금융위기(1997), IT 거품(2000), 2008년 금융위기까지 금융시장은 끊임없이 투기와 거품이 이어져왔다. 물론 대공황(1929)도 빼놓을 수 없다.

금융시장 거품의 뒤에는 언제나 위험의 전가와 보유가 존재한다. 경제학자 민스키(Hyman Minsky)는 부채를 금융시장의 거품을 확대하고 또 급작스럽게 꺼지게 하는 요인으로 지적했다. 이때 부채의 본질은 위험의 보유와 전가와 다름 없다. 금융 자산의 가격이 오를 것으로 기대하면 투자자는 돈을 빌려 그 자산을 구입하고, 지렛대 효과를 이용해 이익을 극대화하려 한다. 이러한 행태는 수요를 증가시켜 자산의 가격을 더욱 증가시켜 거품을 확대한다. 그러나 자산 가격이 떨어지면 부채의 지렛대 효과는 반대 방향으로 작동하여 투자자는 손실의 위험을 감당해야만 한다. 따라서 자산 가격이 더 떨어지기 전에 투자자는 자산을 처분해서 손실을 감소시키고자 한다. 이 과정에서 자산 가격은 급격히 하락하게 되어 거품이 붕괴한다. 투자자는 부채를 통해 이익의 위험을 추구하지만, 수반되는 손실의 위험은 전가하고 싶어 한다. 위험의 보유와 전가의 과정은 금융의 거품과 붕괴로 이어져 금융위기를 재촉한다.

2008년 금융위기도 예외가 아니다. 금융위기의 내용을 살펴보면 도처에서 보험과 위험 전가의 기제가 나타난다. 금융위기의 시발점인 우량 주택담보대출은 그 자체가 주택을 담보로 은행이 대출한 것이었다. 이 대출은 주택을 담보로 한 것임에도 위험이 사라진 것은 아니었다. 주택을 담보로 잡았다는 것은 일종의 보험 기제다. 그러나 보험은 언제나 도박으로 연결된다는 것을 상기하자. 주택을 담보로 잡음으로써 더 많은 위험을 보유할 동기 부여를 해주었다. 주택담보대출을 근거로 만들어진 채권들은 투자자에게 상대적으로 위험이 적은 좋은 투자처로 인식되었다. 더구나 주택 가격이 상승하고 있던 시점에서 부도가 날 위험은 희박해 보였다. 금융기관을 포함한 투자자들은 앞을 다투어 채권에 투자했고, 자금은 차입을 통해 지렛대 효과를 노렸다. 투자의 위험은 신용부도스왑(credit default swap)이라는 (소위) 보험상품을 통해 AIG 같은 보험회사에 전가했다. 그러나 주택가격이 하락하기 시작하자 채권은 부도가 나기 시작했고, 차입금의 지렛대 효과는 반대 방향으로 작동해 채권과 투자자산을 대량으로 처분하게 만들었다. 이러한 처분은 투자자산의 가격을 더욱 떨어뜨렸다. 부도가 동시다발적으로 발생하면서 보험회사들은 신용부도스왑에서 약속한 보험금을 지급하지 못해 지급불능에 빠졌다. 결국 금융기관들은 파산 위험에 처하게 되었고, 이들이 지배하던 금융시장은 마비되었다. 금융시장이 경제의 핏줄이라면 금융시장의 마비는 동맥경화다. 피가 통하지 않으면 경제는 죽어간다. 이러한 이유로 금융기관들에 일반인의 세금인 구제 금융이 투입되었다.

금융기관들은 위험을 보유하고 전가하기를 반복함으로써 금융시장의 거품을 생성하고 또 붕괴시켰다. 그리고 남겨진 손실은 최후의 보험자인 일반 국민에게 일방적으로 떠넘김으로써 자신들의 이익을 보호할 수 있었다. 각국의 정부와 정치인들은 금융기관과 결탁했든 혹은 경제를 구한다는 믿음에서든, 이러한 위험의 전가를 옹호하고 집행했다. 일반 국민은 도박 게임의 최종 희생양이 되었다. 금융위기를 통해 우리는 위험을 보유하고 전가하는 것이 자본주의의 본질임을 다시 한 번 체감하게 된다. 그리고 위험의 보유와 전가가 금융시장 전체에 만연할 때, 그 위험은 궁극적으로 선량한 일반인에게 전가된다. 여기에서 자본주의의 폭력성이 존재한다. 일반인은 그 누구도 그 위험을 전가받기 위해 적절한 계약을 하거나 보상을 받은 적이 없기 때문이다. 더욱이 그 폭력은 국가와 경제를 구한다는 이름으로 행해진다.

재산권과 보험

자본주의는 사적 재산권(property rights)을 바탕으로 한 시장경제를 특징으로 한다. 개인의 재산권은 특수한 경우가 아니면 우선적으로 보장되는 기본권이다. 재산권은 재산 소유인의 권리로서 그 재산이나 재산으로부터 발생하는 편익의 사용을 결정하고, 소유자가 그 권리를 이전, 양도, 임대나 매도할 수 있는 배타적인 권리를 말한다(Alchian, 2016). 사적 재산권이 바탕이 되어 개인의 이익이 의미가 있고 재산의 축적이 의미가 있기 때문에 재산권을 자본주의의 가장 기본적인 전제 조건이라 할 수 있다. 재산권의 이론적 정당성을 부여한 로크(John Locke, 1689)가 자본주의가 태동하던 17세기 영국의 정치가였음은 우연이 아니다. 초기의 재산권은 귀족이나 왕으로부터 사업가의 재산을 지킬 수 있도록 하는 이론적 배경을 제공해주었다.

재산권의 핵심은 재산의 배타적 이용과 처분할 수 있는 권리다. 배타적 권리란 재산이 훼손되거나 재산의 편익을 타인에게 빼앗길 위험으로부터 소유자를 보호하는 보험 기제다. 개인은 사적 재산에 대한 보험 기제를 바탕으로 새로운 사업의 위험을 추구할 여지가 생기게 된다. 그리고 그러한 보험 기제는 사업의 영역에서도 적극적으로 활용되어 자본주의의 밑거름이 되었다.

자본주의의 발전과 함께 재산권의 범위는 점차 확대된다. 대표적인 것이 지적 재산권(intellectual property rights)이다. 지적 재산권이란 사람의 지적 활동의 결과로 발견 또는 창조된 지식, 정보, 기술 등에 부여되는 소유권을 말한다. 종전의 재산권이 유형(有形)의 재산에 대한 소유권을 의미하는 반면, 지적 재산권은 무형(無形)의 재산을 인정하고 그에 대한 소유권을 부여한다는 의미가 있다. 지적 재산권이 상대적으로 일찍 확립된 영국에서 최초의 산업혁명이 일어났다는 점은 자본주의 발전에 기여한 지적 재산권의 중요성을 보여준다.

재산권 개념의 확대는 지속적으로 공공의 자산을 사적 자산으로 분류하고 그것에 사적인 소유권을 부여하는 형태로 확대된다. 그 과정에서 개인은 권리를 획득하지만 공공의 권리는 무력화된다. 일반적으로 재산권의 확대에 대해서, 개인의 권리 보호나 창의적 활동에 대한 동기 부여 등의 긍정적인 측면이 강조된다. 다른 한편으로는 이익은 사유화되고 손실의 위험은 사회에 전가되는 자본주의적 흐름의 일부이기도 하다.

사업가 정신과 위험 전가

자본주의적 사업이 그 이전 시대의 사업과 차별되는 점 중 하나는 사업적 안목과 시야의 차이다. 이전의 지역 내 시장의 거래는 곡식과 가축의 농축산물이나 수공업으로 제조된 생활용품이 주 대상이었다. 이런 시장의 공급자들은 사업에 제한적인 시각을 갖고 있었고, 장기적인 사업 계획이나 전략이 필요하지 않았다. 해외무역은 상대적으로 장기적인 안목이 필요하긴 했으나, 육로를 통한 대상무역이든, 해상을 통한 해상무역이든 한 번 왕복하면 수익을 처분하는 단속적인 사업적 시야를 갖고 있었다. 이슬람 상인들은 항해무역을 통해 상업의 융성을 경험했으나, 단속적인 사업적 안목에서 벗어나지 못했다.

이에 비해 자본주의적 상인과 사업가들은 장기적이고 연속적인 사업을 구상했다. 네덜란드 동인도회사가 최초의 근대적 주식회사로 알려진 중요한 이유 중 하나는 해상무역의 왕복을 연속하는 사업의 일부로 생각했기 때문이었다. 네덜란드 동인도회사 이전에도 주식을 통해 자금을 모집해서 무역을 하던 회사들이 있었으나, 이들은 한 번의 무역 순환이 완료되면 사업을 처분해 수익을 투자자들이 나눠가졌다. 이런 회사의 방식으로는 연속성을 가지고 사업을 추진하기 어려울 것이다.

장기적이고 연속적인 안목은 아메리카 대륙의 지배에서도 중요한 것이었다. 유럽인은 아메리카 대륙에서 금이나 은을 채굴하고 사탕수수나 목화 같은 작물을 재배한 후 무역을 통해 수출했다. 생산지가 유럽에서 멀리 떨어져 있는 상황에서 사업가들은 긴 안목을 가지고 사업을 실행해야 했다. 필요한 인력은 노예를 통해 해결했고, 자본은 장기적으로 투자되었다. 이렇게 토지, 노동, 자본이 생산의 필수불가결한 요소로 체득되었다.

장기적이고 대규모의 자본이 필요한 사업적 안목에서는 미래의 위험과 수익성에 대한 보험 기제가 더욱 중요해진다. 주식회사의 형태는 바로 이러한 사업을 하는 데 적합한 구조를 갖고 있다. 주식의 만기는 무한하며 부채도 장기로 계약된다. 주주들은 유한책임을 통해 사업의 실패에 따른 손실로부터 보호를 받기 때문에 회사에 많은 투자금을 제공할 수 있다. 주식회사의 다양한 위험 전가 기제는 장기적이고 대규모 사업을 하는 자본주의적 사업에 적합하게 개발된 것이었다.

슘페터(Joseph A. Schumpeter, 1942)는 자본주의 시장 경쟁에서 사업가들의 창조적 파괴(creative destruction)를 시장 변혁의 원동력으로 생각했다. 사업가들이 새로운 생각과 혁신을 통해 새로운 제품을 도입하여 시장이 변혁되어간다는 것이다. 이 새로운 제품은 기존의 시장을 파괴함과 동시에 새로운 시장을 창조한다. 창조적 파괴는 단순한 생각으로 뚝딱 만들어지는 것은 아니다. 수많은 시행 착오와 실패를 거쳐야만 창조적 파괴를 만들 혁신이 가능한 것이다. 그런 의미에서 창조적 파괴는 다양한 보험 기제로 무장된 사업가가 위험을 추구한 결과로 나타나는 것이다. 사업의 위험을 사업가 혼자서 감당해야 한다면 실패의 두려움 때문에 혁신은 불가능할 것이다.

현대의 다양한 벤처 창업도 슘페터식의 창조적 파괴를 목표로 한다고 해도 틀린 말은 아닐 것이다. 대중 매체나 뉴스에서는 사업에 성공한 사람들이 칭송되고 관심을 받는다. 그러나 그들의 성공 뒤에는 누군가가 그 위험을 떠안았기에 가능한 것이다. 눈에 보이지는 않지만 새로운 사업의 성공은 실패의 위험을 어떻게 전가하느냐에 달려 있다고 해도 과언이 아니다. 그리고 그 위험 전가의 대상은 반드시 그 사업가와 공정한 계약을 한 사람들만은 아니다. 그들과 경쟁했던 다른 사람들이나 혹은 관련 없던 제3자에게도 그 위험이 전가될 수 있다. 자본주의적 위험 전가는 그 전가의 도덕성을 따지지 않는다.

허구적 상품과 위험 전가

아메리카 대륙에서의 원거리 생산과 산업 생산의 발전은 생산 활동에서 토지, 노동과 자본의 중요성을 부각시켰다. 이는 생산의 3요소로 불리며 자본주의적 생산의 기본적인 요소로 인식되었다. 자본은 종교적 굴레에서 벗어난 부채와 주식의 형태로 조달 가능하게 되었다. 토지는 원래 자연의 산물이라 인간의 소유가 될 수는 없지만, 소유주의 이름표를 붙인 후 재산처럼 매매되었다. 중세의 지주와 같은 소유자가 없는 토지는 경작이나 사업적 활용이 첨부되면 소유권을 인정받았다. 이에는 토지와 같은 천연 자원에 노동을 첨가하면 소유권을 인정한다는 로크의 사적 재산권 개념이 중요한 역할을 했다. 필요한 노동력은 노동시장을 형성해 거래했다. 사람 자체를 매매하던 노예시장은 점차 사라지고 궁극적으로는 노동력만을 매매하는 노동시장을 통해서 조달받았다. 이 요소들의 가격은 각각 이자, 임차료, 임금으로 불린다.

생산의 3요소인 토지, 노동, 자본은 자본주의적 생산을 뒷받침하는 것인데, 이 세 요소의 시장은 자본주의 사회에 들어서야 본격적으로 형성되고 사회 전반에 확산되었다. 현대를 사는 우리는 이 시장들에 익숙해 있어 예전부터 있었던 것처럼 느끼지만 이는 역사적 사실과 다르다. 토지, 노동, 화폐는 그 본래의 성격상 거래의 대상이 되는 상품이 아니었다. 토지는 인간에게 소유권이 있는 것이 아니며, 노동력은 인격과 분리되지 않기에 노동력만 거래될 수는 없다. 또한 화폐란 가치 척도와 교환의 수단으로 인간의 상상력이 만들어낸 산물이지 본래의 가치가 있는 것이 아니다. 따라서 이 세 가지가 상품으로 시장에서 가격표를 붙이고 거래가 된다는 것 자체가 부자연스러운 것이다. 이런 관점에서 인류학자 폴라니(Karl Polanyi, 1944)는 토지, 노동, 자본(화폐)을 허구적 상품(fictitious commodity)으로 불렀다. 폴라니에 따르면 이 허구적 상품이 시장에서 거래되는 것은 지극히 부자연스러운 것이기 때문에 이 시장들이 사회 전반으로 확산되기 위해서는 강력한 통치권력의 협조가 없이는 불가능하다. 현대적 자본주의는 통치권력과 자본가의 결탁을 통해서 탄생했다.

금융시장에서 사업가는 투자자들과 사업의 위험을 공유할 수 있었고, 투자자들은 끊임없이 위험을 계산하고 전가하고 보유하고 생산한다. 노동시장에서 사업가는 임금을 지불하고 노동력만을 구매한다는 명분으로 노동자의 인격과 생존 위험을 노동자에게 떠넘길 수 있었다. 토지시장에서 사업가는 임차료를 지불하고 토지와 관련된 위험은 지주에게 남겨두었다. 사업가는 생산의 각 요소를 위험의 공유와 전가를 통해 조달하여 이윤을 추구하는 모험을 할 수 있게 되었다. 생산의 3요소는 허구적 상품으로 볼 수 있겠지만, 허구적 상품 시장은 사업가에게 위험을 전가하고 공유할 수 있는 수단을 제공해줌으로써 이익 추구의 기반을 제공해주었다.

그러나 현대 자본주의의 기반이 되는 이 시장들은 동시에 아킬레스건이기도 하다. 시장에서의 위험은 결국은 누군가에게 손실로 실현되는데, 다른 상품과 달리 허구적 상품의 위험은 인간의 존엄성과 삶을 위협한다. 토지와 집은 인간다운 생활에 꼭 필요한 것인데, 상품화됨으로써 누군가는 토지와 집을 잃고 가족이 해체된다. 노동시장에서 일자리를 잃은 노동자는 인간다운 삶과 생존의 위협을 겪을 수 있다. 금융시장에서 부채의 무게를 견디지 못하는 사람들은 사회에서 소외되는 반면, 다른 한편에서는 끊임없이 투기와 도박으로 거품과 붕괴를 반복한다. 생각해보면 현대 자본주의에서 경제와 사회적 혼란은 늘 세 시장과 관련이 있다. 진정 이 시장들은 상품으로 간주되어서는 안 될 것들을 거래하는 것인가?

화폐와 보험

폴라니가 허구적 상품으로 규정했던 화폐에 대해 간단히 언급하고자 한다. 화폐는 항상 우리 주위에 있어왔고 누구에게나 친숙하지만 화폐의 진정한 의미를 제대로 이해하는 사람은 드물다. 이 글에서 화폐를 고찰하기에는 지면이 부족하므로 자세한 언급은 하지 않겠다. (관심이 있는 독자는 석승훈(2014)을 읽어보기 바란다.) 다만 여기서는 자본주의의 화폐 제도는 본질적으로 보험과 다르지 않음을 강조하고자 한다.

대부분의 현대 국가에서 화폐, 즉 국정화폐는 중앙은행이 발행하는데 발행된 화폐는 중앙은행의 부채로서 기록된다. 그런데 국정화폐는 숫자를 적은 종이나 금속 주화에 불과하다. 예를 들어 만 원권 지폐는 표면에 만 원이라고 적고 일정한 문양을 그려넣은 종이다. 그러한 종이 쪼가리를 만 원에 해당하는 가치로 여기고 주고받는 것이 화폐의 의미다. 화폐가 그러한 의미를 확보하기 위해서는, 내가 받은 만 원권을 다른 사람에게 만원의 가치로 사용할 수 있다는 믿음 혹은 약속이 있어야 가능할 것이다. 그러한 믿음은 중앙은행 혹은 그를 뒷받침하는 정부에 대한 믿음에서 비롯된다. 다시 말해 정부는 국정화폐에 의미를 부여하는 보증자, 즉 보험자로서 존재한다. 현대 사회의 화폐는 철저히 정부의 보험자 역할에 의해서 유지되고 유통되는 재화인 것이다.

사실상 지폐에 의존하는 현대의 화폐뿐 아니라 자본주의 초기, 혹은 이미 그 이전의 국가에서도, 국가가 발행한 화폐는 언제나 정부가 보험자 역할을 함으로써 존재의 의미가 부여되었다. 금은동의 금속이 화폐로 유통될 때에도 정부가 발행한 주화는 무게를 달거나 순도를 확인할 필요 없이, 정부를 믿고 주화의 개수로 가치를 계산하라고 외치고 있었다.

보이지 않는, 그리고 앞 못 보는 손

자본주의 시장을 움직이는 손은 보이지 않을 뿐 아니라 스스로 앞을 보지도 못한다. 그리하여 과도한 손실과 피해가 누군가에게 돌아가지만 그것에 대해서는 무심하다. 심화된 양극화를 조정하는 책임은 앞을 볼 수 있는 손에게 넘겨졌다. 현대 정부의 중요한 임무 중 하나는 사회안전망을 구축하여 보지 못하는 손으로부터 피해를 입은 사람들을 구제하는 것이다. 사회보험과 공적부조는 시장의 위험을 스스로 감당할 수 없었던 사람들에게 보험을 제공해주는 역할을 한다. 현대의 정부는 자본주의적 질서의 옹호자이면서 동시에 그 병폐를 치료해야 하는 위치에 있다.

맺음말

자본주의는 우리가 살고 있는 경제의 근간이 되는 체제다. 유럽에서 시작된 자본주의는 중세 봉건제를 해체하고 시장과 금융을 중심으로 경제를 재편했다. 자본주의의 기원이나 특징을 말할 때 대체로 이윤의 추구, 합리적 계산, 자본가와 노동자의 대립, 사적 재산권, 시장과 금융 등을 중심으로 이야기한다. 이러한 것들이 자본주의의 중요한 요소들임은 틀림 없지만, 이 글에서 위험의 전가와 보유야말로 자본주의 특징들의 근저를 관통하는 중요한 주제임을 확인할 수 있었다. 우리는 다양한 위험 전가의 방법이 자본주의 경제 전반에 어떻게 녹아 있는지를 살펴보았다.

위험은 주변에 늘 존재하지만, 보이지 않는다. 위험은 모습을 드러내지 않고, 그 대신 손실이라는 모습으로 실현된다. 자본주의의 특징으로 논의되는 다양한 현상이나 모습은 위험에 대처하는 특정한 대응 방식의 표현으로 이해될 수 있다. 다시 말하면 자본주의는 위험에 대응하는 자본주의적 방식의 표현인 것이다. 자본주의적 대응 방식이란 위험을 정의하고 가격을 계산하여, 시장이나 제도를 통해 그 위험을 거래, 전가 및 보유하는 것을 말한다. 보험계리의 발달은 위험의 가격을 좀 더 합리적으로 계산할 수 있게 해주었다. 위험의 전가와 보유를 통해 새로운 위험을 추구하는 역동성을 갖게 된다. 자본주의의 핵심은 바로 이 지속적으로 위험을 전가하고 보유하는 과정에 있다.

새로운 이윤은 위험의 추구를 통해 얻어지며, 합리적 계산의 핵심은 위험에 대한 계산이다. 자본가와 노동자는 삶의 위험을 놓고 대립한다. 사적 재산권은 재산이 타인에 의해 훼손되거나 빼앗길 위험으로부터 소유자를 보호하여 새로운 위험 추구를 독려한다. 자본주의의 근간이 되는 토지/부동산, 노동, 금융 시장에서의 위험 전가와 보유는 인간의 생존과 존엄성, 도덕성 위험의 전가를 포함한다.

대항해 시대의 스페인 왕 페르디난트는 다음과 같이 말했다고 한다. "금을 가져와라, 가능하면 인간적으로. 그게 안돼도 하여간 금을 가져와라(Get gold, humanely if you can, but at all hazards, get gold.)." 이 말은 자본주의 정신을 잘 대변하는 말이라 생각된다. 이윤을 추구하되, 어떠한 위험을 감수하고서라도 이윤을 얻으라는 말이다. 한 측면에서는, 위험을 감수한다는 것은 사업가 정신을 강조하는 것으로서 긍정적으로 생각할 수 있다. 또 다른 측면에서 보면, 그 방법이 인간적이냐는 부차적인 것이다. 가능하면 인간적인 방법으로 이윤을 추구하지만, 그럴 수 없다면 어떠한 방법을 동원해서라도 이윤을 챙기라는 것이다.

이윤을 챙기고 위험을 감수하는 중요한 방법은 이익은 자신이 챙기되, 손실의 위험은 가능한 한 남에게 전가하는 것이다. 위험을 전가하는 방법 역시 계약과 상호 이해를 통해 인간적으로 하되, 그게 어려울 경우라도 가능한 한 전가하라는 것이다. 이 자본주의 정신에 투철한 사람은 성공할 수 있지만, 그렇지 못하면 낙오되기 쉽다. 경제위기나 금융위기는 어떻게 비인간적인 방법으로 위험이 전가되는지를 관찰할 수 있는 기회를 제공해주었다.

폴라니는 자본주의를 특징 짓는 시장으로 토지, 노동, 금융(화폐) 시장을 꼽았지만, 위험의 관점에서 보면 보험시장이야말로 가장 중요한 자본주의적 시장이라 할 수 있다. 보험시장에서는 위험을 구분하고 가격을 매겨 거래한다. 토지, 노동, 화폐는 어떤 측면에서는 자본주의 이전에도 활발하게 거래가 되어왔다. 소작농은 땅 주인에게 지대를 내야 했으며, 노예 제도 역시 오랫동안 이용되어왔다. 금융시장 역시 마찬가지로, 인류 문명의 시작과 더불어 금전적인 부채 계약이 이뤄졌으며 이자를 지급했다. 이러한 시장이 자본주의적 시장으로 변모하기 위해서는 시간과 더불어 위험이라는 요소를 적극적으로 인지하고 가치를 부여할 수 있어야 했다. 바로 그러한 역할을 한 것이 보험시장과 보험계리였다. 보험은 그 자체로도 자본주의를 특징 짓는 시장이지만, 다양한 시장과 제도, 그리고 기관과 조직에 위험의 인식을 확대 적용하게 함으로써 현대적 자본주의 시대를 열 수 있게 한 것이다. 유럽보다도 시장이 활성화되었던 동아시아나 이슬람권에서 자본주의가 나오지 못했던 중요한 이유 역시 보험시장이 발전하지 못했기 때문일 수 있다. 이러한 관점에서 자본주의는 보험에서 시작되었다고 해도 틀린 말은 아닌 듯하다.

제10장

위험과 기업

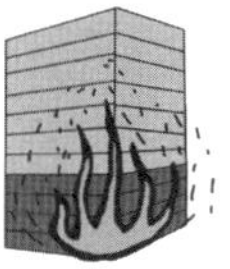

기업이 왜 존재하는지에 대해서는 경제학에서 오래 전부터 관심을 갖고 논의되어온 주제다. 소위 기업이론(theory of the firm)이라는 분야가 그것인데, 현대 경제시스템에서 상품의 생산을 담당하는 핵심적인 주체가 기업이라는 점을 생각하면 놀라운 일은 아닐 것이다. 또한 20세기 들어 새로 형성된 경영학이라는 학문은 주로 기업을 연구하는 분야이기도 하다.

기업 혹은 회사가 무엇인지를 묻는다면, 보통은 제품을 생산하고 판매하면서 이익을 추구하는 조직으로 이해한다. 이러한 관점은 신고전학파 경제학의 기업관과 일치하는 것으로, 경제학 원론 교과서에 반영되어 있다. 경제학 원론에서 기업은 제품 공급의 주체로서 이익 극대화를 위해 생산 의사결정을 내려야 하는 생산자의 모습으로 그려진다. 다른 한편 기업은 노동의 분업을 통해 생산의 효율성을 올리는 조직이거나(Smith, 1776), 구매와 판매, 그리고 효율적인 생산을 통해 이익을 추구하는 조직이고(Veblen, 1904), 노동 착취를 통해 자본가의 이익을 추구하는 현장이기도 하며(Marx, 1867, 1885, 1894), 사업가가 이익을 추구하고 경쟁에서 이기기 위해 창조적 파괴를 만들어내는 사업장이기도 하다

(Schumpeter, 1942).

여기에서는 기업의 본질적인 측면을 위험의 관점에서 살펴보고 기존의 이론을 재해석하고자 한다.

기업의 탄생

기업의 영어 표현은 컴퍼니(company)다. 이 단어의 어원은 중세 라틴어 콤파니아(compagnia)다. 콤파니아는 피렌체의 기업 조직을 이르는 말인데 메디치 은행의 조직이 콤파니아다. 콤파니아는 콤(com)과 파니아(pagnia)의 합성어로, 콤은 '같이'를 의미하며, 파니아는 '빵'을 뜻한다. 따라서 콤파니아는 빵을 함께 하는 사람들의 모임을 의미한다.

그런데 콤파니아는 고대 로마에서도 사용되었던 단어다. 그때에는 보병 부대를 일컫는 말로서 생사를 같이하는 군인들의 집합체였다. 같은 군대 내에서 전우들과 빵을 나눈다는 것은 그 자체가 목숨을 나누는 것과 다름 없었을 것이다. 전쟁터에서 대오를 맞춰 서로에게 의지하면서 생사를 같이했던 사람들의 모임이 기업의 어원인 것을 생각해보면, 현대의 기업들이 종종 전쟁터에 나선 군대로 비유되는 것이 새삼스러운 것은 아니다.

전쟁터의 군대는 생사의 위험을 극명하게 마주하는 집단이다. 그러한 생사의 위험을 각자 혼자서 감당해내는 것이 아니라 힘을 합쳐 극복하는 것이 군대의 존재 이유일 것이다. 기업이 군대에서 유추된 조직이라면, 기업 역시 위험에 대한 대응과 협력이 가장 중요한 존재 이유가 될 것이다.

기업이론의 시작

경제학자 나이트(Frank Knight, 1921)는 위험과 기업을 명시적으로 연결한 기업이론을 주장했다. 나이트는 우선 위험(risk)과 불확실성(uncertainty)을 구분했다. 위험은 사고의 확률과 결과에 대한 확률분포가 잘 알려진 경우를 일컬으며, 불확실성은 위험의 정도가 고도화되어 확률분포를 알 수 없는 경우를 일컫는다. 위험은 보험 기제를 통해 전가하거나 줄일 수 있는 것인 반면, 불확실성은 그럴 수 없다. 기업의 존재 이유는 불확실성에 있다. 기업은 이 불확실성을 효율적으로 대처하고 이용함으로써 이익을 올리기 위해 만들어진 조직이라는 것이다. 나이트는 기업이 효율적으로 불확실성에 대처하는 방법으로 6가지를 들고 있다. 그 방법들은 병합(consolidation), 전문화(specialization), 미래의 통제(control of the future), 예측력 증대(increased power of prediction), 다변화(diffusion), 회피(avoidance)를 말한다. 병합은 보험의 원리인 통합(pooling)과 같은 것으로 이해하면 될 듯하다. 전문화는 관심과 능력의 집중화를 의미하는데, 집중화는 병합의 발판이 될 수 있다. 미래의 통제나 예측력 증대가 기업에 이익을 가져다줄 수 있음은 부연 설명할 필요가 없을 것이다. 다변화는 분산 투자와 같은 효과를 가져다주는 것이며, 위험을 감당할 수 없거나 불필요한 경우에는 회피의 방법을 사용하게 될 것이다. 이상의 방법들을 통해 기업은 위험을 전가, 통제함으로써 효율성을 증대시키며 이를 통해 이익을 추구한다.

사업상의 위험은 대체로 보험시장을 통해 전가하기 어려운 경우가 많은데, 그 이유는 전문적 의사결정이 개입되고, 위험의 정도가 큰 불확실성의 영역이라는 점과 함께 도덕적 위태의 영향을 받기 때문이라고 말하고 있다.

위험과 도덕적 위태는 기업의 존재 이유뿐 아니라 기업의 여러 조직 형태를 설명하는 중요한 도구가 된다. 개인 기업의 경우에는 사업가와 (지분)자본가가 동일하므로 도덕적 위태의 문제가 발생하지 않는다. 그러나 개인이 복잡한 사업 위험을 혼자서 잘 관리하고 감당하기는 어렵다. 따라서 개인 기업이 담당하는 사업의 범위는 매우 제한적이다. 부채가 있는 경우에는 채권자 역시 개인이 기업의 사업 범위를 확장하는 것에 찬성하지 않을 것이므로 이 또한 사업 범위를 제한하는 요인이 된다.

개인이 사업을 확장하고자 할 때에는 다른 사람과 협동하여 파트너십을 조직할 수 있다. 파트너십은 합명회사나 합자회사의 형태를 포함한다. 개인 기업에 비해 사업의 파트너가 여러 명이므로 더 많은 자기자본을 확보할 수 있으며 부채를 통한 차입을 더 많이 할 수 있다. 이에 따라 사업의 규모가 커질 수 있다. 또한 사업 위험을 여러 파트너들과 분담하기 때문에 개인 기업에 비해 좀 더 복잡한 사업을 영위할 여지가 생기게 된다. 그러나 개인 기업에 비해 도덕적 위태의 문제가 커질 수 있다. 파트너들 사이에 손실을 공유하기 때문에 개별 파트너의 입장에서는 자신에게는 이익이 되지만 회사에는 해가 될 수 있는 선택을 할 여지가 생길 수 있기 때문이다. 도덕적 위태의 문제는 사업의 범위가 적거나 제한적일 때에는 통제가 쉽지만, 사업이 확대됨에 따라 통제가 점점 어려워지게 된다.

사업의 범위와 규모를 크게 확장할 경우에는 파트너십은 부적절해지고 주식회사의 형태가 효율적이게 된다. 주식회사의 경우에는 주식과 부채의 대규모 발행을 통해 위험을 다수의 투자자들과 공유할 수 있기 때문에 고도의 사업 위험을 감당할 여지가 많다. 투자자들 역시 자본시장에서 분산 투자를 통해 위험을 분산할 수 있기 때문에 더 많은 자금을 주식회사에 제공할 수 있게 된다. 이러한 위험 분산 장치를 이용할 수 있는 한 주식회사의 사업 범위는 무한하다. 물론 도덕적 위태를 해결해 다양한 이해관계를 일치시키는 것 또한 중요한데, 이에는 한계가 있다. 나이트는 경영자가 외부 투자자에 대해 일으키는 도덕적 위태뿐 아니라 기업 내부에서 일어날 수 있는 도덕적 위태의 통제 역시 중요한 것임을 지적한다. 이러한 논의는 현대 경제학에서 기업지배구조(corporate governance)라는 이름으로 불리는 내용이다.

아울러 나이트는 그의 책 9장과 10장에서 기업을 이해하는 데 필수적인 (이익) 소유권과 통제권의 관계에 대해서도 논의한다. 생산 과정을 통제하고 결과에 책임을 지는 사업가(entrepreneur)가 기업 활동의 잔여물(residuum of product, residual share of income), 즉 이익(profit)을 가질 자격을 가짐을 역설한다. (참고로, 이에 비해 알시앤-뎀세츠(Alchian and Demsetz, 1972)는 감시자(monitor)가 잔여물(residual claim)을 가질 자격이 있다고 주장한다.) 여기에서도 기업 활동의 위험을 중요시한다. 기업 활동의 결과에 책임을 진다는 것은 바로 결과의 위험에 대해 책임을 진다는 것으로, 그 위험은 고도의 불확실성으로, 보험으로서 타인에게 전가가 불가능한 위험을 의미하고 바로 그 위험을 책임지는 자가 이익을 소유할 권리가 생긴다는 것이다. 여기서 한 걸음 더 나아가 나이트는, 주식회사의 주주들은 비록 사업가는 아니어도 경영을 책임질 사람을 선택함으로써 위험을 책임지게 되므로 이익을 소유할 권리가 생긴다고 주장한다.

코스(Ronald Coase, 1937)는 기업의 존재 이유를 시장의 거래비용(transaction costs)에서 찾았다. 신고전학파 경제학에 따르면 시장은 가격을 통해 자원의 배분을 가장 효율적으로 할 수 있는 장치다. 시장 참가자는 각자 자신의 이익을 위해 행동하지만 보이지 않는 손에 의해 자원이 전체적으로 가장 잘 배분된다는 것이다. 그런데 기업에서는 의지를 가지고 권위와 지시에 의해 생산 과정에서의 자원을 배분한다. 로버트슨(D. H. Robertson, 1923)을 인용하면서 코스는 시장 속에 존재하는 기업을 "무의식적 협업의 바다 속에 떠 있는 의식적 힘의 섬(islands of conscious power in the ocean of unconscious co-operation)"으로 비유했다(Coase

1937: 388).

코스에 따르면, 만약 시장이 가장 효율적으로 자원을 배분하는 장치라면, 기업은 시장에 비해 비효율적인 장치이므로 존재할 수 없을 것이다. 기업이 존재한다는 것은 시장의 자원 배분 기능이 항상 효율적이지 않음을 의미한다. 시장이 효율적이지 않을 경우 이를 해결하기 위한 방편으로 기업이 만들어진다. 시장에서의 거래에 따르는 비효율성을 거래비용이라고 부른다면, 기업은 시장의 거래비용을 줄여줌으로써 그 존재 의의가 있다는 것이다. 거래비용이란 적정 가격의 탐색에 드는 비용이나 장기계약의 필요성에 따른 상대적 비용을 포함한다. 기업 내부에서는 시장 거래가 아닌 권위와 지시를 사용함으로써 거래비용을 줄일 수 있다.

물론 기업의 운영에도 비용이 따른다. 기업이 커짐에 따라 사업가가 기업을 관리하는 데에 비효율성이 증가하기 때문이다. 규모가 커짐에 따라 기업의 장점보다 단점이 더 커지게 되면 기업은 더는 규모를 키우는 것은 비효율적이므로, 그 선에서 기업의 크기가 정해진다.

코스의 기업이론은 처음에는 주목을 받지 못했으나 수십 년이 흐른 뒤에 경제학자들에 의해 재발견되고 발전된다. 알시앤(Armen A. Alchian), 뎀세츠(Herald Demsetz), 윌리엄슨(Oliver Williamson) 등에 의해 거래비용의 개념이 조명되고 확대되어 기업을 고찰하는 데 적용된다. 거래비용의 정의는 학자에 따라 다르지만, 거래비용을 넓게 해석하면 시장 거래뿐 아니라 계약에 수반되는 비용이나 부작용을 총칭한다. 관점에 따라서는 시장 거래 역시 순간적인 계약관계로 볼 수도 있기 때문에 거래비용과 계약비용이 종종 동일시되기도 한다. 기업 내부의 운영을 다양한 계약관계로 이뤄진 것으로 본다면 기업 내부의 운영 역시 거래비용을 발생시킨다. 이제 기업과 시장의 상대적 효율성은 시장의 거래비용과 기업의 거래비용 사이의 문제로 해석될 수 있다.

기업의 존재 이유를 설명하는 가장 중요한 것은 생산 과정에서 있는 두 당사자 A와 B가 거래를 할 경우에 생길 수 있는 부작용이나 비효율성인데, 대표적인 예를 들면 다음과 같다. 이를테면 A가 B에게 꼭 필요한 부품을 제때에 공급하지 않을 위험이 있거나, 혹은 B에게 필요한 공급을 하기 위해서는 A가 거액이나 장기적인 투자에 묶이게 되는 경우 등을 생각해볼 수 있다. 이러한 경우들에 어느 한 당사자가 다른 당사자에게 주도권을 빼앗기고 착취를 당할 위험이 존재한다. 이러한 문제는 계약이나 거래 이후에 발생할 수 있는 이익 착취의 갈등(Williamson, 1971, 1973)이나 재협상에서의 갈등(Grossman and Hart, 1986) 등으로 나타날 수 있다(Gibbons, 2005). 각 당사자가 자신의 이익을 위해 의사결정을 하기 때문에, 시장 거래에서는 이러한 갈등 문제 때문에 비효율적인 결과를 초래할 수 있다. 이럴 경우에는 두 당사자의 독자적 의사결정을 하나로 통합하거나 일방에게 부여함으로써 서로에게 이익이 되는 결정을 내릴 수 있게 되는데 이렇게 해서 만들어지는 것이 바로 기업이다. 통합 후에 더 효율적인 의사결정을 내릴 수 있는 당사자가 기업의 의사결정자가 된다. 이러한 관찰은 단순히 시장과 기업의 관계뿐 아니라 기업 간 인수합병에도 시사점을 준다.

한편 기업 내부로 통합되었다고 해서 당사자들 사이의 이해관계가 일치하는 것은 아니다. 사람들의 행동은 다양한 인센티브나 환경에 의존하기 때문이다. 보통 이러한 문제점들은 우리가 앞에서 살펴보았던 도덕적 위태나 역선택과 같은 정보의 문제로 표현된다. 이러한 정보의 문제는 기업의 중대한 거래비용을 구성한다.

벌(Adolf Berle)과 민스(Gardiner Means)는 주식회사에서의 소유와 지배의 분리(separation between ownership and control)에 따른 경영자(와 지배그룹)의 도덕적 위태에 대해 논의했다(Berle and Means, 1932). 이들의 주장은 기업의 본질에 대한 고찰은 아니지만 기업에 대한 통제와 지배구조에 큰 영향을 끼쳤다. 이들에 따르면 소유와 지배의 분리로 인해 주주들은 수동적으로 수익을 배분받는 존재가 되었고, 경영자와 주주의 이해에 괴리가 커짐으로써 경영자의 도덕적 위태가 심해지게 되었다. 그 결과 과도한 투자나 운영에 따른 기업의 파산, 기업 가치의 이전, 재무정보 조작이나 내부자 거래 등 기업의 가치 하락과 도덕적 문제로 이어진다.

도덕적 위태는 애덤 스미스가 주식회사의 문제점으로 강조한 바 있다(Smith, 1776). 1921년 저작에서 나이트 역시 도덕적 위태의 문제를 기업 조직을 결정짓는 중요한 요소로 논의했으며, 주식회사에서 도덕적 위태를 적절히 통제하는 것이 중요한 것임을 강조했다. 따라서 벌과 민스의 주장은 새로운 것은 아니었지만, 대공황이라는 시대 상황은 미국 정부로 하여금 벌과 민스의 주장을 반영하게 만들었다. 그리하여 1933년 미국의 증권법 제정과 증권거래감독국(Securities and Exchange Commission, SEC)의 설립으로 이어진다.

위험과 기업

기업, 특히 주식회사는 자본주의를 견인하고 발전시킨 핵심적인 제도라고 해도 과언이 아니다. 그런데 자본주의는 위험과 떼려야 뗄 수 없는 관계다. 그렇다면 기업 역시 위험을 떼어서는 생각할 수 없을 것이다.

정부의 조직과 구별되는 민간회사 조직의 기원은 최소한 고대 로마시대까지 거슬러 올라간다. 고대 로마에는 소키에타스 푸블리카노룸(societas publicanorum)이라고 불리는 파트너십의 기업 조직이 존재했는데 이 조직은 정부로부터 수주를 받아 건설, 채굴, 세금 징수 등의 업무를 대행하고 대금을 지불받았다. 지금으로 치면, 정부조달물품 공급업체나 정부 추진 사업의 민간 사업자와 같은 역할을 한 것이다. 공동의 이익을 위해 파트너들은 서로 협력하고 의지하며 사업을 영위했다.

고대 로마의 소키에타스는 로마제국의 멸망과 함께 사라지지만, 중세에는 끼라드(qirad), 콤파니아나 콜레간자(colleganza)와 같은 기업 조직이 이슬람 지역과 북부 이탈리아에서 활동했다. 동양에서도 상업 조직이 활동했다. 우리나라에서도 개성 상인과 같은 상단 조직이 있었다. 이들 기업은 주로 상업이나 금융 활동을 통해 이익을 추구하는 조직이었다.

자본주의 태동기 초기의 주식회사들 역시 상업적 목적의 조직들이었다. 각국의 동인도회사는 인도와 아시아와의 무역을 위해 조직된 회사들이었다. 이들 기업은 이익을 얻는 것을 목표로 화물을 골라 나르고 거친 바다 위에서 장기간 항해하기 위한 조직이었다.

고대 로마의 소키에타스로 거슬러 올라가든, 자본주의 시대의 주식회사에 국한해서 보든, 기업의 시작은 협력 혹은 협업의 필요성이었다. 무거운 화물을 나르는 데 한 사람이 조금씩 나른 후 그것을 다음 사람과 거래를 할 수는 없으며, 거칠고 긴 항해를 혼자서 할 수는 없다.

그리고 사업가가 위험을 감수하고 이윤을 추구하는 것이 자본주의적 정신을 대변한다면, 사업가가 조직하는 기업이야말로 위험을 추구하기 위한 조직이라 할 수 있다. 즉, 협력과 위험은 자본주의적 기업을 이해할 때 빼놓을 수 없는 주제어다.

협력은 공동의 목표로 힘을 합치는 것을 의미한다. 시장에서 일어나는 자율적이고 독립적인 각자의 행동이 아니라 권위와 명령에 근거한 조화된 행동을 의미한다. 따라서 협력이 반드시 같이 일을 함을 의미하는 것은 아니다. 기업 내에서는 고도로 분업화된 행태로 일을 분담하는 경우도 많다. 협력은 분업을 통해서 효율적으로 운영될 수 있다. 분업이라도 공동의 목표로 통제를 받는 경우에는 협력의 수단이 된다. 기업 내

협력은 시장의 분권화된 의사결정과 대비되는 것으로서 코스나 윌리엄슨이 강조한 권위나 명령 체계와 다름 없다.

협력은 기업이 처한 위험 앞에서 더욱 필요해진다. 자본주의적 사업가는 기업을 통해 위험을 감수하고 이익 창출을 위해 모험을 감행한다. 만약 사업의 위험이 없다면 지금의 주식회사와 같은 조직이 존재할 수 있었을까? 그런 의미에서 나이트가 간파한 바와 같이, 위험의 효율적 대응과 관리야말로 기업의 핵심이라 할 수 있다.

주식회사의 원형이라 할 수 있는 중세 이슬람 지역의 끼라드나 베니스의 콜레간자의 투자자들은 해외무역을 위해 항해를 떠나는 상인들에게 자금을 대여해주고 지분을 통해 위험을 공유했다. 만약 무역에 위험이 없었다면 지분을 통한 위험의 분담 역시 필요하지 않았을 것이며, 부채 방식으로 필요 자금을 빌린 후 갚으면 됐을 것이다. 피렌체의 콤파니아는 메디치를 비롯한 은행의 조직이었는데, 콤파니아는 사업을 위해 자기 자본뿐 아니라 장기 부채도 적극 활용했다. 피렌체의 주요 은행 가문들은 유럽 주요 도시에 지점을 설치하고 각 지점의 대출과 사업 위험을 적극 관리했다. 메디치 은행의 경우, 각 지점을 자율성 있는 사업장으로 운영하고, 지점 관리자를 파견하여 관리와 감독을 시행했다. 지금으로 치면 독립적인 사업부제 시스템과 비슷하게 운영된 것이었다. 이러한 운영 방식은 메디치 은행 전체의 위험을 감소시키며, 지점별 인센티브를 부여해 도덕적 위태를 줄이는 장점이 있다.

주식회사의 효시라고 불리는 네덜란드나 영국의 동인도회사들의 경우는 중세의 기업에 비해서 훨씬 큰 위험을 감수했고, 더 큰 협력을 필요로 했다. 또한 더 많은 자본을 얻어야 했고 그 자본을 더 장기적으로 운영해야 했다. 그에 따라 더 많은 투자자들로부터 위험을 공유할 수 있는 주식이 발행되었고, 부채 역시 장기적으로 발행되었다. 주식의 유한책임은 투자 위험을 줄여줌으로써 더 많은 투자자로부터 더 많은 자금을 유치하게끔 했다. 사업 위험의 전가는 보험시장의 발전을 통해서 제3자에게 전가되었다. 또한 매번 수익금을 정산하는 대신 장기적인 안목으로 사업을 영위함으로써 사업 수익성의 단기 변동을 장기적으로 평준화시킬 수 있었다. 이렇게 자본주의적 회사가 시작되었다. 동인도회사들은 부에 대한 열망으로 상인과 노동자들의 협력을 통해 사업 위험을 감내하기 위해 만들어진 조직이었다.

기업에 많은 투자자가 자금을 투자하고, 기업 내에서는 많은 노동자가 협력해야 하는 것이라면, 필연적으로 이들 사이에는 갈등이 생기게 될 것이다. 위험의 전가와 보유 결정이 기업의 핵심적인 역할이라면, 도덕적 위태와 역선택과 같은 정보의 문제가 따라온다. 기업은 주기적으로 수익을 청산해 배분하지 않기 때문에 수익이 얼마나 났는지에 대한 정보가 부족하며, 주주는 장기적으로 자금이 묶이게 된다. 채권자는 주주의 유한책임으로 인해 기업의 파산 시 원금을 받지 못할 위험을 감수해야 한다. 그런데 기업 내의 경영자는 투자자의 자금을 관리하기 때문에 자신의 자금을 관리하는 것과 같은 신중함이 결여될 수 있다. 경영자가 아닌 피고용인인 노동자도 마찬가지다. 따라서 기업에 자금을 투자한 투자자들은 투자한 순간부터 계속해서 기업을 감시하고 의심하게 된다. 마찬가지로 경영자는 노동자를 감시한다.

주주의 위험에 대한 해결책으로 증권거래소, 즉 주식시장이 설치되었다. 주식시장에서 주식을 팔아 그 위험을 떠넘길 수 있게 했다. 주식시장은 주주 위험이 거래되는 보험시장인 것이다. 물론 그렇다고 주주의 위험이 사라지는 것은 아니다. 주식을 거래한다는 것은 위험을 감당해야 하는 주주의 이름이 바뀌는 것일 뿐이다. 결국 주주는 경영의 내용을 확인할 수 있도록 회계 감사나 정보의 공개, 그리고 경영자에 대한 소송 등의 주주권을 통해 위험을 최소화하는 제도를 마련하여 스스로를 보호한다. 채권자는 이자를 주기적으로 요구함으로써 최소한의 채무 변제 의지와 능력이 있는지를 확인하고, 그렇지 못할 경우에는 기업을 압박할 권리를 갖는다. 또한 파산 시에는 부채 상환을 우선적으로 할 수 있도록 조치를 취한다. 경영자는 인사 고과, 승진, 해고 등을 통해 직간접으로 노동자를 통제한다. 노동자는 이에 대한 대응으로 조직화하고 권리 확보를 위해 법과 제도에 의지한다.

이 모든 제도와 규칙은 기업을 둘러싼 다양한 이해관계자들 사이에 위험을 전가, 보유, 통제하려는 움직임이다. 이러한 위험은 기업이 존재하는 바로 그 근거에서 탄생한 것인바, 기업이란 그 자체가 바로 보험기제와 다름 없다. 그리고 보험 기제를 통해 위험을 전가함으로써 단순히 위험을 줄이는 것이 아니라 새로운 위험을 적극적으로 추구할 수 있게 되었다.

위험과 기업이론

코스를 필두로 한 경제학의 기업이론은 거래비용을 중심으로 논의한다. 어떤 상품이 시장에서 구입 가능한데 그에 따른 거래비용이 크기 때문에 그 비용을 줄이기 위해 기업이 만들어졌다는 것이다. 이러한 접근법은 시장과 기업의 자원 배분을 비교함으로써 기업의 의미를 생각해볼 수 있게 하는 장점이 있다. 현대의 기업이론은 계약가능성, 사전적 혹은 사후적 협상, 정보 문제 등과 연결해 기업을 바라보며, 또한 기업 내부의 의사결정, 갈등과 통제 그리고 보상과 인센티브 등을 주요 관심 주제로 삼는다(Gibbons, 2005). 최근의 다양한 발전과는 별도로 코스류의 경제학적 기업관에는 겉으로 잘 드러나 보이지 않지만 중요한 문제점 두 가지가 있다는 점을 짚고자 한다. 첫째, 이들 기업이론은 기업의 탄생에 대한 역사적 사실과 잘 맞지 않는다는 점이고, 둘째, 기업이론이 내포하는 기업의 의미에 일종의 모순이 있어 보인다는 점이다.

우선 첫 번째 문제점과 관련해 살펴보자. 고대 로마의 소키에타스는 이익을 목적으로 구성되었지만, 이들의 사업 내용은 파트너들이 힘을 합쳐서 같이 해야 하는 것이지, 사업의 일부분씩을 시장에서 따로 구매할 수 있는 것은 아니다. 즉, 시장이 애초에 존재하지 않는 것이다.

또한 기업이 꼭 어떤 제품을 생산하는 것도 아니다. 초창기 기업은 상업과 무역을 통해 이익을 추구했는데, 상업은 구매와 판매를 통해 이익을 올리는 것이지 생산 과정이 존재하는 것은 아니다. 따라서 생산 과정에서의 시장 역시 존재하지 않는다.

경제학적 기업이론은 시장의 거래비용을 중심으로 논의하게 되면서 협력과 위험의 중요성이 퇴색되었을 뿐만 아니라 역사적 사실과도 배치되었다. 경제학에서 거래비용에서 논의를 시작하는 이유는 애덤 스미스 이후로 시장의 존재를 당연시한 전통 때문이었다. 스미스는 『국부론』(Smith, 1776)에서 사람들이 교환하려는 습성이 있다고 언급함으로써 시장의 존재를 당연시했다. 시장의 존재를 당연히 받아들이면, 기업이 존재하는 이유가 시장에 어떤 비효율성이 있기 때문인 것으로 생각하는 것 역시 자연스럽게 받아들일 수 있다. 다만 이상적인 시장을 꿈꾸었던 신고전학파 경제학에서는 기업의 존재 자체가 관심 밖이었기에, 코스의 기업이론이 주목을 받는 데까지 많은 시간이 필요했다.

그러나 역사적 사실은, 시장은 언제 어디서나 존재하는 것이 아니라, 오히려 반대로 특별한 경우가 아니면 존재하지 않았다는 것이다. 초창기의 시장은 무역상을 중심으로 형성된 거래의 장이거나 혹은 전쟁 때 발견할 수 있었을 뿐이었다. 자본주의 시대와 더불어 시장이 본격적으로 확대되기 시작했고 오늘날에 이르렀다. 그러다 보니 오늘을 사는 우리에게는 시장이 존재하는 것이 당연한 것으로 생각하게 되었다(Polanyi, 2001).

상업적 활동을 목적으로 한 초기의 기업들뿐 아니라 19세기 이후 제조산업도 생산 과정에서의 시장이 당연히 존재한 것은 아니었다. 포드가 자동차를 만들기 시작했을 때 필요한 부품을 모두 다른 공급자에게서 조달할 수 있었던 것은 아니었다. 시장의 거래비용이 높아서가 아니라 새로운 제품에 맞는 부품을 생산하는 생산자가 존재하지 않았던 것이다. 그럴 경우 중요 부품은 사업가가 직접 만들어야 했을 것이다. 그러다 수요가 늘면서 부품이 많이 필요해지면서 그 부품 수요를 충족할 수 있는 공급업체가 생기게 되었을 것이다. 산업화 초창기의 생산 과정에서는 기업 생산 활동과 수요의 증가에 맞춰 사후에 시장이 형성되는 경우가 많았을 것이다. 즉 시장의 거래비용을 줄이기 위해 기업이 만들어진 게 아니라, 기업의 수요가 늘어나면서 필요 물품을 공급해주는 시장이 형성된 것이다. 슘페터가 강조하듯 사업가의 창조적 파괴가 일어났을 때, 이 신제품 생산 과정에서의 공급시장이 늘 존재하는 것은 아니다.

많은 경우 기업이 먼저이고 시장이 나중에 만들어졌을 것이다. 물론 이러한 경우에도 마치 시장에 거래비용이 너무 높아서 부품시장이 형성되지 않았다고 해석할 수는 있다. 그러나 이러한 해석은 거래비용을 자의적으로 광범위하게 해석할 때에만 가능한 것이며 매우 부자연스러운 것이다. 존재하는 시장에서의 거래에 비용이 높게 발생하는 게 아니라 시장의 존재 자체에 많은 비용이 드는 것이다.

거래비용적 관점은 제품 생산 과정에서의 공급시장이 존재할 경우에 기업이 시장에서 구입할지 혹은 내부에서 생산할지를 결정하는 제조-혹은-구매(make-or-buy) 의사결정의 경우에 적합하게 적용된다. 그리고 현대 경제체제하에서 이미 다양한 공급시장이 존재하는 경우에 그 나름의 설명력을 갖고 있다고 볼 수 있다. 그러나 새로운 시장이나 혁신적인 제품이 만들어져야 하는 창조적 파괴의 시점에는 거래비용적 접근법은 다소 어색해진다.

이제 두 번째 문제점인 기업의 의미에 대해 살펴보자. 코스의 기업이론에서 기업은 제조-혹은-구매의 틀에서 이해된다. 즉, 외부에서 구매하는 경우는 시장을 이용하는 것이고, 직접 제조하기로 하면 기업이 탄생하는 것이고 이것이 기업의 본질이다. 그런데 여기에서 외부에서 구매하는 경우에는 기업이 존재하지 않는다는 것일까? 시장에서 구매한다는 것은 다른 제조업자의 존재를 전제한다. 제조업자는 제조-혹은-구매의 틀에서 이미 기업이다. 그 제조업자를 기업이 아닌 것으로 간주할 수는 없다. 이러한 관점에서 보면 코스의 이론은 기업의 본질(nature of the firm)이 아니라 기업의 수가 하나일지 혹은 둘일지를 놓고 분석한 것이다. 코스의 세계에서 제조업자로서의 기업은 이미 시장에서 존재하고 있었다. 기업의 본질을 궁구하고 싶다면, 이미 존재하는 그 기업의 존재 이유를 알아야 한다. 이러한 관점에서 코스의 기업이론은 기업의 본질이 아니라, 그저 (그러나 여전히 중요한) 기업의 경계선에 대한 이야기일 뿐이다.

기업을 최소한 2인이 속한 기구로 생각한다면 위의 비판은 일단 무마된다. 아마도 이러한 점이 현대의 기업이론이 계약관계에 주목하는 이유일 것이다. 또한 코스가 고용인-피고용인의 계약관계를 기업의 본질로 본 이유이기도 할 것이다. 그러나 그 경우에도 여전히 명확히 해야 할 숙제가 있다. 이때에도 코스의 틀 안에서는 모순이 해결되지 않기 때문이다. 둘이 힘을 합쳐야만 비로소 기업이 만들어지는 것이라면, 시장에 이미 존재하는 그 제조업자는 반드시 한 명이어야 할 것이다. 그리고 이것은 제조업자가 시장에서 판매할 것을 혼자서 만드는 것이 가능하다는 가정하에서만 의의가 있다. 그래서 기업이론이 해야 하는 이야기는 혼자서 만들 수도 있는데 왜 둘이 모여서 만드는가에 대한 것이다. 그러나 이러한 가정은 앞에서 강조했듯이 역사적으로나 현실적으로 의미가 없다. 현실에서 혼자서 할 수 없는 일은 너무도 많다.

기업의 본질 자체가 무엇인지는 어려운 문제가 아니라 별도의 이야기가 필요 없는 것일지 모른다. 이익을 추구하기 위한 여러 사람들의 집합체라는 기본적인 이해만으로 기업의 존재 이유이자 본질이 설명되는 것일지 모른다. 즉 이익 추구를 위해 협력과 위험에 대응하는 것이 기업인 것이다. 일단 이렇게 기업의 존재와 본질이 이해된다면 이제부터 필요한 것은 기업의 조직과 구조와 기능에 관한 고찰일 것이다. 우리가 아는 기업이론은 (기업의 본질이 아니라) 바로 이 점들을 연구한다.

다른 한편 기업의 본질에 대한 질문은, 왜 무언가를 만들거나 가져와서 남에게 팔려고 하는가 하는 데서 시작해야 할지 모른다. 이 경우 기업의 본질은 결국 시장의 존재에 대한 질문으로 이어진다. 이때의 시장은 코스가 주목한 생산 과정에서의 시장이 아니라 상품이 거래되는 시장을 의미한다.

이러한 관점에서 보건대, 나이트의 기업관은 좀 더 기업의 본질과 관련된 이야기를 하고 있다. 기업을 본질적으로 위험에 대처하는 기구로 간주하고 여기서부터 기업을 설명하고 있기 때문이다. 이익의 추구와 이에 따르는 위험의 감수 그리고 위험에 따르는 도덕적 위태의 문제 등으로 기업의 본질, 기업의 여러 형태, 기업 이익의 소유권 등을 논의하고 있다.

위험과 협력을 중심으로 생각해보면 다양한 기업관이 사실은 위험과 협력의 다른 측면들을 강조하고 있음을 알 수 있다. 노동의 분업을 통한 생산성 향상을 위한 조직으로 본 애덤 스미스의 기업관, 구매와 판매, 그리고 효율적인 생산을 통해 이익을 추구하는 조직으로 본 베블렌의 기업관은 협력의 효율성을 강조한 것이다. 나이트의 기업관은 위험 관리에 초점을 둔 것이라 할 수 있다. 마르크스는 기업을 사업가 혹은 자본가가 노동자들의 분업과 협업을 구현하는 공간으로 보았으며, 그의 노동 착취 기업관은 기업의 생산 과정에서 자본가가 노동자에게 전가시킨 위험에 초점을 맞춘 것이다. 창조적 파괴를 강조한 슘페터의 기업관은 이익을 위해 위험을 추구하는 사업가 정신을 강조한 것이다.

한편 거래비용의 핵심이 협력과 위험, 그리고 부수되는 정보 문제임을 생각하면, 코스나 윌리엄슨의 거래비용 기업관 역시 협력과 위험의 문제를 다루고 있다고 할 수 있다. 조직 내의 인센티브나 도덕적 위태를 강조한 다양한 기업 관련 이론들 역시 결국은 위험과 정보 문제를 다루고 있다. 협력과 위험은 때때로 효율성, 거래비용, 계약비용, 정보 문제, 도덕적 위태나 인센티브 등으로 옷을 갈아입는다. 그러나 협력과 위험이 기업의 본질을 구성하는 가장 중요한 요소임은 변하지 않는다.

맺음말

자본주의는 위험을 먹고 산다. 자본주의의 꽃이라고 할 수 있는 주식회사는 바로 그 위험 추구의 장본인이자 결과물이다. 주식회사는 법적인 인격을 부여받고 사람과 같은, 때로는 사람보다 우월한 지위를 취득했다. 주식회사는 영원히 생명을 유지할 수 있는 존재로 여겨지고, 사망의 위험을 뛰어넘을 수 있는 존재가 되었다. 또한 주식회사는 인간에게 부과되는 도덕적 굴레에서 벗어나 자신의 이익만을 추구할 수 있었다. 이익은 위험을 감수해야만 얻을 수 있는 것인바, 죽음을 초월할 수 있는 존재로서 주식회사는 이익 추구를 위해 더 많은 위험을 감당하게 되었다.

주식회사는 영원히 살 수 있다고 해서 죽지 않는다는 것은 아니다. 주식회사의 수명은 위험을 얼마나 잘 통제하느냐에 달려 있다. 기업의 다양한 이해관계자들 사이에 끊임없이 위험이 전가되고 통제된다. 애덤 스미스는 유한책임을 주식회사의 비효율성의 원인으로 간주했지만, 유한책임은 위험 전가의 대표적인 방법으로서 주식회사가 더 많은 위험을 추구할 수 있도록 해주었다. 유한책임과 같은 위험 전가, 공유, 보유는 비효율성의 원인이 아니라 기업의 효율성과 이윤 증가의 원동력인 것이다.

그러나 위험의 전가는 도덕성이나 합법성을 전제로 하지 않는다는 면에서 때로는 상대방이나 제3자에게 피해를 끼친다. 또한 도덕적 위태, 역선택 그리고 도박은 위험 전가에 수반되는 것으로서 비효율성과 비도덕성의 요인이 된다. 언제나 그렇듯이 위험의 전가는 기업에 있어서도 양날의 칼과 같다.

주류 경제학은 위험과 협력이라는 기업의 핵심적 요소 대신 거래비용이라는 개념을 중심으로 기업을 바라본다. 생산 과정에 필요한 제품을 시장에서 구입할지 혹은 기업 내에서 생산할지를 놓고 효율성을 따진다. 시장에서의 거래비용으로 인해 시장에서 구입하는 것보다 기업 내에서 생산하는 것이 효율적이라면 기업이 존재할 이유가 있다. 이러한 시각은 신고전학파 경제학의 이상적인 시장에서 무시되었던 기업의 의미를 소환했다는 데 의의가 있다. 시장이 만연한 현재의 경제체계에서 기업의 의미와 울타리를 설명하는 데에 좋은 설명력을 제공해준다. 그러나 기업의 탄생이 생산 과정에서의 시장의 존재에 앞선 것임을 고려한다면, 시장의 존재를 전제로 하는 거래비용의 관점은 기업의 본질을 설명하는 데에 부족함이 있다. 협력과 위험의 감수와 전가는 시장의 존재를 전제로 하지 않는다.

주식회사로 대표되는 현대의 기업 조직은 생산의 대부분을 담당하는 중요한 제도적 장치다. 자본가는 자본을 경영자에게 대여하고 경영자는 경영을 통해 수익을 올려 차입한 대가를 지불한다. 경영자는 물론 혼자서 일하는 것이 아니고 많은 노동자와 협력을 통해 수익을 창출한다. 기업은 물론 생산 과정에서 시장을 이용해서 다른 기업과 관계를 맺기도 하고 기업 내부에서 생산을 하기도 한다. 새로운 경쟁자는 새로운 아이디어와 제품으로 기존의 시장과는 다른 새로운 시장 질서를 만들어나가기도 한다. 구체적인 행동이나 결과는 다르지만, 기업의 활동과 관련된 공통된 주제어는 협력과 위험이다. 협력은 반드시 같이 일하는 협업의 의미가 아니고 노동의 정교한 분업을 통해서도 이뤄질 수 있다. 협력의 범위가 법적인 기업의 울타리를 넘어서면 기업의 경제적 울타리는 사실상 모호해지기도 한다. 협력과 더불어 위험은 기업의 탄생 시점에서부터 기업의 존재 근거이기도 하다. 그리고 기업은 끊임없이 위험을 전가하는 장치를 개발하고 적용해왔다. 유한책임, 인수합병, 담합이나 전략적 제휴, 하청 계약, 노동 계약, 보험, 품질 보증, 금융 위험 헷지 방법 등은 기업을 중심으로 논의되고 적용되었다. 기업을 어떤 관점에서 살펴보든 그 뒤에는 항상 협력과 위험이 존재한다.

위험과 사회

제11장

위험과 종교

역사상 가장 성공한 보험은 무엇일까? 이러한 질문을 하면 여러 대답이 나올 것이다. 생명보험, 연금이나 자동차보험 등등. 그러나 역사적으로 가장 성공한 보험은 비록 통상적인 의미의 보험상품으로 간주되지는 않지만, 바로 종교다. 종교는 인간이 당면한 가장 중대한 위험인 죽음에 대한 보상을 이야기하기 때문이다. 종교가 보험의 역할을 한다는 것은, 종교와 보험시장 역시 서로 연관성이 있을 것이라는 추측을 가능하게 한다. 여기서는 종교와 위험, 그리고 보험의 연관성에 대해 살펴보도록 한다.

보험으로서의 종교

인간은 태어나면 늙고 다치며 병들고 죽는다. 생로병사는 인간에게 피할 수 없는 위험으로 다가온다. 종교는 바로 이 피할 수 없는 위험을 감소하거나 보상해주는 역할을 수행한다. 불교에서는 윤회사상과 깨달음을 통해 태어남과 죽음의 위험에서 벗어나도록 하며, 기독교나 이슬람교에서는 유일신에 대한 믿음을 통해 위험에서 벗어나게 한다. 이런 의미에서 보면 종교야말로 진정한 생명보험이다. 통상적인 생명보험상품은 사실상 죽음이라는 위험에 직면한 사람에 대한 보상이라기보다는 유족들에게 재산상의 도움을 주는 장치다. 종교를 보험의 구조로 생각해 보면, 구원과 깨달음은 보험금에 해당하고, 믿음, 예배, 헌금 등은 보험료인 셈이다.

도덕적 위태나 역선택 같은 정보의 문제 역시 종교라는 보험을 이해하는 데 빠질 수 없다. 종교는 신자들의 불신이나 이단 행위를 끊임없이 경계하고 지은 죄를 고백하게 한다. 거짓된 믿음은 사후에 약속된 구원을 얻지 못한다. 보험에서 사고 후에 손실액을 추정하는 손해 사정을 하듯 종교에서는 사후에 심판을 받는다. 다행히 신은 모든 것을 알고 있기 때문에 어떠한 정보의 문제도 결국엔 사라진다. 그런데 현실 속의 인간은 그런 점을 망각하기 쉽기 때문에, 종교의 사제는 정보 불균형은 결국 사라진다는 점을 계속 강조한다. 거짓 믿음이나 교리에 위배된 행위를 하면 보험금 지급이 거절된다는 점을 끊임없이 주지시킨다.

한편 보험가입자의 정보 문제뿐 아니라 보험자의 정보 문제 역시 중요하다. 과연 정말로 보험금을 받을 수 있을까? 이미 죽은 사람이 알려주지 않는 한 보험금을 받았는지 아닌지는 확인할 수 없기 때문에 당사자가 죽기 전에는 결코 해결되지 않는다. 신자들은 끊임없이 보험자의 정보 문제를 고민한다. 그리하여 서로 다른 종교가 나타나서 경쟁한다. 각 종교는 다른 종교가 약속한 보험금 지급은 실현되지 못한다고, 즉 지급 불능이라고 주장한다. 자신의 종교를 믿는 자만이 보험자의 지급 불능의 위험에서 벗어날 수 있다고 주장한다. 새로운 종교가 만들어지는 중요한 이유 역시 기존 종교의 정보 문제를 해결하고자 하는 것이다. 예를 들어 16세기 유럽의 종교개혁은 기존의 기독교인 구교의 도덕적 위태를 극복하고자 나온 것이라 할 수 있다.

그러나 어떤 종교든 지급 여력의 여부를 직접 증명할 수는 없다. 직접 증명이 어렵다면 간접적으로라도 신호를 전달하면 되지 않을까? 종교가 오랫동안 애용했던 신호전달의 방법 중 하나는 기적이나 징후의 발현이었다. 이를테면 불치병을 낫게 하거나 신이나 천사 등의 현시, 그리고 천재 지변 등의 징후를 포함한다. 이러한 기적과 징후의 발현은 종교를 믿고 따르면 구원받는다는 신호전달의 효과를 수반한다.

지급 여력 여부는 증명되지 않더라도 종교는 다른 세속적인 기능을 제공함으로써 신자들에게 실제적인 도움을 주기도 한다. 전통적인 장례나 결혼 예식의 수행 그리고 자선 구휼 활동, 환경 보호나 정치적 참여와 같은 다양한 사회적 활동 등은 종교가 행하는 세속적인 기능의 예시들이다.

그런데 과학과 경제가 발전한 현대에는 종교를 믿지 않는 사람의 비율이 점점 늘어나게 되었다. 그 이유는 기적과 징후의 신호전달이나 세속적 기능의 의미가 많이 퇴색되고 있기 때문이다. 사람들은 기적의 과학적 근거에 의문을 갖고, 자연 재해는 자연 현상으로 해석한다. 또한 세속적 기능은 자본주의 시장이 지속적으로 역할을 대체해오고 있다. 그중 보험시장은 종교의 영역을 잠식하는 대표적인 시장이 되었다. 이제 종교는 다른 전통적인 종교나 과학과 경쟁을 지속해야 할 뿐 아니라 시장이라는 신흥 종교와도 경쟁해야 한다.

신의 섭리와 보험시장

우리나라에서는 덜하지만, 서양에서는 종종 보험이라는 것을 신(神) 또는 신의 행위(act of god)와 연결 짓는다. 다음의 몇 가지 책의 제목을 살펴보자(amazon.com).

- Against the Gods (신에 대항하여)
- Making a Market for Acts of God (신의 행위를 위한 시장 조성)
- Acts of God and Man (신과 인간의 행위)
- Acts of God: Why Does God Allow So Much Pain? (신의 행위: 신은 왜 그 많은 고통을 허용하나?)
- An Act of God?: Answers to Tough Questions about God's Role in Natural Disasters (신의 행위?: 자연재해에서의 신의 역할에 관한 어려운 질문에 대한 답변)

이 중 처음 세 개는 위험과 보험 관련 서적의 제목이며, 마지막 두 개는 종교 서적의 제목이다. 종교는 동서양을 막론하고 있어왔지만, 서양에서 근대적 보험시장이 형성될 때 종교와 신은 넘어야 할 산이었다. 보험은 때로는 신에 대항하는 인간의 행위로서, 때로는 신의 섭리에 부합하는 행위로서 이중적으로 해석되었다.

이러한 극복의 노력은 지금도 이어지고 있는 듯하다. 예를 들어 보험시장에서는 대재해 채권(catastrophe bond)이라는 금융 수단이 있는데, 대재해 채권은 자연 재해가 발생하면 원리금을 면제해주는 조건이 붙은 채권을 말한다. 이 대재해 채권의 또 다른 이름이 신의 행위 채권(act of god bond)이라는 점은 보험과 신과의 관계가 아직도 이어짐을 보여준다는 점에서 흥미롭다. 생각하건대 보험이 일차적으로 담보하고자 하는 위험은 자연 재해였고 이 자연 재해를 신의 영역이라 한다면, 보험산업이야말로 인간이 신을 극복하려는 노력의 결과라고 해도 이상하지는 않다.

19세기 유럽에서 보험산업이 본격적으로 대중에게 보급될 때까지 보험계리와 위험 관련 자료 등의 기술적인 문제 외에도 두 가지 중요한 인식론적인 장애물이 있었다. 그중 하나는 보험을 도덕적으로 타락한 것으로 보는 정서였다. 우리는 도덕적 위태에 대해 논의할 때 이러한 점을 살펴보았다. 보험은 사실상 도박과 구분되기 어려웠고, 실제로 역사적으로 보험이 도박의 수단으로 사용되었다. 보험산업이 제일 먼저 꽃을 피웠던 영국에서는 18세기 후반에 이미 보험에서 도박적 요소를 제거하고자 많은 노력을 했다. 1745년 해상보험법과 1774년 생명보험법을 통해 피보험 이익이 없으면 보험이 무효임을 선언함으로써 손해보험과 생명보험 영역에서 도박적 요소를 제거하고자 했다. 새 로이즈 커피하우스의 설립과 같이 도박과 보험을 분리하려는 보험업계의 자율적인 노력도 있었다. 그러나 그 구분은 명확하지 않았고, 19세기 이후에야 도박과 보험이 제도적으로 혹은 사람의 인식 속에서 구분되었다. 마침내 도덕적 위태라는 용어가 19세기 후반에 등장하게 되는 배경에는 이러한 시대적 상황이 있었다.

두 번째 장애물은 서양에서 오랫동안 보험의 부정적인 이미지를 만들게 한 것인데 바로 종교였다. 사실상 도덕적 비난 역시 종교적인 믿음에서 비롯된 것일 수 있다. 유럽에서 중세 시대를 지배하던 이념인 기독교는 보험을 부정적으로 생각했는데 그 근저에는 불확실한 결과나 위험은 신의 섭리라는 생각이 있었다(Rowell and Connelly, 2012). 사고나 질병은 신이 인간에게 내린 시련인 것이다. 그것을 인간이 보험이라는 것을 통해 효력을 반감시키려는 것은 신의 섭리(Providence)에 대한 도전인 것이다. 안전이란, 신에 의해서만 보장되는 것이지 보험자가 보장하고 그로부터 이익을 얻을 수 있는 것은 아니다.

신의 섭리에 거역하는 행위로 중세 교회에서 부정적으로 생각한 것은 보험 외에도 성직매매(simony)와 고리대(usury)가 있다(Ceccarelli, 2001). 성직매매는 예수의 권위를 매매하는 것이고, 고리대는 신의 시간을 매매하는 것이기 때문에 신의 뜻을 거스르는 것이다. 이때의 고리대는 현대적 의미인 높은 이자만을 뜻하는 게 아니라 이자 자체까지 포함하는 개념이다. 1234년, 교황 그레고리우스 9세(Gregorius IX)의 교황령은 고리대와 해상보험의 원조 격인 모험대차를 불법화했다. 물론 성직자나 신학자들 사이에서 이견이 없었던 것은 아니었다. 중세의 신학자 토마스 아퀴나스(Thomas Aquinas)는 고리대는 신의 섭리에 반하는 것으로서 반대했으나, 이에 반해 보험은 소유권에 영향을 주지 않으므로 고리대와는 다르다고 보았다.

교회가 보험을 죄악시하는 분위기는 근대 들어 조금씩 바뀌기 시작한다. 예를 들어 근대 초기의 성직자 도밍고 드 소토(Domingo de Soto)는 보험을 상인과 보험자 사이에 위험을 분담하는 장치로서, 합법적인 사업을 번성시키는 것으로 보았다(Addobbati, 2016: 60). 이러한 분위기의 변화는 소위 대항해 시대에 해외무역을 하던 상인들에게 보험이 중요한 역할을 했던 것과 무관하지 않을 것이다. 단순한 지연 재해가 아니라 위험을 무릅쓰고 해외로 황금과 상품을 찾아 떠나는 상인들에게 위험은 신의 섭리일 수도 있지만 다른 한편으로는 인간이 이익을 추구하기 위해 만들어낸 것이기도 하다. 보험은 그러한 사업상의 위험을 줄이는 유용한 수단이 될 수 있다.

보험이 신의 섭리에 반한다는 인식은 19세기에도 사라지지 않았다(Baker, 1996). 보험산업이 자리잡기 위해서는 신의 섭리에 어긋난다는 인식을 돌려놓아야 했다. 그리하여 보험이야말로 신의 섭리에 따르는 것임을 강조하게 된다. 즉, 사람들은 신의 섭리에 따라야 하는 것처럼 스스로를 돌봐야 한다. 보험은 사랑하는 가족을 돌보는 가족애의 수단이며, 보험을 사지 않는 것이야말로 사려 깊지 않은 비도덕적인 것임을 강조하기에 이르렀다.

보험은 도덕적 위태와 신의 섭리에 어긋난다는 인식을 극복한 데에서 더 나아가 그 관계를 뒤집는 데 성공했다. 이제 보험을 갖고 있지 않는 것이 오히려 주변을 돌보지 않는 도덕적으로 비난받을 일이 되었고, 신의 섭리에 반하는 사려 깊지 않은 행동이 되었다.

보험과 이슬람교: 위험의 분담

중세의 기독교가 이자를 금지했을 때 선진 문명 지역인 이슬람권 역시 비슷하지만 좀 더 근본적인 접근법을 취했다. 우선 이슬람교도 기독교와 마찬가지로 이자를 금지했다. 근대에 들어 기독교가 이자를 용인하는 태도로 변했지만 이슬람교는 현재에도 이자 금지를 중요시한다는 점에서 차이가 있다. 이슬람권에서 이자는 보통 리바(riba)라고 불리는데, 리바는 원래 '증가'의 의미를 갖고 있어서 금전상의 이자보다는 좀 더 넓은 뜻을 내포한다. 예를 들어 동일한 것을 직접 교환할 때에도 적은 양을 주고 많은 양을 받으면 리바에 해당한다.

이슬람교의 이자 금지는 위험의 관점에서 해석할 수 있다. 차입자가 돈을 빌려서 사업을 할 경우를 생각해보자. 이때 부채 계약에서 이자를 지급하는 약조를 했다고 해보자. 차입자는 사업에 성공할 수도 있고 실패할 수도 있다. 사업에 성공하면 일정한 이자를 갚고 나머지 수익은 모두 차입자의 차지가 되므로 좋을 수도 있다. 그러나 사업이 실패하더라도 차입자는 정해진 이자를 갚아야 한다. 문제는 바로 이 점에 있다. 사업의 실패로 곤궁한 처지에 처한 사람에게 무조건 이자를 받는 것은 도덕적으로 문제가 있다는 것이다. 이자라는 것은 차입자에게 모든 위험을 떠넘기는 계약이라서 비도덕적이므로 이슬람교에서 금지하게 된다(석승훈, 2017).

이슬람교에서의 이자의 금지는, 상대방에게 위험의 과도한 전가를 금지하는 이슬람 율법의 한 예로 볼 수 있다. 이슬람교에서는 위험은 형제애로써 같이 나누는 것은 장려하지만 어느 한 사람에게 과도하게 위험을 넘기는 것은 금지한다. 이자의 금지 외에도 도박성 계약(마이시르, maisir)이나 내용이 불확실한 계약(가라르, gharar)을 금지하는 것도 같은 맥락이다. 리바, 마이시르, 가라르의 공통점은 위험을 일방에게 과도하게 안기고 또 위험을 통해서 이익을 챙기는 것이다.

그렇다고 이슬람권이 모험을 하고 역경을 극복하여 이익을 얻는 것을 죄악시한 것은 아니다. 영어 표현 risk의 어원이 되는 중세 아랍어 rizq는 이슬람 상인들에게 이로울 수 있는 신의 하사품의 의미로 사용된 것은 당시 이슬람권의 위험에 대한 긍정적인 태도를 보여주는 예다. 이슬람교가 거부한 것은 위험 자체가 아니라 도박성 위험이나 일방에게 넘기는 위험 전가의 방법이다. 이슬람 율법은 위험과 어려움을 함께 나누는 형제애를 강조한다.

이러한 관점에서 우리가 이해하는 통상적인 보험상품의 구조는 이슬람 율법에 위배된다. 통상적인 보험상품이라 함은 보험가입자가 보험을 구입함으로써 위험을 보험자에게 전가하는 것을 의미한다. 이러한 위험의 전가는 보험가입자의 위험을 보험자에게 일방적으로 위험을 떠넘기는 리바의 성격을 갖고 있으며, 또한 미래의 불확실성에 대한 계약으로서 가라르나 마이시르를 모두 포함하는 계약이다. 따라서 이러한 보험계약은 이슬람 율법에 위배된다.

그렇다고 이슬람 율법이 보험의 순기능을 부정하는 것은 아니다. 일방적인 위험의 전가가 아닌 위험의 공유는 허용되므로 보험자와 보험가입자가 위험을 공유하는 방식으로 설계하면 가능하다. 보험자의 조직 구조의 측면에서 보면 주식회사는 보험계약자의 위험을 주주에게 넘기는 형태이므로 원칙적으로 허가되지 않는다. 반면 상호조직의 형태는 위험을 보험가입자들 사이에서 공유하는 것이므로 원칙적으로 가능하다. 또한 사회보험은 사회 전체가 위험을 공유하는 장치이므로 허용된다. 현대 자본주의 체제하에서 주식회사가 지배적이라는 측면에서 보면 보험주식회사가 불허된다는 점은 취약점이 될 수 있다. 이에 대한 대응으로 현대 이슬람 율법은 주식회사라도 위험 공유의 기제를 추가하면 허용하는데, 이러한 조직을 타카풀(takaful)이라고 부른다.

기독교와 보험 혁신

중세 기독교가 이자와 보험에 대해 부정적인 시각을 가졌고 때로는 종교 재판을 통해 사형까지 시켰던 만큼 보험과 금융의 발전을 저해한 측면이 있다. 또 다른 측면에서는 이러한 교회의 규제가 오히려 보험과 금융의 발전을 촉구했다는 점은 역설적이다. 보험자와 금융업자들은 교회법을 우회하는 방법을 찾아 금융 혁신(financial innovation)을 만들어냈기 때문이다. 이 금융 혁신의 대표적인 도구는 부채 대신 보험을 이용하는 것이었다.

1234년 교회법에서 금지한 보험은 모험대차였음을 상기하자. 모험대차는 정확히는 보험과 부채 계약이 혼합된 것이다. 이자의 금지와 더불어 모험대차가 금지된 이유는 그것의 보험 기능 때문이 아니라 이자를 지급하는 부채 계약이기 때문이었다. 이러한 교회법의 저촉을 받지 않기 위해서 보험업자들은 보험계약을 부채 계약과 분리하여 팔기 시작했다. 위험만을 떼어내어 계약의 대상으로 삼음으로써 교회법의 제약을 우회할 수 있었다(Venard, 2007). 그리고 위험만을 계약의 대상으로 삼기 시작했다는 점에서 근대적인 보험상품의 씨앗이 뿌려진 셈이었다.

중세에 북부 이탈리아 도시들은 상업적 발전과 더불어 금융이 발전했다. 당시 은행이 상인에게 자금을 융통해주는 것은, 지금의 은행의 역할과 다르지 않지만, 교회법의 제약으로 이자를 받는 계약은 어려웠다. 교회법을 우회하는 방법 중 하나가 환어음을 발행하는 것이었다. 한 도시의 은행이 차입자에게 필요한 자금을 빌려주고 환어음을 발행하면, 차입자가 다른 도시의 주화로 갚는 것이다. 이때 비록 원금보다 더 큰 금액을 갚는다 해도 교회법의 위반으로 간주되지 않았다. 그 이유는 은행이 외환 위험을 감수하는 계약이기 때문이었다. 위험을 감수하고 그 대가를 받는 것은 보험계약이지 이자를 지급하는 부채 계약이 아니다.

즉 환어음은 보험으로서 사용이 허락되었던 것인데, 이 환어음의 사용은 상업과 금융의 발전을 자극했고 궁극적으로 자본주의 확산의 초석이 되었다.

또한 도시들은 잦은 전쟁을 치렀는데 도시 정부는 채권을 발행하여 필요한 자금을 융통했다. 이는 공공 부채의 효시가 된다. 그런데 교회법의 영향으로 이 부채 계약에 이자 지급 조항이 포함될 수 없었다. 이를 우회하는 방법으로 정부는 연금의 형태로 차입금을 갚는 방안을 고안해 냈다. 연금이란 대출자가 살아 있는 동안 일정 금액을 지불하는 것이므로 사망 위험을 감수하는 보험의 형태다. 연금의 형태로 차입금을 갚는 방식은 부채 거래를 보험 거래로 바꾸는 역할을 함으로써, 이자 금지의 교회법을 우회할 수 있었다. 이러한 정부의 연금은 비록 의도한 바는 다르지만 공적연금의 효시로 여겨진다.

연금 형식의 정부 차입은 근대에도 이어졌다. 17세기 프랑스와 영국 정부가 도박적 성격이 강한 톤틴이라는 연금 방식을 사용했다는 것을 앞에서 살펴본 바 있다. 한편 17세기 말 영국, 연금 방식의 자금 조달에 실패한 윌리엄 3세(William III) 정부는 일군의 상인들에게 자금을 차입하게 되고, 그 대가로 국가의 지폐를 독점 발행할 은행의 설립을 허가한다. 이 은행이 바로 중앙은행의 효시가 되는 1694년의 영란은행(Bank of England)이다. 비록 영란은행은 주식회사로 시작했으나, 현대 자본주의의 중요한 한 축을 담당하는 중앙은행 시스템은 이렇게 탄생하게 되었다.

위험에 대한 확률의 수학적 초석을 다졌던 파스칼은 수학자로도 유명하지만 어쩌면 『팡세(*Pensées*)』의 저자로 더 유명할 듯하다. 『팡세』는 기독교에 천착하게 되는 파스칼이 종교와 기타 주제에 대해 쓴 글을 모아놓은 책이다. 팡세란 불어로 '생각'을 의미한다. 팡세에서 가장 유명한 구절은 아마도 '인간은 생각하는 갈대'일 것이다. 또 다른 유명한 글

중 하나가 소위 '파스칼의 내기(Pascal's Wager)'라고 불리는 것이다. 이는 사람이 신을 믿을지 말지에 대한 확률적 의사결정을 다루고 있는데, 대강의 내용은 다음과 같다.

"사람에게 신의 존재 여부는 동일한 확률로 불확실한데, 그러한 불확실성하에서 신을 믿든지 혹은 안 믿든지 하는 도박, 즉 의사결정을 해야 한다. 만약 신을 믿는다면, 그에 따라 현세에서 유한한 비용이 든다. 사후에 신이 존재하지 않는다면 얻을 게 없지만, 신이 존재한다면 무한한 생명이라는 보상을 받을 수 있다. 이에 비해 신을 믿지 않는다면, 현세에서 비용을 줄일 수 있지만, 사후에 신이 존재할 경우에는 무한한 형벌을 받게 될 것이다. 신을 믿을 때와 안 믿을 때의 각각의 보상과 비용을 비교해본다면 신을 믿는 쪽으로 내기를 해야 할 것이다."

신의 존재에 대한 확률론적 접근은 훗날 발견되는 베이즈 정리를 통해서 더욱 진척된다. 1763년 베이즈의 논문을 공개한 수학자 겸 성직자였던 프라이스는 이 정리를 신의 존재를 증명할 수 있는 수단으로 생각했다고 한다(Hooper, 2013). 지금도 베이즈의 정리는 신의 존재 증명에 종종 이용되고 있다(Wiggins, 2006).

성직자들이 계리적 방법을 신의 존재와 신의 섭리를 이해하는 방편으로 받아들인 점은 1743년 설립된 스코틀랜드 과부펀드에서도 엿볼 수 있다. 최초로 보험계리적인 방법으로 보험료를 구할 수 있었던 이 생명보험이 성직자들에 의해 설립되었음은 우연이 아니다.

도박에서 출발한 확률론이 신의 존재를 이해하려는 방법으로 사용된다는 점은 종교와 도박의 흥미로운 관계를 보여준다. 사실 중세 교회는 도박을 비생산적인 것으로 여기고 그와 관련된 탐욕이나 물욕에 대해서는 죄악시했지만, 도박 자체를 전적으로 금하지는 않았다고 한다(Reith, 2005: 5). 중세의 성직자들도 주사위 놀이를 했다. 도박을 본격적으로 죄악시하기 시작한 것은 종교개혁 이후라고 한다. 특히 신교도들에 의해 도박을 하는 사람은 게으르고 재산 축적을 위해 노력하기보다는 운에 맡기는, 도덕적으로 타락한 사람으로 비난받기 시작했다. 18, 19세기에 서구의 보험자들이 보험상품을 도박과 구별 짓기 위해 노력한 것도 바로 이러한 사회적 분위기에서였다.

맺음말

사람의 일생은 위험과 고난에서 벗어날 수 없다. 인간은 근본적인 위험인 죽음과 삶의 고통에 대한 대응으로 종교를 만들고 믿어왔다. 종교의 기능은 보험의 기능과 다름 없다. 고통과 죽음에 대한 보상으로 무한한 삶이나 해탈을 약속한다. 믿음에 따른 현세의 고통은 사후의 무한한 기쁨과 생으로 보상받는다. 현세의 고통은 보험료이고 사후의 무한한 기쁨은 보험금으로 해석하면 종교야말로 진정한 생명보험이라고 할 수 있다.

서양에서 이뤄진 근대적 보험시장의 발전은 자본주의의 발전과 궤를 같이한다. 자본주의가 종교와 밀접한 관계가 있듯이 보험시장의 발전 역시 종교와 뗄 수 없는 관계에 있었다. 유럽에서 기독교가 보험을 보는 시각은 일관된 것은 아니었다. 중세의 기독교는 이자와 함께 보험인 모험대차를 금지했다. 그러나 기독교가 보험의 기능 자체를 부정한 것은 아니었기 때문에, 모험대차의 금지는 위험에 집중한 진정한 보험상품이 싹트는 기회를 제공했다. 중세 기독교의 이자와 모험대차의 금지는 역설적이게도 보험 기능의 확대와 금융시장의 발전을 촉진했다.

한편 보험의 도박적 성격에 대한 도덕적 비난은 종교 개혁 이후 청교도들 사이에서 심해졌다. 청교도는 구교와 달리 이자를 옹호하고 절약과 노동을 통한 재산의 축적을 독려했는데, 도박은 이러한 청교도 정신에 위배되기 때문이었다.

파스칼의 해석에 따르면, 종교란 신의 존재에 대한 인간의 피할 수 없는, 그리고 영원한 삶을 건 도박이다. 종교는 보험이면서 동시에 도박이다. 종교에서 우리는 또다시 보험과 도박의 경계선이 허물어지는 것을 본다. 그럼에도 종교가 보험과 도박을 경계한 이유는 그 종교만이 유일하게 신이 허락한 보험이고 도박으로 생각하기 때문일지 모른다.

현대적 보험시장이 본격적으로 확대된 서구의 18, 19세기에, 보험자들은 당시의 자본주의적 시대 상황에 맞춰 보험을 재포장해야 했다. 보험이 신의 섭리에 반한다는 종교적 반감에 대응하기 위해, 보험 가입이야말로 자신과 친지를 돌봐야 한다는 신의 섭리와 일치하는 것임을 강조했다. 도박의 수단이라는 도덕적 비난을 극복하기 위해 보험은 도박과는 상반된 것이라는 인식을 심어주었다. 아울러 보험은 노력과 위험관리를 통한 재산 축적의 수단임을 강조함으로써, 자본주의적 정당성을 확보하고자 했다. 종교의 굴레에서 벗어난 보험은 이제 종교의 역할을 세속적으로 대체하기에 이르렀다.

유럽은 종교 개혁 이후 개신교의 확산과 더불어 구교의 체제를 부정하면서 자본주의적 체제로 변화되어갔다. 중세 교회가 신의 시간에 대한 매매로서 금지했던 이자는 자본주의적 개념인 기회비용의 이름으로 허용되었고, 위험은 부채와 분리되면서 보험의 이름으로 매매가 허용되었다. 그에 비해 이슬람교는 위험의 일방적 전가의 위험성을 경고했고, 그에 따라 이자를 금지하고 위험의 분담과 공유를 추구했다. 자본주의가 위험의 분리와 거래와 밀접한 관련이 있다면, 이러한 이슬람적 입장은 현대적 자본주의 발전에는 걸림돌로 작용되어왔을 것이다. 한편 2008년 금융위기와 같은 금융 자본주의의 어두운 면을 피하는 데에는 의미가 있을 것이다. 금융위기는 이슬람적 경제와 금융 접근법의 의미를 생각하게 해준다. 금융위기의 근본적 원인에는 금융시장에서의 위험의 전가가 숨어 있다. 과연 위험을 일방에게 전가하는 것이 항상 정당화될 수 있는 것일까? 보험은 진정으로 도박과 구분되는 것인가? 이슬람교와 중세 기독교가 경계하려던 것이 지금은 의미가 없는 것일까?

제12장

위험과 사회

자본주의 경제가 위험을 전가하고 보유하는 다양한 기제를 발전시켜왔듯이 사회 역시 그러하다. 자본주의 체제가 사회 전체를 시장을 중심으로 재편함으로써 자본주의적 위험이 사회 전체로 확산되었음을 생각한다면 이는 놀라운 일은 아닐 것이다. 여기서는 경제뿐 아니라 사회 체제에서 위험에 대해 어떻게 대응하고 보험 기제를 활용하고 있는지 살펴보고자 한다.

경제

우리는 앞에서 자본주의 체제가 위험 전가와 보험 기제를 어떻게 활용하고 발전시켜왔는지 살펴보았다. 간단히 정리하자면 다음과 같다.

보험시장은 위험을 전가하는 명시적인 시장으로서 위험 전가와 보유라는 자본주의적 정신을 분명하게 보여주는 자본주의 정신의 상징으로 볼 수 있다.

보험시장이 자본주의 정신의 상징이라면, 금융시장은 그 정신이 가장 잘 발현되는 시장이다. 금융시장에서는 부채와 주식을 통해 사업가, 차입자와 대출자가 위험을 전가 및 공유한다. 이자와 수익률은 위험의 평가를 민감하게 반영하여 움직인다. 투자자는 분산 투자를 통해 금융 투자 자산의 위험을 줄이고자 한다. 아울러 다양한 위험관리 기법이나 파생상품과 같은 금융상품을 이용해서 위험을 전가할 수 있다.

자본주의적 생산의 주체인 회사, 특히 주식회사의 경우에도 유한책임이나 파산법에 의해 사업가와 주주 등을 위험으로부터 보호한다. 기업 내부의 의사결정과정의 중요한 관심 사항 중 하나는 잘못된 의사결정으로부터 기업을 보호하는 것이다. 예를 들어 대기업이나 정부에서는 대체로 관료제(bureaucracy)와 같은 조직 구조를 갖고 있는데, 이는 규율과 위계 질서를 강조함으로써 개인 의사결정의 위험성을 줄이면서 효율성을 높이는 역할을 한다. 그 외에도 생산 과정에서 다른 기업들 간의 이해상충으로 인한 손실을 방지하기 위해서 기업 간 인수합병을 시도할 수도 있다. 정부가 민간 기업의 투자를 유치할 때 종종 원가가산계약(cost-plus contract)을 하는데, 이는 일정한 이익을 보증하는 계약으로서 민간 기업의 손실 위험을 보장해주는 것이다(Arrow, 1970).

의사나 변호사 등 전문가의 자격증이나 다양한 인증제도는 최소한의 전문성을 보장함으로써 일반인을 보호하는 기제다. 물론 이러한 위험 전가와 보험 기제는 완벽하지 못하며, 오히려 위험을 과도하게 추구하거나 도덕적 위태나 역선택과 같은 문제점이 따라다닌다.

사회보험

신의 섭리에 반하는 것이며 동시에 도박과 같은 것으로 비난받았던 보험상품은 19세기를 지나면서 입지를 역전하는 데 성공했다. 그리하여 보험시장은 다양한 위험을 담보하면서 확대 발전했다. 그런데 보험의 확대는 단순히 시장을 통해서만 일어난 것은 아니었다. 19세기 말 이후 서구의 선진 지역에서는 사회보험의 형태로 보험 기제를 적극적으로 받아들이게 되었다. 이렇게 통치 세력이 보험을 활용하게 된 배경에는 여러 가지 이유가 복합적으로 작용했다.

직접적으로는 자유방임적인 자본주의의 발전이 초래한 결과와 관련이 크다. 자유방임적인 자본주의의 확산은 부의 양극화를 초래했고, 착취받는 노동자나 빈자들의 삶은 비참했다. 이러한 현상은 사회적 불안요소로 작용했기에 지속되기 어려웠다. 마르크스의 공산주의는 이러한 현실에 대한 반작용으로 나타났다. 각국 정부는 사회적 불안을 줄이기 위해서는 사회적 불안 요소를 줄이는 방안을 마련해야 했다. 극단적으로는 러시아와 같이 자본주의를 폐기하는 경우도 있고, 또 다른 방법으로는 공산주의적 이념과 타협하는 것이었다.

사회보험은 이 후자의 방법으로 탄생했다. 자본주의를 유지하면서 불안 요소를 줄이는 정책을 정부가 시행하게 되는 것이었다. 정부가 노동자와 일반 시민을 생존과 존엄성의 위험으로부터 보호하는 소위 복지국가(welfare state) 모형이 독일과 영국 등에서 탄생했다. 국가의 일반적인 복지정책은 공적부조와 같이 도움이 필요한 사람에게 일방적으로 도움을 주는 경우와 사회보험과 같이 필요한 기금에 공헌한 사람에게 도움을 주는 경우로 구분한다.

사회보험 중 노동자와 사업주의 갈등에 정부가 직접 개입하여 제공하는 것이 산업재해보험(workers' compensation insurance)이다. 산업재해보험은 생산 과정에서 부상을 당한 노동자와 사업주 사이의 보상에 대한 갈등으로 인해 사업장의 운영에 지장을 주는 것을 방지하고자 만들어진 것이다. 산업재해보험이 노동자를 보호한다는 측면이 있긴 하지만, 다른 측면에서는 사업가를 보호하는 목적 또한 무시할 수 없다.

국민연금과 같은 공적연금(public pension)의 역사는 중세로 거슬러 가는 오래된 것이지만, 중세의 연금은 정부의 차입을 갚는 방편으로 이용된 것이지 복지 모형으로서의 연금은 아니었다. 복지 모형으로서의 공적연금은 나이가 들어 노동시장에서 퇴출된 사람에게 최소한의 삶의 질을 보장하기 위한 방편으로 이용된다.

국민건강보험이나 장기요양보험과 같은 공적 건강보험(public health insurance)은 사고나 질병으로 치료가 필요한 사람에게 병원비나 입원비 등을 제공해준다. 노동자가 사고나 질병으로 일을 못하게 된다면 국가의 경제 발전에 지장을 주게 될 것이다. 공적 건강보험은 치료나 재활이 필요한 개개인에 대해서는 인본주의적 정책이기도 하지만 자본주의의 유지와 발전에도 의미가 있는 제도다.

또 하나의 사회보험인 실업보험(고용보험)은 노동시장에서 일시적으로 퇴출된 노동자에게 새로운 일자리를 찾기 전에 생활을 유지하도록 도움을 주는 보험이다.

사회보험은 국민에게 최소한의 삶의 질을 보장하기 위한 정책으로 생각할 수도 있지만, 다른 측면에서 보면 이 보험들은 하나의 공통된 주제를 중심으로 구성되어 있음을 알 수 있다. 그 공통된 주제란 바로 노동시장이다. 노동시장에서 정상적으로 급여를 받고 일하는 사람은 이 사회가 지향하는 자본주의적 노동자상(像)이다. 여러 이유로 이 노동자상에서 벗어나면 그것은 사회적 문제가 될 소지가 있고 이의 해결을 위해 사회가 개입한다. 사회보험은 바로 그 해결책의 한 방편이다. 사회보험이 담보하는 위험은 실업으로 인한 일시적인 노동시장에서의 퇴출(실업보험), 사고나 질병에 따른 생산 과정이나 노동시장에서의 퇴출(산업재해보험, 건강보험), 그리고 노후에 따른 노동시장에서의 퇴출(공적연금)과 다름 없다. 이러한 보험 기제를 통해 정부는 자본주의적 노동자상에서 벗어나는 노동자에게 복귀할 수 있도록 도움을 줌으로써 체제를 유지할 수 있다.

통치성

사회보험은 국가가 자본주의의 문제를 해결하기 위한 방편으로 확대되었지만, 정부가 국민을 통치하는 수단으로서 위험을 계산하고 관리하기 시작한 것은 17세기로 거슬러간다. 1662년 영국의 상인 그론트가 런던 시민의 탄생과 사망 자료를 정리한 생명표를 만들었을 때, 이때부터 인구통계학은 시작되었다. 통계학의 영어 표현인 statistics의 어원에 국가를 나타내는 state가 들어 있다는 것을 생각하면, 통계학의 시작은 정부가 국민을 상대로 위험에 대한 자료를 수집하고 관리하는 목적에서 출발한 것임을 짐작하게 한다.

프랑스 철학자 미셸 푸코(Michel Foucault, 1991)는 통치의 기술, 수단, 기제를 포괄하는 의미로 통치성(governmentality)을 정의했다. 위험은 이러한 통치성을 위한 도구 혹은 장치(dispositif)로서의 역할을 한다. 통치성의 중요한 수단 중 하나가 바로 국민의 위험을 정의하고 분류하고 관리하는 것이다. 17세기 이후 유럽의 국가들은 시민을 간섭하고 관리하고 보호해야 하는 집단으로서의 인구와 사회의 개념으로 바라보기 시작했다(Lupton, 2013). 이러한 보호와 관리는 국가의 부, 생산성 혹은 복지 등을 증진시키는 것을 목표로 내세운다.

국가는 국민의 탄생, 사망, 결혼, 건강, 직업, 재산 등을 포함한 다양한 정보를 수집하고 분석한다. 그렇게 수집된 정보를 토대로 위험을 정의하고 분류한다. 이를테면 부자와 빈자를 구분하고 건강한 사람과 아픈 사람 등을 구분한다. 건강한 사람이라도 더 나아가 특정 병에 걸릴 위험이 높은 사람과 그렇지 않은 사람으로 세분할 수 있다(Lupton, 2013;

Foucault, 1984).

국가는 위험의 분류를 통해 정상과 비정상을 구분한다. 건강한 사람은 정상이고 아픈 사람은 비정상이다. 중산층은 되어야 정상이고 그보다 가난하면 비정상이다. 복잡해지는 현실 속에서 정상과 비정상의 구분에는 전문가의 조언과 협력이 필요하다. 몸무게가 얼마인 게 정상인지, 하루에 지방을 얼마나 먹어야 정상인지, 우리는 전문가가 정해준 기준에 따라 위험을 판단한다.

비정상으로 분류되었다면 정상화를 위한 관리가 필요하다. 이 위험의 관리에 정부가 얼마나 그리고 어떠한 방법으로 개입할지는 사회와 정치 철학의 영향을 받는다.

19세기까지만 해도 개인의 책임이 강조되었던 시기다. 국가의 위험 통계 정보가 확고하지 않고 또한 정부가 국민 개개인에 대한 통치 기반이 완비되지 않았다. 더욱이 자유방임주의적 사조의 확산으로 개인의 위험은 국가의 관리 대상이라기보다는 각자가 책임(responsibility)을 지고 신중하게 대처해야 했다. 종교적이거나 도덕적인 이유로 사적 보험시장의 역할도 상업적 영역 밖으로 크게 확산되지 않았다.

19세기 후반 이후 사회주의와 복지국가 개념이 확산되면서 공적 부조와 사회보험을 포함하는 복지정책을 통해 개인의 위험을 국가가 관리하기 시작했다(Ewald, 1999). 위험은 개인의 책임이 아니라 국가의 책임이 되었다. 위험을 보는 관점에도 변화가 생겼다. 이전에는 개인에게 닥친 불행은 누군가의 잘못에 기인한 것이었다. 가해자에게 그 피해의 책임을 물을 수 있는 경우도 있지만, 피해 당사자의 부주의나 불성실일 수도 있으며, 신이 벌을 주거나 시련을 주는 것일 수도 있었다. 복지국가 이념하에서의 관심 사항은 누구의 잘못인지를 따지는 게 아니라 위험을 사회가 분담하는 것이다. 위험의 분담을 통해 사회적 연대(solidarity)를 모색하게 되었다.

물론 위험의 책임 소재를 따지는 것이 줄어든 것은 아니다. 복지정책과는 별도로 민간 부문에서는 재산권과 개인의 권리 개념의 확산과 더불어 위험의 책임 소재를 타인에게 귀속시키는 움직임은 지속적으로 확대되어왔다. 어떤 의미에서는 정부의 복지나 구제 정책은 민간 부문에서 책임 추궁의 확산으로부터 국민을 보호하기 위한 장치로 해석할 수도 있을 것이다.

통치성으로서의 위험의 분담은 다른 한편으로는 과학과 기술의 발전과도 연관이 있다. 과학의 발전은 인류에게 위험에 대한 완벽한 지식을 제공해주고 위험을 통제할 능력을 부여해줄 것으로 보였다. 통제된 이후에 남아 있는 위험은 개인의 책임으로 귀속되는 것이 아니라 사회적 현상으로서 사회가 책임을 져야 하는 것이었다.

이러한 과학에 대한 믿음과 복지정책은 20세기 후반 들어 흔들리기 시작한다. 특히 1980년대 이후 거대한 자연재해와 인재가 발생하기 시작했는데, 이는 기존의 재해와 비교해봤을 때 그 크기나 영향 면에서 매우 심각한 것이었다. 대표적인 것이 원전 사고다. 미국의 쓰리마일(Three Mile)섬의 사고(1979)에서 조짐을 보였던 원전 사고는 1986년 우크라이나의 체르노빌(Chernobyl) 원전의 폭발로 세상을 공포 속에 몰아넣었다. 이 사고로 유럽뿐 아니라 전 세계가 오랫동안 방사능 오염으로 영향을 받았고 방사능의 무서움에 각성하는 계기가 되었다. 2011년 지진과 해일에 따른 일본 후쿠시마의 원전 사고는 체르노빌 사고의 수준을 넘어서는 것이었다.

원전 사고는 기존의 자연 재해나 인재와는 달리 대규모의 피해를 전 세계로 확산시킨다. 인류의 과학과 기술의 발전은 원전과 같은 효율성 높은 연료를 공급하기도 하지만, 통제의 실패는 전 인류에게 위협이 될 수 있음을 보여주었다. 경제와 과학의 발전은 인류의 생존을 위협하는 위험을 증폭시키는 결과를 가져왔다.

이러한 인류가 초래하는 대재해에 대해 사회가 위험을 통제하고 분담하는 모형은 이제 더는 의미가 없어졌다. 과학과 기술은 위험을 완벽히 통제할 수 없으며, 오히려 거대 위험을 생산해내는 주체로 여겨지게 되었다. 이제 사회의 주요 핵심은 안전(safety)의 확보이고, 위험을 통제할 수 있다는 믿음은 극도의 조심성으로 대체되었다(Ewald, 1999). 이 조심성의 결과는 재난이 발생하지 않는다는 확신이 100% 서는 경우에만 사업을 추진해야 한다는 예방책의 원칙(precautionary principle)으로 대변된다.

이와 비슷한 시기에 사회와 정치 철학은 사회의 책임에서 개인의 책임을 강조하는 사조로 변화되었다. 소위 신자유주의(neo-liberal) 사조의 확산이다. 1980년대 영국의 대처 수상과 미국의 레이건 대통령 이후 확산된 신자유주의는 경제학적으로는 케인스주의의 퇴조, 규제완화, 자유화와 민영화를 의미하는 경제정책으로 이어졌다. 이제 국가는 거대 위험에 대처할 능력도 부족하지만 그럴 의지도 줄어들게 된 것이다. 그 대신 국가는 다양한 전략과 담론(discourse)을 통해 위험을 개인의 책임과 자기 규율(self-discipline)의 대상으로 넘기게 되었다.

딘(Dean, 1997, 1999)은 신자유주의 사회에서 세 종류의 위험합리성(risk rationalities)이 사용됨을 지적했다(Lupton, 2013). 전염병 위험(epidemiological risk), 사례관리 또는 임상 위험(case-management or clinical risk), 보험 위험(insurantial risk)이 그것이다.

전염병 위험 합리성은 전염병 감염과 확산의 위험과 관련하여 사람의 목숨과 감염을 주요 관심 변수로 삼는다. 정부가 전염병 위험을 관리하기도 하지만, 종종 전염병 정보를 국민에게 제공해주고 각자의 위험관리와 주의를 촉구하게 된다.

사례관리 위험 합리성이란 사회적으로 문제가 된다고 여겨지는 행위나 상태를 중심으로 사람을 위험군으로 분류하고 이에 대해 관리를 촉구하는 것이다. 정신이상, 실업자, 범죄자, 가난뿐 아니라 비만, 고혈압 등이 바로 그러한 위험군의 예다.

보험 위험이란 보험 기제를 통해 관리되는 위험을 말한다. 에발드(Ewald, 1991)는 보험 위험의 특징으로 계산 가능하며, 집단적이며, 자본에 대한 보상이라는 점을 들었다. 위험의 확률과 손실액을 계산할 수 있다는 점에서 계산 가능하며, 위험의 풀을 지향한다는 점에서 집단적이며, 보험에서 보상하는 것은 죽음이나 건강 자체가 아니라 유족의 생활자금이나 치료비와 같은 금전적 보상이라는 점에서 자본에 대한 보상이라는 것이다. 보험자는 어떠한 현상이든 위험으로 포장함으로써 위험을 생산해낸다. 이러한 의미에서, 어떤 것이든지 보험의 담론을 통해 위험이 될 수 있다.

신자유주의 사회에서의 위험에 대한 합리성과 담론을 통해 위험을 사회의 책임에서 개인의 책임으로 귀속시키고 있다. 보험 위험 담론은 보험시장을 통해 스스로 위험을 거래하며, 전염병 위험 담론은 스스로 청결을 유지하고 오염된 곳과 사람이 많은 곳을 피하게 한다. 사례관리 위험 담론 역시 스스로 자신의 위험을 체크하고 자신이 그 위험군에 든다면 다양한 정보를 통해 스스로 벗어나기 위해 노력해야 함을 의미한다. 내가 비만 위험군에 속한다면, 식이요법과 운동을 통해 그 위험군에서 벗어나야 한다. 이렇게 신자유주의적 위험의 담론을 통해 생산된 위험은 더는 사회가 해결해야 하는 것이 아니라 과거와 같이 개인에게 신중성의 책임이 부여되는 새로운 신중주의(new prudentialism)의 시대로 회귀하게 되었다.

어떤 의미에서는 대재난의 위험에 대처하는 예방책의 원칙과 신자유주의적 신중주의는 서로 모순된다. 인류가 초래하는 대재난은 신자유주의적 개인의 책임의 범위를 넘어서는 것이다. 대재난은 사회 전체가 감당할 수밖에 없는 위험이며, 이의 해결은 개개인의 책임으로 남겨두기에는 그 영향력과 파괴력이 심대하다. 그런 의미에서 예방책의 원칙은 신자유주의적 신중주의의 한계점을 노출시킨다. 또 다른 한편으로는 대재난은 국가가 만들어내거나 혹은 국가도 감당할 수 없는 위험이기 때문에, 결국은 개인이 책임지고 대처할 수밖에 없는 것이기도 하다. 대재난은 신자유주의적 담론을 벗어나는 것이면서 동시에, 역설적이게도 신자유주의가 지향하는 개인의 책임성을 더 중요하게 만드는 것이기도 하다.

위험사회

현재 우리가 직면하고 있는 거대한 위험은 상당 부분 인간이 만들어낸 재난이다. 20세기 후반에 부각된 방사능 위험과 각종 환경오염 등은 인간의 활동에 전적으로 기인하는 것임을 부인할 수 없다. 또한 거대해진 자연 재해 역시 상당 부분 인간의 활동에 기인하는 것으로 알려져 있다. 이른바 인류세의 시대다.

예방책의 원칙이 강조되는 중요한 이유도 이러한 위험의 거대화와 통제의 어려움에 있다. 인류가 자초한 거대 위험의 시대를 벡(Ulrich Beck, 1992)이나 기든스(Anthony Giddens, 1991)와 같은 사회학자들은 위험사회(risk society)라고 부른다. 벡(Beck, 1992)에 따르면 산업화가 진행되면서 전근대사회(pre-modern society)가 소위 산업사회(industrial society)로 변모되었다. 산업화의 발전이 지속되고 고도화되면서 과학과 기술의 영향력 역시 커지게 되었다. 그에 따라 그 부작용이나 오류가 초래할 재난의 위험 역시 커졌다. 그 위험의 크기는 한 지역이나 사회를 벗어나 국경을 초월하고 세계적으로 여파가 심각한 지경까지 이르렀다. 이러한 후기 산업화 시대를 위험사회라고 부를 수 있다.

위험사회가 산업사회나 전근대사회와 차별되는 점은 바로 위험의 크기다. 위험사회에서는 위험이 더는 공간이나 시간, 또는 한 사회에 국한되지 않는다. 체르노빌 원전 사고, 후쿠시마 원전 사고, 환경오염과 같은 현상은 이제 더는 어느 한 나라나 어느 한 시점에만 국한된 문제가 아니다.

근대화와 합리성의 확산은 과거에 계산할 수 없었던 많은 위험을 계산하고 통제할 수 있게 했다. 그러나 근대화는 과학과 기술 지식의 복잡성으로 인해 고도의 불확실성을 창출해냈다. 그러한 위험은 일반인에게는 눈에 보이거나 쉽게 확인할 수 있는 것이 아니다. 예를 들어 원전 사고 위험이나 음식이나 장난감에 들어 있는 독성 물질을 생각해볼 수 있다. 위험은 과학적 지식 안에 존재하는 것일 뿐 일상 생활의 체험에서 느낄 수 있는 것이 아니다(Beck, 1992).

위험사회에서의 위험은 크기가 클 뿐만 아니라 고도로 불확실하기 때문에, 정확하게 위험을 계산하거나 통제하는 것은 불가능하다(Beck, 2006). 그럼에도 위험을 인지하고 있는 한 그 위험이 실현되지 않도록 살펴보고 노력해야 하는 것 역시 현대인의 숙명이다. 스스로 위험을 성찰하고 수정해나가야 하는 위험사회를 성찰적 근대화(reflexive modernization)라고 부르기도 한다(Beck, 1992). 그러한 노력은 여러 국가나 사회의 협력과 노력이 필요할 것이다.

그런데 성찰적 극대화는 위험사회의 모순점을 나타내준다. 위험사회의 위험은 사회 스스로가 만들어내는 것인데, 그것을 스스로 없애야 하기 때문이다. 위험을 없애는 역할은 정부 관료, 기업가, 과학자와 공학자, 의료진과 같은 전문가 집단이 담당하게 된다. 그런데 이들 전문가 집단은 바로 위험을 창출해낸 집단이기도 하다. 위험을 창출한 집단에게 그 해결책을 맡길 수밖에 없는 것이 하나의 모순점이다. 더욱이 위험은 고도로 불확실하기 때문에 이들 집단 사이에서도 의견이 일치되지 않는다. 전문가 집단의 진단과 처방은 종종 대립되기 때문에 이들이 문제 해결에 도움이 되지 않는 경우가 허다하다. 위험을 관리해야 할 전문가들 사이에 의견이 대립하는 점이 또 하나의 모순점이라 볼 수 있다.

전문가 집단의 의견 대립은 사회 내의 기능적으로 분화된 하부체계들 사이에 관찰될 수 있는 의사소통의 문제 중 하나로 볼 수 있다. 위험을 인식하고 의사소통하는 방식은 하부체계마다 다르며 하부체계는 각자의 언어를 사용한다(Luhmann, 1984). 예를 들어 후쿠시마 원전 사태에 대해서 경제체계는 주가 반응, 전력 가격, 경제적 보상 문제에 대해 이야기하고, 정치체계에서는 발전소의 위치 의사결정의 정당성이나 의사결정권리에 대해 말한다. 법률체계에서는 불법성이나 배상책임에 대해 이야기하며, 건강 관련 과학자들은 방사능 피폭에 대해 이야기한다(Lidskog and Sundqvist, 2012). 위험과 손실에 대한 정확한 의사소통을 위해서는 각 하부체계의 언어를 이해하고 종합적인 시각을 견지하는 것이 필요하다.

이러한 위험사회에서 일반인은 이제 전문가 집단에게 안심하고 해결을 맡길 수 없다. 이에 일반인은 지속적으로 전문가 집단을 감시하고 위험을 공론화하면서 해결책에 참여를 모색하게 된다. 다른 한편으로는 스스로 해결할 능력이 있는 것도 아니다. 이러한 모순된 사회 속에서 위험은 어차피 개개인이 책임지고 회피하고 전가해야 할 수밖에 없다. 이런 의미에서 위험의 대처가 개인의 책임으로 강요되는 시대로 회귀하게 된 것이다. 이는 통치성의 관점에서 제기되었던 새로운 신중주의로의 회귀와 다름 없다.

위험 전가의 진화

인류의 역사는 어떤 의미에서는 위험의 관리, 전가, 공유의 역사다. 인류가 공동으로 삶을 영위한다는 것은 상부상조와 위험을 공유한다는 것이다. 공동 생활의 범위가 커지면서 상호부조의 영역도 커지고 대응하는 위험도 커지고 대응하는 방식은 그에 맞춰 진화했을 것이다. 사냥과 채집의 시대에서 목축과 농업의 시대로 변화하면서 위험의 범위도 달라졌을 것이다. 소위 문명이 성립하고, 대규모의 관개와 치수 경영은 삶을 영위하기 위해 상부상조하고 자연 재해라는 위험에 대응하는 방편이었다.

사람들이 사회를 이루고 살면서 갈등도 커졌고, 또 생활의 범위가 커지면서 다른 부족과의 갈등도 생겼다. 석기시대에서 청동기시대를 거쳐 철기시대로 오면서 농사는 점점 더 효율적으로 이뤄지고, 무기의 강도 역시 강해졌다. 소유와 전쟁은 사람들을 가진 자와 가지지 못한 자, 높은 자와 낮은 자, 지배자와 피지배자, 승자와 패자로 구분했다. 이제 인류의 역사는 이들 계층 사이, 그리고 계층 내의 갈등을 통해 조명되기 시작한다.

승자는 패자를 지배하고 위험을 패자에게 전가한다. 왕이나 귀족 등 정치 엘리트 집단들이 피지배자 계층에게 위험을 전가하고 자신들은 사회의 부와 지위를 차지한다. 패자는 위험과 고통을 감수할 수밖에 없지만, 패자의 고통이 심화되는 사회에서 승자 역시 안전할 수 없다. 승자들 사이의 갈등도 일어나고 패자의 역습도 일어나서, 패자들에게 새로운 희망이 주어지는 형식으로 종종 사회가 변혁된다. 그러한 변혁으로 빚이 탕감되고 노예들이 해방되고, 패자들 중 일부는 승자로 바뀐다. 피지배자들의 위험 부담은 경감되고 사회가 위험을 공유한다. 그러나 세월이 흐르면 또다시 승자와 패자로 고착되며, 새로운 갈등은 다시금 사회적 변혁을 야기한다.

자본주의에서 사람들에게는, 개인성의 자각과 더불어 개인의 책임이라는 무거운 족쇄가 따라온다. 과거 지배층이 일부 분담하던 위험이 이제는 피지배층 개인에게도 부과된다. 과거 노예의 주인은 노예의 생활을 보장했고, 양반은 자신의 하인들의 생활을 보장했다. 이제 임금노동자는 스스로 생활을 떠안을 수밖에 없는 상황이 되었다. 그토록 갈망했던 자유는 책임이라는 무게를 견뎌야만 한다.

인류학자 폴라니(Polanyi, 2001)는 자본주의 이전까지 상호성(reciprocity)과 재분배(redistribution)의 원리가 사회 내 재화의 소비와 이동을 관장했음을 역설했다. 상호성이란 상대적으로 대등한 집단 사이의 재화의 교환을 의미하며, 재분배란 우두머리를 중심으로 재화를 모아두고 이를 다시 구성원들에게 배분함을 의미한다. 그래서 상호성은 대칭성(symmetry)의 양식에, 재분배는 중심성(centrality)의 양식에 각각 대응된다. 이 상호성과 재분배는 개인의 이해관계를 계산하지 않는다는 점에서 자본주의하의 의사결정과 차이가 있다. 그런데 폴라니의 상호성과 재분배는 우리가 앞에서 강조한 위험의 상호성의 원리와 대수의 법칙 또는 위험의 통합과 유사하다. 인류는 사회생활을 시작할 때부터 이미 위험의 통합과 상호 교환을 통해 개인들의 위험을 최소화하고 있었다. 비록 경제학에서 상호성의 원리를 마치 개인의 효용극대화라는 경제학적 틀 안에서 설명하고 있지만, 그러한 경제학적 계산법 없이도 인류는 스스로 그 원리를 실천해왔던 것이다.

폴라니의 주장처럼 자본주의가 인류의 오래된 위험 공유 방식을 해체했다면, 이제 개인들은 위험을 공유하는 역할을 국가에 맡겼다. 이는 자본주의의 기본 원리인 개인주의에 반하는 것이며 사회주의적인 갈등 해결 방안이다. 20세기 들어 각국, 특히 선진국들은 사회주의의 위협에 대한 대응으로서든 혹은 사회주의 이념의 채택 방안으로서든, 국민의 위험을 분담하는 체계를 향해 나아가게 된다. 가히 20세기는 사회보험,

복지국가의 시대다.

그러다 20세기 후반 들어 신자유주의라는 조류는 그동안 사회주의에 억눌려왔던 자본주의를 부활하고자 개인의 책임을 강조하고 사회적 위험공유 기능을 축소하고자 했다. 2008년 금융위기로 신자유주의가 문제점을 드러내고 폐기될 것처럼 보였지만 승자들은 그 공격을 유유히 비껴나갔다. 이제 신자유주의를 대놓고 옹호하는 자는 사라졌지만, 개인에게 책임과 위험을 전가하는 추세가 바뀌지는 않았다. 신자유주의가 개인주의와 경쟁이라는 자본주의의 근본 시각을 변호하는 한, 그리고 세상이 자본주의적 질서를 받아들이고 사는 한, 신자유주의의 이념은 언제라도 되돌아올 성질의 것이다.

큰 틀에서 보면 20세기 이후의 세계가 특별할 것은 없다. 과거에도 그랬듯이 사람들 사이의 갈등은 이어지고, 패자의 어깨에 놓인 위험의 무게가 잠시 경감되는 시기가 온 것일 수 있다. 그리고 그 반동으로 신자유주의가 등장하고 다시금 패자에게 위험을 전가하는 시기가 도래한 것일 수 있다. 위험의 전가라는 측면에서 본다면 역사는 반복하는 것처럼 보인다.

맺음말

위험은 시대에 따라 다르게 인지되고 다르게 해석된다. 사회가 직면한 위험은 과거에는 외부의 적이나 자연 재해로 인해 발생했다. 이제 위험은 사회 내부에서 사람들에 의해 만들어진다. 위험을 해결해줄 것으로 기대했던 정부, 기업, 과학자들은 기대를 저버리고 오히려 위험을 생산해내는 주체로 변했다. 더욱이 기술의 발달과 세계화와 더불어 위험의 크기는 국경과 지역사회를 벗어나 여러 국가와 더 나아가 전 세계에 영향을 미치고 있다.

위험이 커지면서 정부는 더 이상 그 위험을 통제하지 못할 뿐 아니라 위험을 생산하고 증폭하는 역할을 하는 것으로 의심받고 있다. 또한 위험의 피해는 거대하지만 어느 한 개인이나 단체에 책임을 묻기도 어려워지고 있다. 또한 20세기 후반 이후의 신자유주의의 확대는 사회의 연대 대신 개인의 책임을 확대해왔다. 그 결과 피해는 피해자가 강제로 떠안을 수밖에 없는 강요된 개인 책임의 시대가 되었다. 이러한 움직임은 2008년 금융위기로 바뀌는 듯했지만, 그 영향은 더 지켜봐야 할 듯하다.

위험사회에서 개인들은 사회나 국가가 그 위험을 통제해줄 것으로 기대할 수 없고, 각자의 책임하에 위험에 대응해야 한다. 문제는 개인이 위험을 책임진다는 것이 그들이 책임질 능력이 있어서가 아니라는 점이다. 위험은 커지는데 개인은 의지할 곳이 없는 각자도생의 시대가 전개되고 있다.

역설적이지만, 이러한 시대에 위험을 가장 잘 통제할 수 있고 개인들이 의지할 곳은 여전히 국가와 정부다. 국가와 정부는 결국 사람들이 의지를 갖고 정치력으로 사회를 조직하고 자원을 배분하는 통로이기 때문이다. 엘리트들만의 정부가 아닌 일반 시민의 정부를 만들어 나아가고, 의사소통과 의사결정을 투명하게 하며, 서로 배려하는 정치체제를 만드는 것이야말로 위험사회에 대처하는 길일 것이다.

제13장

맺음말

이 책에서 우리는 위험의 다양한 측면과 위험에 대한 인류와 사회의 대응을 살펴보았다. 단순하게 위험을 사건 혹은 나쁜 일이 발생할 불확실성으로 생각할 수 있으나, 조금 더 깊게 생각해보면서 위험의 다양한 측면을 발견할 수 있다. 그것은 확률과 손실액으로 표현되는 수학적 표현으로 존재하기도 하고, 심리적으로 느끼는 어떤 두려움으로 존재하기도 하며, 사회적이나 문화적으로 정의함으로써 존재하기도 한다.

위험은 존재하지만 손에 잡히거나 실체가 보이는 것이 아니다. 위험은 실현되기 전까지는 하나의 가능성으로만 존재한다. 그러나 위험이 현실로 실현될 때에는 위험으로서가 아니라 피해와 고통으로 존재한다.

위험의 기본 개념에 대한 다양한 시각의 존재는 위험의 개념 자체에 위험이 존재함을 느끼게 된다. 사람마다 다른 위험을 느끼고 다른 위험을 인식한다. 현대의 많은 위험은 위험으로 정의되고 불릴 때에야 위험으로 인지된다. 이런 의미에서 위험은 사회적 구성물이며 상상의 산물이기도 하다.

개인이나 기업과 같은 조직에서 오랫동안 위험을 관리하는 방안을 궁구해왔다. 가족 간의 유대나 공동체 생활의 협동을 통해서 인류는 위험을 회피, 통제 혹은 분담하며 상부상조의 정신으로 힘을 합쳐 어려움을 헤쳐나갔다. 상부상조는 인류가 위험에 대처하는 대표적인 방안이 되었다.

사회가 복잡해지고 경제가 시장 중심으로 발전하면서 보험시장이 개발되었다. 보험시장은 위험의 전가를 목표로 한다. 보험시장에서는 위험을 기꺼이 감당하고자 하는 사람에게 넘기거나, 위험의 통합을 이용해 전체의 위험을 줄임으로써 그 혜택을 보고자 한다. 보험시장의 운영 원리는 기본적으로 상부상조의 혜택을 누리기 위한 것이 강하지만, 보험시장과 전통적인 상부상조는 참여자의 동기에서 차이가 난다. 전통적인 상부상조는 이타적인 동기에 강조점이 놓이지만, 보험시장은 철저히 이기적이고 타산적인 동기에서 출발하기 때문이다. 보험시장은 상부상조의 정신을 이기적 계산과 섞음으로써, 이익 추구와 도덕성이라는 이질적인 요소를 보험상품이라는 한 바구니에 담아놓았다.

보험시장에서 사업가는 보이지도 않고 잡히지 않는 대상을 상품으로 만들고, 이익을 도덕성으로 포장할 수 있었다. 이러한 능력이 갖춰진 이상, 상품화되지 못할 영역은 더 이상 없어 보인다. 그런 의미에서 보험시장은 자본주의 정신의 꽃이다.

보험시장에서는 위험을 계산하고 상품화하는 문제뿐 아니라 보험에 따르는 부수적인 문제도 고민해야 했다. 도덕적 위태와 역선택으로 불리는 정보의 문제가 그것이다. 이러한 문제들은 보험가입자들의 이기적이거나 부주의한 행태로 인해 보험자에게 과도한 위험이 전가된다는 관찰에 기인한 것들이었다. 이기심을 자본주의 체제의 근간으로 받아들인다면, 정보의 문제는 위험이 전가되는 곳에서는 항상 존재한다고 할 수 있다. 또한 사회의 거의 모든 계약이나 관계가 위험의 전가를 포함한다는 것을 생각한다면, 정보의 문제는 사회 어디에서나 존재하는 문제라 할 수 있을 것이다. 그리고 보험시장이 존재하기 이전부터 위험의 전가와 분담이 있어왔다면 정보의 문제가 보험시장에서 시작되거나 국한된 것도 아닌 것이다.

그럼에도 도덕적 위태나 역선택이라는 용어가 보험시장에서 사용되기 시작한 것은 보험시장을 도덕적으로 포장하고자 했던 보험자들의 노력의 결과물이라 할 수 있다. 물론 이러한 밑바탕에는 이익 극대화라는 보험자의 이기심이 숨겨져 있었다. 그 결과 보험가입자의 정보 문제는 도덕적인 문제로 공격되지만, 보험자들의 정보 문제는 이익 추구의 당연한 결과로 포장되곤 한다. 그러나 정보의 문제는 계약의 쌍방에 존재하는 것이며, 특별히 어느 한쪽을 더 도덕적 문제로 간주해야 할 필요는 없다.

앞에서 언급한 대로 위험의 전가와 공유가 보험시장에서만 이뤄지는 것은 아니다. 인류는 다양한 제도를 통해 위험을 전가하고 공유하는 체제를 만들어왔다. 가장 대표적인 것은 공동 생활과 사회의 형성일 것이다. 인류는 채집과 수렵 시대에서부터 협력과 위험의 공유를 체득해왔을 것이다. 문명기에 인류는 도시를 형성하면서 치수와 관개를 위해 힘을 합쳤다. 공동으로 혹은 사회적 분업을 통해 농작물을 생산하고 공유 및 분배하기도 했다. 이러한 과정에서 상부상조와 위험의 공유는 가장 중요한 원동력이었다. 위험의 공유는 친족간 혹은 유대관계가 깊은 경우에 더 효율적으로 이뤄진다. 이러한 유대감은 공동의 조상이나 공동의 신화를 통해 대를 이어 지속된다. 한편 공동 생활은 점차 규모가 확대되어 부족과 도시를 넘어 결국 국가와 제국을 탄생시켰고 현대에까지 이르게 되었다. 사회의 규모와 복잡성이 증대하면서 유대감의 수단은 전통적인 신화에서 종교나 왕조에 대한 충성심으로 대체되었다가, 현대 사회에 와서는 이념, 안보, 경제 공동체의 개념으로 대체되었다.

사회 내부에 국한해서 살펴볼 경우에도 다양한 보험 기제가 작동하고 있음을 알 수 있다. 대표적인 예가 기업이다. 기업은 상부상조의 정신에서 출발한 조직이다. 고대 로마의 소키에타스나 우리나라의 상단(商團)들은 상부상조를 통해 참여자의 이익을 도모했다. 상부상조는 공동의 목적을 위해 힘을 합치는 것을 말하며, 위험을 같이 견디고 극복함을 포함한다. 기업 조직은 중세 이슬람 지역과 북부 이탈리아에서 모험에 투자하고 수익을 나누는 형태로 진화하며, 마침내 근대에 들어 주식회사의 모습이 탄생했다.

주식회사는 자본주의의 핵심적인 생산 주체로서 자본주의의 원동력이라고 볼 수 있다. 한편으로 주식회사는 상부상조와 위험 전가의 각종 장치가 얽혀 있는 조직이라 할 수 있다. 부채 거래와 파산, 경영진과 주주의 유한책임, 투자자, 경영자, 노동자 사이의 감시와 동기 부여, 그리고 증권시장에서의 채권자와 주주의 분산 투자와 위험관리 등 주식회사를 둘러싼 이해관계자들 간의 다채로운 계약을 생각해보자. 이러한 명시적 혹은 암묵적인 계약관계는 결국은 위험을 전가하고 그에 파생되는 정보 문제를 어떻게 통제하느냐에 관한 것이다. 다양한 위험 전가의 기제를 통해 협력을 도모함으로써 이익을 창출해내는 조직이 바로 주식회사다. 그런데 이익 창출은 새로운 위험을 추구함으로써 가능하다. 주식회사를 둘러싼 위험 전가와 공유의 기제는 단순히 위험을 줄이고자 하는 의도가 아니라 더 큰 위험을 효과적으로 추구하기 위한 방편인 것이다.

위험을 전가함으로써 더 큰 위험을 추구하는 것이야말로 자본주의적 사업가 정신이다. 보험은 보험시장을 통해 상상의 산물인 위험을 상품화할 뿐 아니라 더 큰 위험을 추구할 발판을 만들어줌으로써 자본주의의 근간을 형성했다. 사업가의 위험 추구는 더 이상 무모함이 아니라 존경받아야 할 정당한 사업가 정신으로 포장되었다. 위험을 줄임으로써 더 큰 위험을 추구한다는 역설은 보험과 도박이 본질적으로 다르지 않다는 역사적 진실을 다시 한 번 일깨워준다.

자본주의 체제의 발전은 이기심을 근간으로 위험을 전가하고 새로운 위험을 추구함으로써 이룩된다. 그런데 위험이 실현될 때에는 피해자가 존재한다. 위험의 현실화는 많은 사람들에게는 회복할 수 없는 고통과 피해가 된다. 이러한 고통과 피해를 구제해주지 않는다면 자본주의의 장점은 지속될 수 없을 것이다. 이러한 고려는 결국 국가가 사회적 약자에 대한 배려와 사회안전망 제공의 책무를 안게 되었다. 이는 국가가 국민에게 보험을 제공해주는 것인바, 인류 문명이 시작할 때 이미 실시되었던 노예 해방과 부채 말소와 궤를 같이한다. 국가가 제공하는 사회적 약자에 대한 보험 기제는 공적부조나 사회보험의 이름으로 시행된다. 국가가 제공하는 보험 기제는 종종 갈등의 원천이 된다. 보험이 피해자에게 보상하는 것처럼, 국가의 보험은 자본주의의 피해자인 사회적 약자에게 보상하는 것이다. 그런데 이를 두고 부유하고 권력을 갖고 있는 사회적 강자의 입장에서는 게으른 자들에게 자신의 재산을 나눠주는 것으로 느낄 수 있다. 이러한 사람들에게 사회복지에 들어가는 정부의 예산은 낭비로 보인다.

그러나 큰 틀에서 보면, 이러한 시각은 자본주의에서의 위험 전가의 속성에 대한 무지에서 비롯한다. 사람이 게을러서 가난할 수는 있다. 그러나 자본주의는 본질상 위험을 추구하고 전가하기 때문에 누군가는 그 손해를 떠안을 수밖에 없다. 자본주의 체제에서는 누군가는 망하고 누군가는 회복하지 못한다. 사업에 성공한 사람들은 마치 본인들이 능력이 있고 노력을 많이 해서 성공한 것으로 착각한다. 그러나 사회적 약자로 전락한 사람들이 그들보다 노력을 덜 하는 것은 아니다. 많은 경우 그들은 그저 운이 없었을 뿐이다. 성공한 사업가는 손실의 위험을 남에게 넘김으로써 이익을 남긴 것이다. 운이 없게 그 손실을 넘겨받은 사람은 그 피해를 안아야 한다. 개개인의 입장에서는 능력이나 노력이 중요해 보이겠지만, 전체적인 틀에서는 모든 사람이 최선을 다해 노력해도 누군가는 탈락하게 된다. 올림픽 경기에서 금메달은 한 명에게 돌아가지만, 그렇다고 다른 선수가 최선을 다하지 않은 것은 아니다.

사회보험 역시 큰 틀에서는 사회적 약자에게 국가가 제공하는 보험으로 생각해야 한다. 그런데 종종 사람들은 사회보험을 자신이 낸 돈과 받을 돈의 수지타산의 관점에서 바라보곤 하며, 이 역시 갈등의 요인이 된다. 수지타산의 관점은 민영보험에는 타당할 수 있지만 사회보험에 그대로 적용할 수는 없다. 안타깝게도 국민연금과 같은 경우 정부가 나서서 수지타산의 환상을 조장하기도 한다.

현대 사회가 직면한 위험은 피해 규모도 크고 인류가 스스로 만들어낸 거대하거나 새로운 위험들이다. 또한 복잡해지는 사회관계 속에서 기존의 부와 권력의 갈등, 그리고 위험 갈등은 점점 더 커지고 있다. 이러한 현실 속에서 사회적 약자는 더욱 양산될 것이다. 국가는 사회적 약자를 양산하는 역할을 하기도 하지만, 한편으로 약자가 의지할 곳이기도 하다.

사람에게 질병, 사고, 노화, 사망의 위험은 피할 수 없는 숙명이다. 이러한 생존에의 위협은 인류에게 종교, 보험, 사회와 국가를 만들게 했다. 이러한 체계의 근본은 상부상조와 위험의 전가와 공유라는 보험 기제에 있다. 상부상조와 보험 기제는 사회 내 많은 하부체계와 제도에 적용되어 그 역할이 확대되어왔다. 그러나 보험 기제가 확대될수록 위험은 증가했다. 위험의 증가가 이익, 발전, 풍요 등 인류의 욕망에 기인한다면, 이 욕망이 지속되는 한 위험 역시 증가할 것이다. 어디쯤에서야 위험의 증가가 멈추게 될 것인가?

참고문헌

노진철(2010), 『불확실성 시대의 위험사회학』(한울아카데미).

보험경영연구회(2010), 『보험과 리스크관리』, 전정판(문영사).

석승훈(2010), 「의사가 진료수준을 정할 때 건강보험에서의 도덕적 해이에 대한 이론적 고찰」(A Study on the Moral Hazard in the Health Insurance When Treatment is Determined by the Doctor), 『보험학회지』 86 (2010.8): 1-21.

석승훈(2014), 『경영학, 무엇을 말해야 하는가』(위즈덤하우스).

석승훈(2017), 「이자와 공정성에 관한 이슬람적 관점에 대한 소고」(On the Islamic Approach to Interest and Fairness), 『공정거래연구』 2(1) (2017.4): #1: 1-14.

Adams, John (1995), *Risk* (Routledge: London).

Addobbati, Andrea (2016), "3. Italy 1500-1800: Cooperation and Competition," in Adrian Leonard (ed.), *Marine Insurance: Origins and Institutions, 1300-1850* (Palgrave Macmillan: England).

Akerlof, George A. (1970), "The Market for 'Lemons': Quality Uncertainty and the Market Mechanism," *Quarterly Journal of Economics* 84 (3): 488-500.

Alchian, Armen A. (2016.1.15), *Property Rights, The Concise Encyclopedia of Economics*, 2nd eds., http://www.econlib.org/library/Enc/PropertyRights.html.

Alchian, Armen A. and Harold Demsetz (1972), "Production, Information Costs, and Economic Organization," *American Economic Review* 62 (5): 777-795.

Amazon.com, https://www.amazon.com.

Amendola, Aniello (2001), "Recent Paradigms for Risk Informed Decision Making," *Safety Science* 40 (1-4): 17-30.

Arrow, Kenneth (1963), "Uncertainty and the Welfare Economics of Medical Care," *American Economic Review* 53 (5): 941-973.

Arrow, Kenneth (1968), "The Economics of Moral Hazard: Further Comment,"

American Economic Review 58: 537-539.

Arrow, Kenneth (1970), *Essays in the Theory of Risk-bearing* (North-Holland Pub. Co.: Amsterdam).

Arrow, Kenneth and Gerard Debreu (1954), "Existence of an Equilibrium for an Competitive Economy," *Econometrica* 22 (3): 265-290.

Baker, Tom (1996), "On the Genealogy of Moral Hazard," *Texas Law Review* 75 (2): 237-292.

Bammer, Gabriele, Smithson, Michael, and the Goolabri Group (2008), "Chapter 24 The Nature of Uncertainty," in Gabriele Bammer and Michael Smithson (ed.), *Uncertainty and Risk: Multidisciplinary Perspectives* (Earthscan: London).

Beck, Ulrich (1992), *Risk Society: Towards a New Modernity* (Sage: London).

Beck, Ulrich (2006), "Living in the World Risk Society," *Economy and Society* 35 (3): 329-345.

Berle, Adolf and Gardiner Means (2009)[1932, 1968 (2nd ed.)], *The Modern Corporation and Private Property* (Transaction Publishers: USA).

Bernstein, Peter L. (1998), *Against Gods* (John Wiley and Sons: New York).

Borch, Karl H. (1962), "Equilibrium in a Reinsurance Market," *Econometrica* 30: 424-444.

Ceccarelli, Giovanni (2001), "Risky Business: Theological and Canonical Thought on Insurance From the Thirteenth to the Seventeenth Century," *Journal of Medieval and Early Modern Studies* 31: 607-658.

Clark, Geoffrey (2002), "Chapter 4 Embracing Fatality though Life Insurance in Eighteenth-Century England: 80-96," in Tom Baker and Jonathan Simon (eds.), *Embracing Risk: The Changing Culture of Insurance and Responsibility* (University of Chicago Press: Chicago).

Coase, Ronald (1937), "The Nature of the Firm," *Economica* 4 (16): 386-405.

Dawson, M. M. (1894), "Effects of Free Surrender and Loan Privileges in Life Insurance," *Publications of the American Statistical Association* 4: 84-98.

Dean, Mitchell (1997), "Sociology after Society," in David Owen (ed.), *Sociology after Postmo-dernism* (Sage: London): 205-228.

Dean, Mitchell (1999), "Risk, Calculable and Incalculable," in Deborah Lupton (ed.), *Risk and Sociocultural Theory: New Directions and Perspectives* (Cambridge University Press: Cambridge): 131-159.

Debreu, Gerard (1959), *Theory of Value* (Yale University Press: New Haven and London).

Diebold, Francis X., Neil A. Doherty, and Richard J. Herring (eds.) (2010), *The Known, the Unknown, and the Unknowable in Financial Risk Management: Measurement and Theory Advancing Practice* (Princeton University Press: Princeton).

Douglas, Mary (1984)[1966], *Purity and Danger: An Analysis of Concepts of Pollution and Taboo* (Routledge: New York).

Douglas, Mary and Aaron Wildavsky (1983), *Risk and Culture: An Essay on the Selection of Technical and Environmental Dangers* (University of California Press: Berkeley and Los Angeles).

Ducat, Arther C. (1865), *The Practice of Fire Underwriting*, 4th ed. (Ward & Co.: Hartford).

Elliot, Dave (2001), "Risk Governance: Is Consensus a Con?" *Science as Culture* 10 (2): 265-271.

Ewald, François (1991), "Insurance and Risks," in Graham Burchell, Collin Gordon, and Peter Miller (eds.), *The Foucault Effect: Studies in Governmentality* (University of Chicago Press: Chicago): 197-210.

Ewald, François (1999), "The Return of the Crafty Genius: An Outline of a Philosophy of Precaution," *Connecticut Insurance Law Journal* 6: 47-79.

Ewald, François (2002), "Chapter 11. The Return of Descartes's Malicious Demon: An Outline of a Philosophy of Precaution," in Tom Baker and Jonathan Simon (eds.), *Embracing Risk: The Changing Culture of Insurance and Responsibility* (University of Chicago Press: Chicago).

Fang, Hanming, Michael P. Keane and Dan Silverman (2008), "Sources of Advantageous Selection: Evidence from the Medigap Insurance Market," *Journal of Political Economy* 116 (2): 303-350.

Ferguson, Niall (2009), *The Ascent of Money* (The Penguin Group: New York).

Finkelstein, Amy (2014), *Moral Hazard in Health Insurance* (Columbia University Press: New York).

Finkelstein, Amy and Kathleen McGarry (2006), "Multiple Dimensions of Private Information: Evidence from the Long-Term Care Insurance Market," *American Economic Review* 96 (4): 938-958.

Foucault, Michel (1984), "The Politics of Health in the Eighteenth Century," in Paul Rabinow (ed.), *The Foucault Reader* (Pantheon Books: New York): 273-289.

Foucault, Michel (1991), "Governmentality," in Graham Burchell, Collin Gordon, and Peter Miller (eds.), *The Foucault Effect: Studies in Governmentality* (University of Chicago Press: Chicago): 87-104.

Frier, Bruce (1982), "Roman Life Expectancy: Ulpian's Evidence," *Harvard Studies in Classical Philology* 86: 213-251.

Gibbons, Robert (2005), "Four Formal(izable) Theories of the Firm?" *Journal of Economic Behavior & Organization* 58: 200-245.

Giddens, Anthony (1991), *Modernity and Self-Identity* (Polity Press: Cambridge).

Gomory, Ralph (1995), "An Essay on the Known, the Unknown and the Unknowable," *Scientific American* 272: 120.

Grossman, Sanford and Oliver Hart (1986), "The Costs and Benefits of Ownership: A Theory of Vertical and Lateral Integration," *Journal of Political Economy* 94: 691-719.

Harrington, Scott E., and Gregory R. Niehaus (2003), *Risk Management and Insurance*, 2nd ed. (McGraw Hill: Boston).

Haynes, John (1895), "Risk as an Economic Factor," *Quarterly Journal of Economics* 9: 409-449.

Hermans, Marijke A., Tessa Fox, and Marjolein B. A. van Asselt (2012), "Chapter 44 Risk Governance," in S. Roeser, R. Hillerbrand, P. Sandin, and M. Pcterson (eds.), *Handbook of Risk Theory* Vol. 2 (Springer: Dordrecht).

Hong, Jimin and S. Hun Seog (2014), "Moral Hazard and Loss Reduction under State Dependent Utility," Working Paper.

Hooper, Martyn (2013), "Richard Price, Bayes' Theorem, and God," *Significance* 10 (2013.2): 36-39.

Huizinga, Johan (1949)[1938], *Homo Ludens: A Study of the Play-Element in Culture* (Routledge & Kegan Paul: London).

Hull, John C. (2015), *Risk Management and Financial Institutions*, 4th ed. (Wiley: Hoboken).

IRGC (2012), *An Introduction to the IRGC Risk Governance Framework* (IRGC: Geneva).

Kahan, Dan M. (2012), "Chapter 28 Cultural Cognition as a Conception of thee

Cultural Theory of Risk," in S. Roeser, R. Hillerbrand, P. Sandin, M. Peterson (eds.), *Handbook of Risk Theory* Vol. 2 (Springer: Dordrecht).

Keynes, John Maynard (1936), "The General Theory of Employment, Interest and Money," http://cas2.umkc.edu/economics/people/facultypages/kregel/courses/econ645/winter2011/generaltheory.pdf.

Keynes, John Maynard (1937), "The General Theory of Employment," *Quarterly Journal of Economics* 51 (2): 209-223.

Keynes, John Maynard (2014)[1921], *A Treatise of Probability* (MacMillan and Co.: London), Project Gutenberg's EBook #32625.

Knight, Frank H. (2009)[1921], *Risk, Uncertainty, and Profit* (Signalman Publishing: Orland).

Lidskog, Rolf and Göran Sundqvist (2012), "Chapter 40 Sociology of Risk," in S. Roeser, R. Hillerbrand, P. Sandin, and M. Peterson (eds.), *Handbook of Risk Theory* Vol. 2 (Springer: Dordrecht).

Lloyd's (2017), https://www.lloyds.com/lloyds/about-us/history/corporate-history.

Locke, John (1689), "Two Treatises of Government," http://www.johnlocke.net/two-treatises-of-government-book-i/, http://www.johnlocke.net/two-treatises-of-government-book-ii/.

Luhmann, Niklas (1993), *Risk: A Sociological Theory* (de Gruyter: Berlin).

Luhmann, Niklas (1995)[1984], *Social System* (Stanford University Press: Stanford).

Lupton, Deborah (2013), *Risk*, 2nd ed. (Routledge: New York).

Markowitz, Harry M. (1952), "Portfolio Selection," *Journal of Finance* 7 (1): 77-91.

Marx, Karl (1867, 1885, 1894), *Das Kapital: Kritik der politischen Ökonomie* (*Capital: A Critique of Political Economy*), Samuel Moore and Edward Aveling (trans.), http://en.wikisource.org/wiki/Das_Kapital.

McClintock, Emory (1892), *On the Effects of Selection: An Actuarial by Emory McClintock* (Mutual Life Insurance Company of New York: New York).

Modigliani, Franco and Merton Miller (1958), "The Cost of Capital, Corporation Finance and the Theory of Investment," *American Economic Review* 48 (3): 261-297.

Mossin, Jan (1968), "Aspects of Rational Insurance Purchasing," *Journal of Political Economy* 76: 553-568.

Ogborn, M. E. (1956), "The Professional Name of Actuary," *Journal of the Institute of*

Actuaries 82: 233-246.

Online Etymological Dictionary (2017), http://www.etymonline.com. (2017.3)

Patterson, Edwin W. (1922), "Supervening Impossibility of Performing Conditions in Insurance Policies," *Columbia Law Review* 22: 613-626.

Pauly, Mark V. (1968), "The Economics of Moral Hazard: Comment," *American Economic Review* 58: 531-537.

Polanyi, Karl (2001)[1944], *The Great Transformation: The Political and Economics Origins of Our Time* (Beacon Press: Boston).

Pratt, John W. (1964), "Risk Aversion in the Small and in the Large," *Econometrica* 32 (1-2): 122-136.

Rayner, Steve (1992), "Chapter 4 Cultural Theory and Risk Analysis," in Sheldon Krimsky and Dominic Golding (eds.), *Social Theories of Risk* (Praeger: Westport, Connecticut, London).

Reith, Gerda (2005), *The Age of Chance: Gambling in Western Culture* (Routledge: London and New York).

Renn, Ortwin (1992), "Chapter 3 Concepts of Risk: A Classification," in Sheldon Krimsky and Dominic Golding (eds.), *Social Theories of Risk* (Praeger: Westport, Connecticut, London).

Riesch, Hauke (2012), "Chapter 4. Levels of Uncertainty," in S. Roeser, R. Hillerbrand, P. Sandin, and M. Peterson (eds.), *Handbook of Risk Theory* Vol. 1 (Springer: Dordrecht).

Robertson, D. H. (2011)[1923], *Control of Industry* (Nabu Press: Charleston).

Rothschild, Michael and Joseph E. Stiglitz (1976), "Equilibrium in Competitive Insurance Markets: An Essay on the Economics of Imperfect Information," *Quarterly Journal of Economics* 90 (4): 629-649.

Rowell, David and Luke B. Connelly (2012), "A History of the Term "Moral Hazard"," *Journal of Risk and Insurance* 79 (4): 1051-1075.

Sandel, Michael J. (2012), *What Money Can't Buy: The Moral Limits of Markets*(Farrar, Straus and Giroux: New York).

Schumpeter, Joseph A. (2010)[1942], *Capitalism, Socialism and Democracy* (Martino Fine Books: Connecticut).

Seog, S. Hun (2009), "Insurance Markets with Differential Information," *Journal of Risk and Insurance* 76 (2): 279-294.

Seog, S. Hun (2010), "Double-Sided Adverse Selection in the Product Market and the Role of the Insurance Market," *International Economic Review* 51 (1) February: 125-142.

Seog, S. Hun (2012), "Moral Hazard and Health Insurance When Treatment is Preventive," *Journal of Risk and Insurance* 79 (4): 1017-1038.

Smith, Adam (2001)[1776], *The Wealth of Nations* [*An Inquiry into the Nature and Causes of the Wealth of Nations*], A Penn State Electronic Classics Series Publication.

Spence, Michael (1973), "Job Market Signaling," *Quarterly Journal of Economics* 87 (3): 355-374.

Stiglitz, Joseph E. and Andrew Weiss (1981), "Credit Rationing in Markets with Imperfect Information," *American Economic Review* 71 (3): 393-410.

Swiss Re (2001), Capital Market Innovation in the Insurance Industry[Sigma No. 3/2001].

Swiss Re (2003), The Picture of ART [Sigma No. 1/2003].

Swiss Re (2005), Innovating to Insure the Uninsurable [Sigma No. 4/2005].

Trenerry, Charles F. (1926), *The Origin and Early History of Insurance: Including the Contract of Bottomry* (P.S. King & Son: London).

Veblen, Thorstein (2011)[1904], *The Theory of Business Enterprise* (Cosimo: New York).

Venard, Bertrand (2007), "5. The French Insurance Market: Background and Trends," in J. David Cummins and Bertrand Venard (eds.), *Handbook of International Insurance: Between Global Dynamics and Local Contingencies* (Springer: New York).

Von Neumann, John and Oskar Morgenstern (1944), *Theory of Games and Economic Behavior*, 2nd ed. (Princeton University Press: Princeton).

Weber, Max (1930)[1904-5], *The Protestant Ethics and the Spirit of Capitalism*, Talcott Parsons (trans.) (Routledge: London).

Wiggins, Chris (2006), What is Bayes's theorem, and how can it be used to assign probabilities to questions such as the existence of God? What scientific value does it have?, Scientific American, https://www.scientificamerican.com/article/what-is-bayess-theorem-an/.

Williamson, Oliver (1971), "The Vertical Integration of Production: Market Failure

Considerations," *American Economic Review* 61: 112-123.

Williamson, Oliver (1973), "Markets and Hierarchies: Some Elementary Considerations," *American Economic Review* 63: 316-325.

Zeckhauser, R. (2006), "Investing in the Unknown and Unknowable," *Capitalism and Society* 1 (2), Article 5.

찾아보기

ㅅ